別解

遠藤秀平

目次

はじめに	005
長崎IR	006
富士山ワイナリー	012
アルメニア共和国パビリオン 2025大阪関西万博	020
ALIN KUKI Lab	024
ALIN HOUSE 2027横浜国際園芸博覧会	025
JR甲南山手駅前広場	026
南野商店	028
遠藤秀平論 ―別の解答をめざし、構築する人間　倉方俊輔	030
もく保育園	038
中西金属工業神戸工場	040
アジール・フロッタン2020	044
オーベルジュ玄珠	046
エストニア共産主義犯罪博物館	050
新国立競技場	052
パラモダンの建築家　フランチェスコ ダル コ	052
ブルボン本社ビル	054
天満の家	058
21世紀の課題に向かって　鈴木博之	062
淡路人形座	066
大分県立美術館	070
広州花都区文化芸術センター	072
福良港津波防災ステーション	076
連続の形態学　フレデリック・ミゲルー	080
アジール・フロッタン2008	084
ひょうご環境体験館	088
森の10居R棟	092
森の10居S棟	094
非常と日常 ―新たな公共建築の課題　三宅理一	098
ブルボンビーンズドーム	106
広島新球場	108
台中オペラハウス	110
対談　遠藤秀平×フレデリック・ミゲルー	116
大阪城公園レストハウス	120
地球を計測するジオメトリー　五十嵐太郎	124
大阪城公園大手前トイレ	128
大阪城公園城南トイレ	132
普遍性と独自性の両立　鈴木博之	136
塩屋の家	140
Springtecture Olréan	144
建築物の死　アアロン・ベツキー	146
筑紫の丘斎場	150
ゼムパーの陰翳にあるもの　ケネス・フランプトン	158
Springtecture びわ	162
ビジョナリーな20世紀モダニズム　松葉一清	166
Springtecture 播磨	168
京福電鉄大関駅	172
Cycle Station 米原	176
作品一覧	178
経歴	200
おわりに	203

はじめに

建築は、我々の内に潜在している価値観の顕在化であると考える。それは、設計を担う建築家の価値観であり、建築を要請するクライアントや社会の価値観との複合、そして作用と反作用の結果でもある。当然、それらは時代とともに変化するものとなるが、その時の価値観、過去にあったより支持を得た価値観、あるいはまだ出現していない未来の価値観を想定することができるのか、確たる証左はないが、自分自身では近未来の価値観を顕在化させたいと考えてきた。見ようによっては妄想となり、ありえない近未来を設定しているともとらえられかねない。しかし、過去と現在のみに建築の前提を置くことはできない、なぜならば建築は時間を要して出現し、その後は数十年以上の間存在しつづける使命があるからである。近未来への問いかけともいえる別解を考えることが建築の役割だと考えてきた。この本は、これまでの37年ほどの間に問い続けてきた「別解への挑戦」の記録でもある。

独立から37年をふりかえると様々な建築に取り組んできたが、駐輪場や無人駅、トイレから始まり災害復興のための施設や防災関連施設など社会的には文化施設といわれるものではなく、小さいが社会インフラに関連する建築を多く生み出してきた。奇しくも神戸大学では減災デザインをテーマに取り組むことになり、コルゲート建築を拡張する機会が増えていった。また、近年の気候変動や地球規模の環境的な危機を目の当たりにし、「建築に何が可能」かと自問自答する機会が多く、そして文化的空間の創出よりも、危機への対応を迫られていると感じざるをえない。

神戸大学の遠藤研究室でも、建築は個人や社会の価値観を顕在化させるものだと語ってきた。長い日本列島の歴史において他に類をみない断絶しない連続性とその結果としての絶え間ない洗練化傾向は世界的にも注目に値する価値観だと言えるが、今は様々な危機への具体策が必要とされる。建築においては過剰な表情や過度な抑制を競う時代ではなく、求められる品質を高く追求することも重要ではあるが、未経験の危機からの要請に実直に応えることが今後の建築の課題であると考えている。その手がかりは、より少ないこと、ミニマルであること。その解はコルゲート建築だけではないだろうが、自分自身の取り組みの中ではコルゲート建築の可能性の確認についてまだ残していることが多いと思っている。近年、設計活動に専念できるようになり、より少ないエネルギーと省資源により、強靭でしなやかな柔軟性のある空間を確保すること、コルゲート建築の合理性を高めることで未知なる可能性と新たな価値をより明確に顕在化させることに取り組んでいる。これらの建築はいまだ未出現の建築であり、「インフラテクチャー」として近未来に必要とされる「別解の建築」となる。

長崎IR（タワーホテル・国際会議場・ジャパンハウス）2022

日本国内に3カ所のIR（統合型リゾート施設）をつくるために「特定複合観光施設区域整備法」が成立し、その1つに応募するための構想である。敷地は長崎県の佐世保市にあるハウステンボスである。このテーマパークの一角を再開発し様々な用途の複合施設の計画を行った。区域の全体計画とともに主要な建築の基本設計を行った。まずはタワーホテルであるが、この事業のランドマークともなるもっとも高い高層ホテルである。3つのシリンダーの平面が下層から上層へ大きさを変化させながら一体化する設定となっている。世界の同様施設においても見ることのない新たな風景を創出する可能性をもった建築となっている。

国際会議場は内部に6000人を収容する会議場となる大空間を上部に設定し、下部には1万㎡の大展示場を設定している。これらの大空間への来場者がスムーズに会議場へと移動ができるように一体化した建築となっている。この提案は長崎県議会により承認され国へ提出されたが、コロナ禍後の社会状況の変化もあり、認可を受けるに至らなかった。
（共同設計：カミムラ建築研究室）

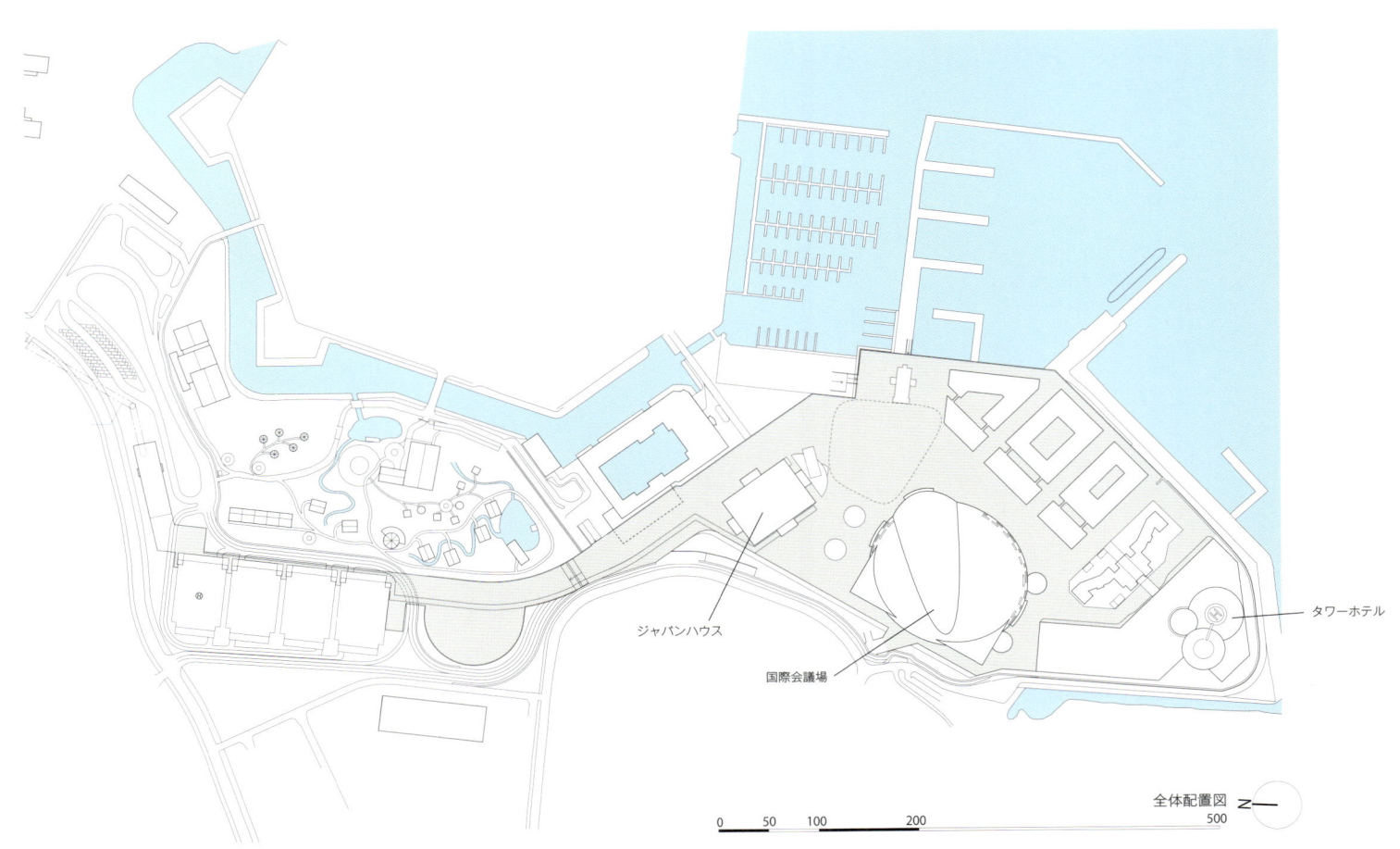

ジャパンハウス

国際会議場

タワーホテル

全体配置図 N

0 50 100 200 500

この敷地は富士山の西側の静岡県富士宮市に位置している。周辺は青木ヶ原樹海にもに近く、雄大な富士山の風景を望むことができ、映画の撮影場所にも使われる特殊なロケーションでもある。この場所に元からあるワイナリー工場に新たな工場棟と飲食ができるアネックスを計画した。2つの建築は既存棟を挟んで離れているが、同じコルゲート鋼板の構造を採用することで一体的な環境を形成することを目的とした。

アネックスは幅4mほどの屋根に高低の変化を設定し、地面と一体化するドーム形状と鉄骨構造でできた壁に載る屋根とが交互に連続する構成としている。敷地環境が大きく変化のない風景でありスケール感を獲得しにくいことから、建築に変化を出すことで風景と来訪者の接点をつくり出そうと考えた。内部空間は比較的閉鎖的な環境として飲食を楽しみ、富士山方向のみを開放し風景の特殊性を感じられるように設定した。

新設の工場棟は、コルゲート鋼板のみの構造であり、柱や梁がなくスパン10m長さが17mの単純なドーム空間となっている。

この2つのコルゲート鋼板の建築ができることで、これまでの工場の風景とは異なり、自然と建築とがつくる新たなスケール感により、富士山を含めてこれまでにない風景ができたのではないかと考える。

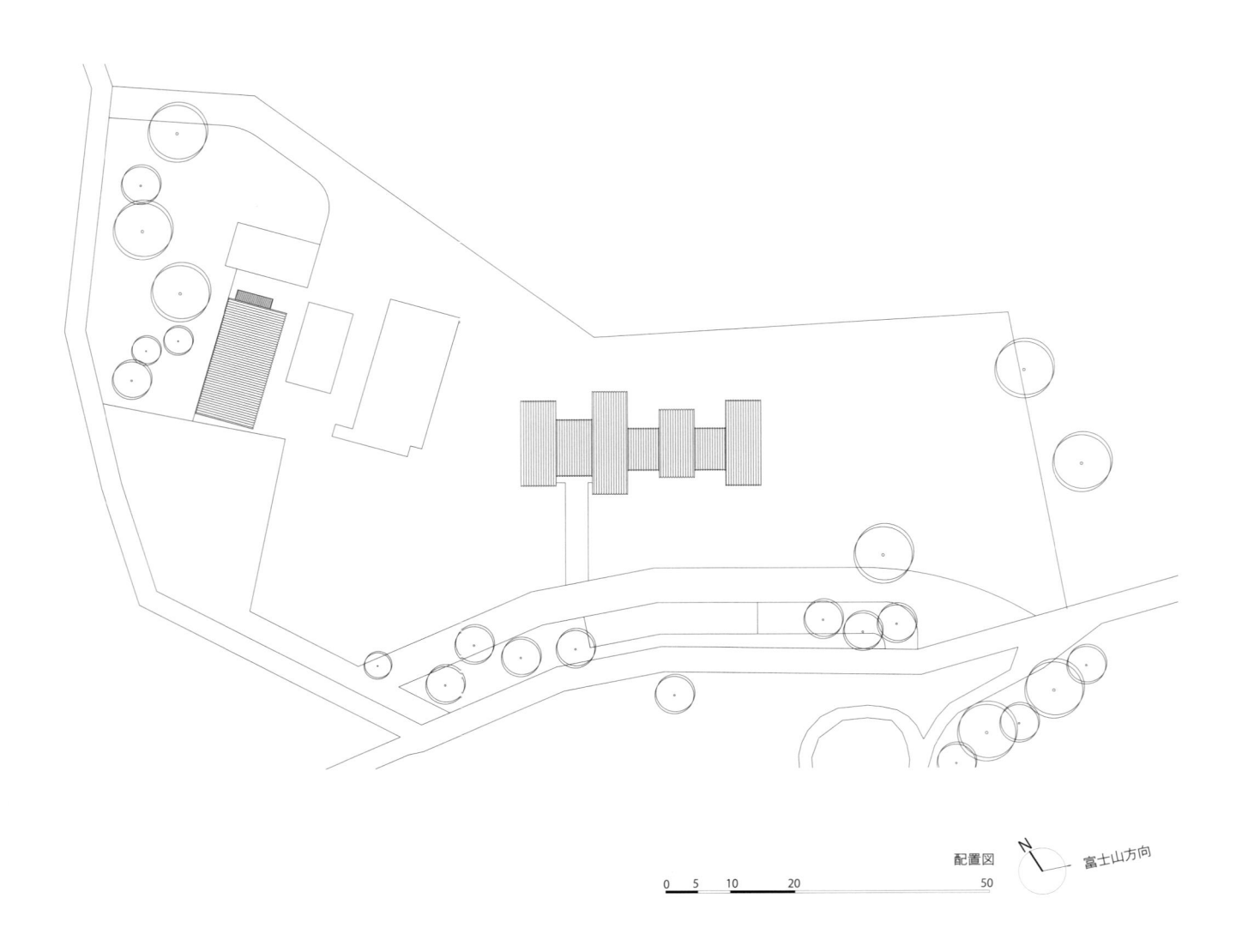

配置図　　0　5　10　20　　　　50　　富士山方向

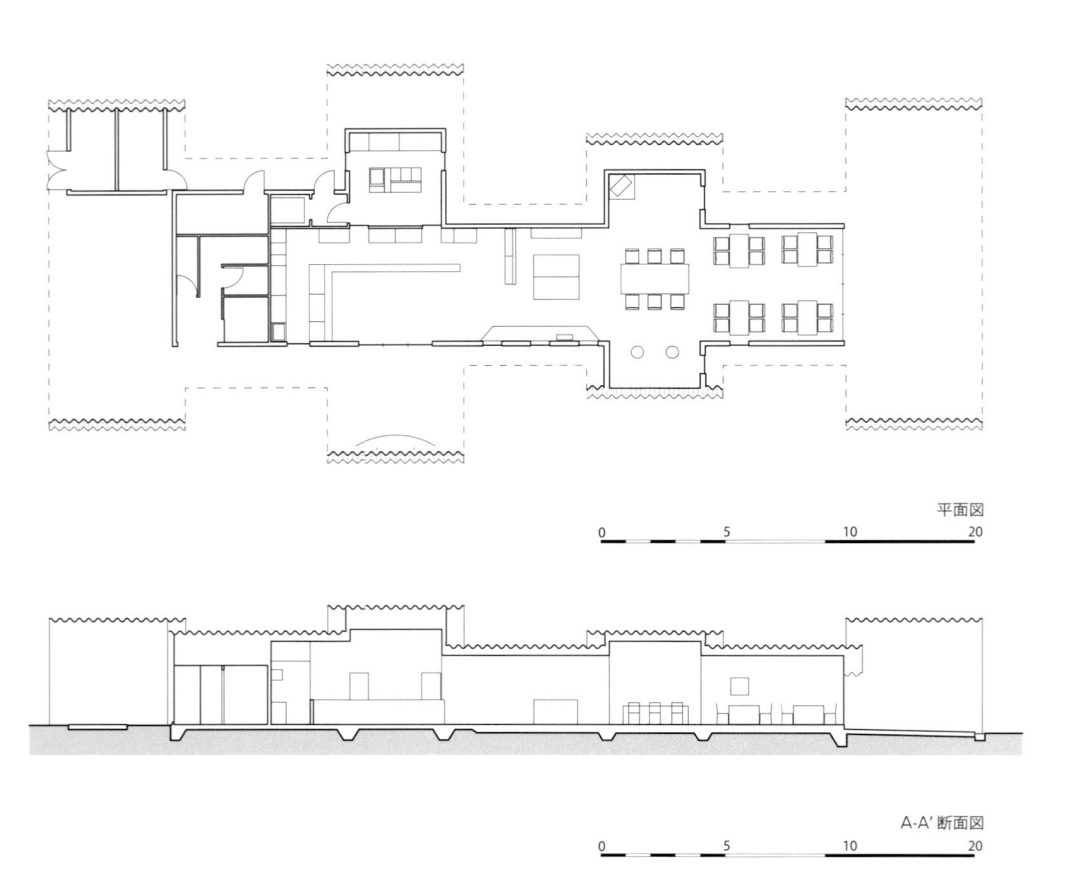

平面図　　0　　5　　10　　20

A-A'断面図　　0　　5　　10　　20

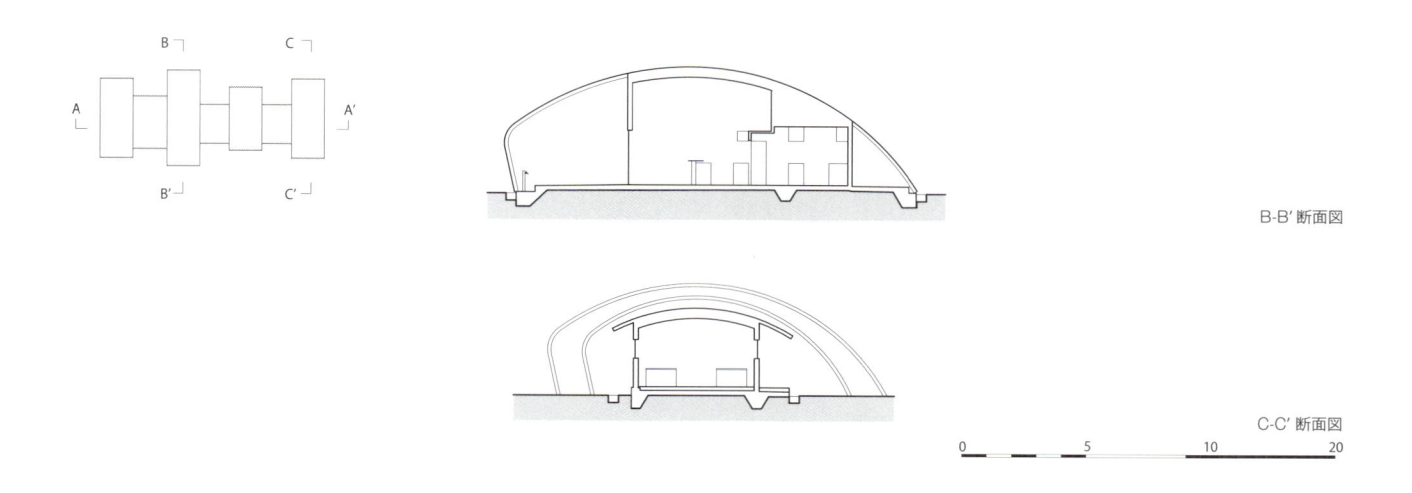

B-B'断面図

C-C'断面図

0　　　　5　　　　10　　　　20

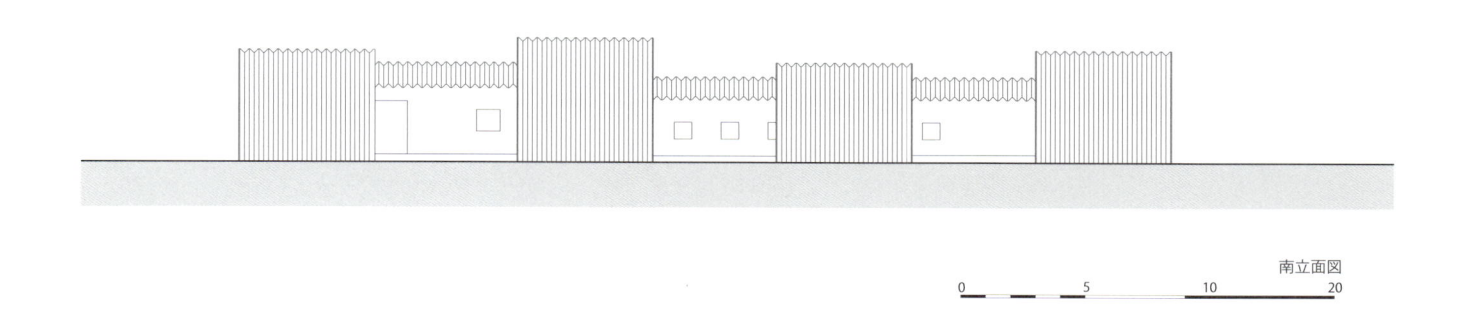

南立面図

0　　　　5　　　　10　　　　20

2025年大阪・関西万博に出展するためのアルメニア共和国パビリオンである。2023年9月から基本コンセプトとともにデザインを提案し、11月に承認され設計を開始した。アルメニアは旧ソビエト連邦に含まれてきたため我々には馴染みの薄い国であり、今回のプロジェクトにより初めて訪問することになった。コーカサス地方に位置し、首都エレバンの郊外から望む雄大な高地の風景とアララト山が印象深い国である。パビリオン提案にあたっては、広々とした風景と高い青空など、のびやかな国柄を感じさせる建築を構想した。建築の躯体をコルゲート鋼板による構造として、屋根壁が連続する構成を採用し、アルメニアの広々と広がる風景との相補性を試みた。

大阪・関西万博のテーマに関連し、建築デザインや施工においてSDGs対応やCO_2削減などが求められている。コルゲート鋼板による建築は、様々な場面でこれらの要求に対応でき、万博終了後の移設利用を前提として資源の有効活用を実現できる計画としていたが、着工直後にアルメニア本国で起きた洪水による災害復興のためパビリオンの建設は断念された。

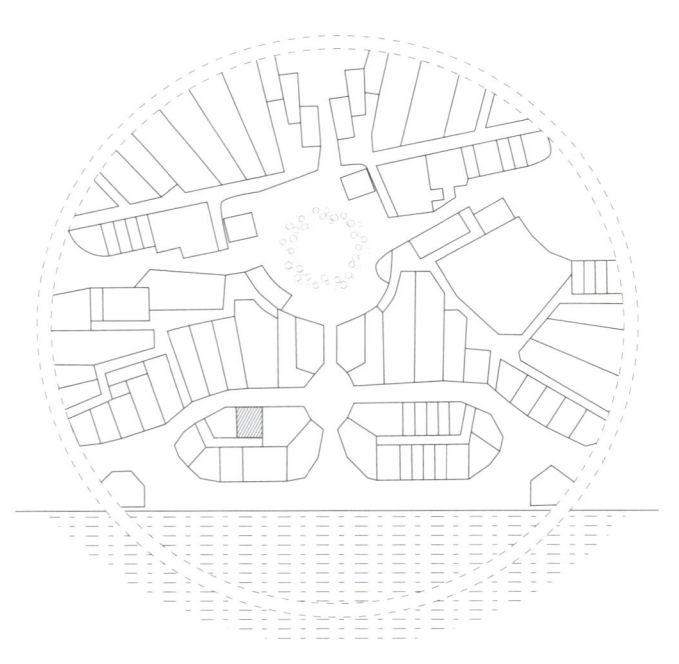

会場配置図

0 50 100 150   300

N

アルメニアの首都エレバンとアララト山 2024年

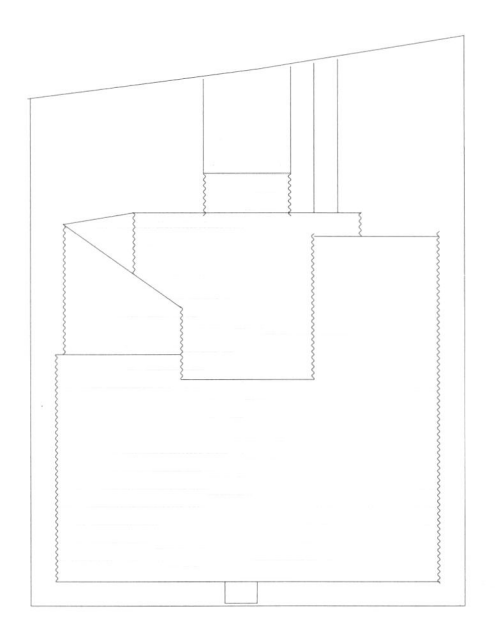

配置図

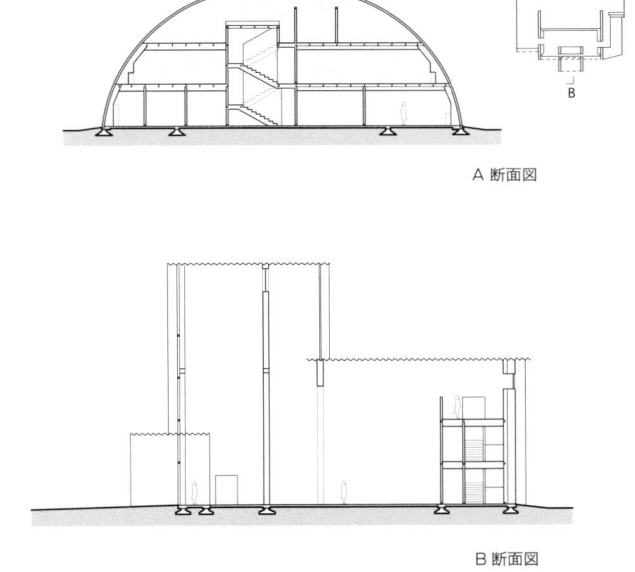

A 断面図

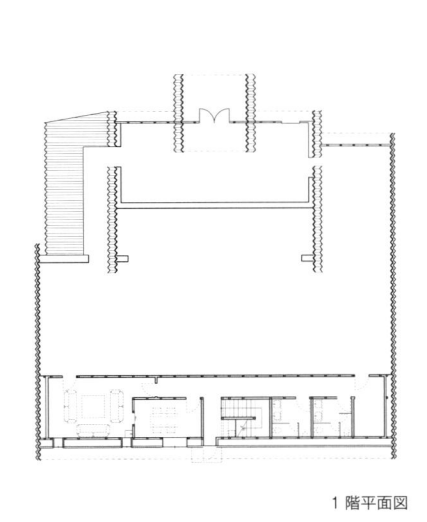

1 階平面図

B 断面図

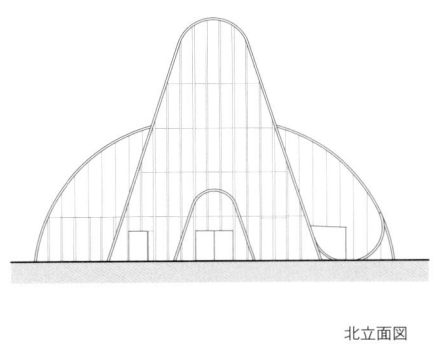

北立面図

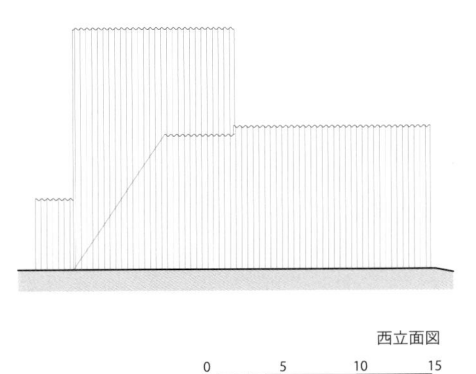

西立面図

0   5   10   15

ALIN KUKI Lab 2025

日常我々が排出する生活ゴミを燃やす事なく加水分解により有効な資源に変換する設備を運用するための実験施設である。柱梁が実験設備の配管類と交錯せず、配管のルート変更にも柔軟に対応できるコルゲート鋼板構造としている。スパン約18m、奥行き約40m、高さ約10mの空間を3.6mmのコルゲート鋼板のみで成立させている。

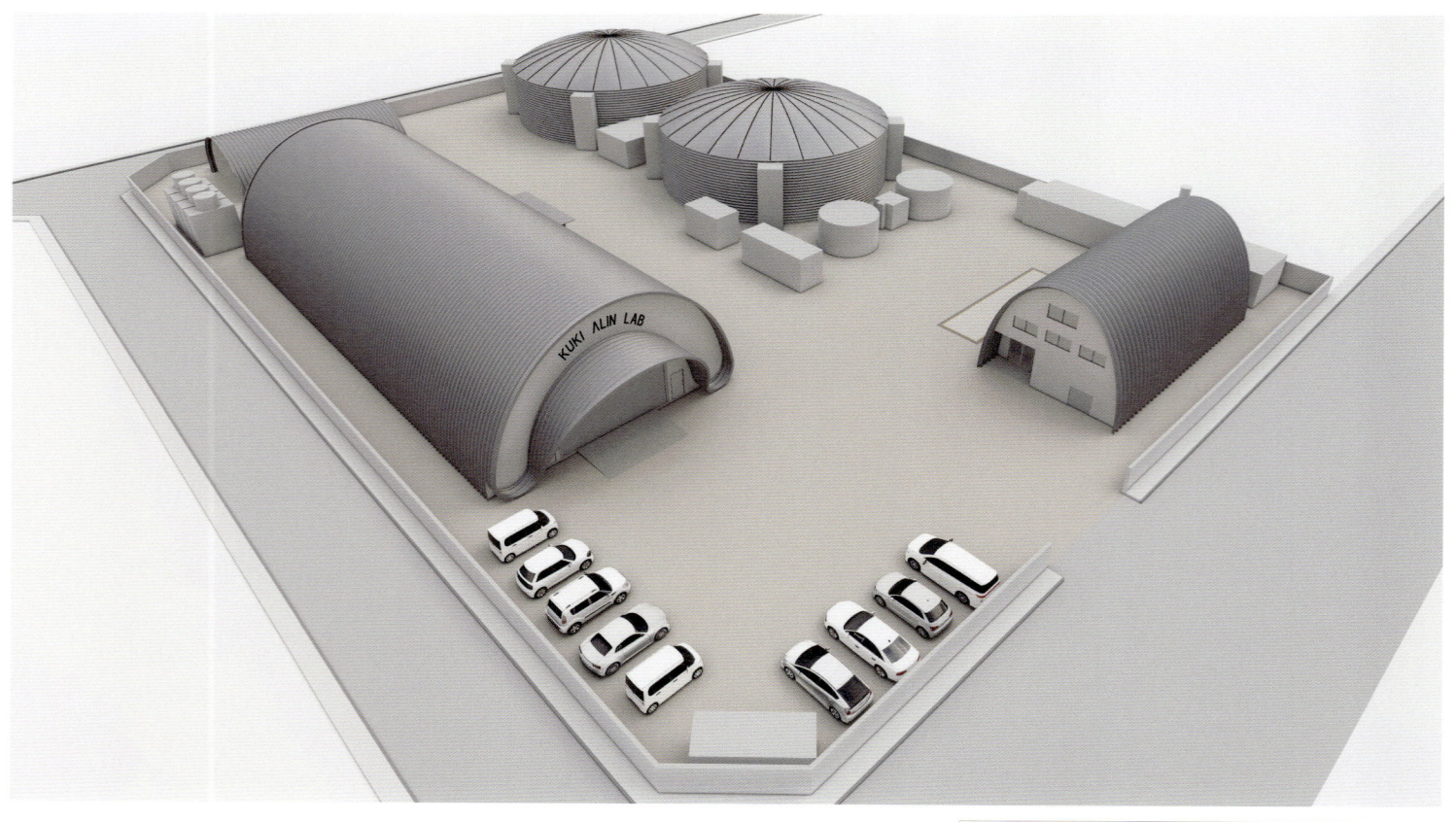

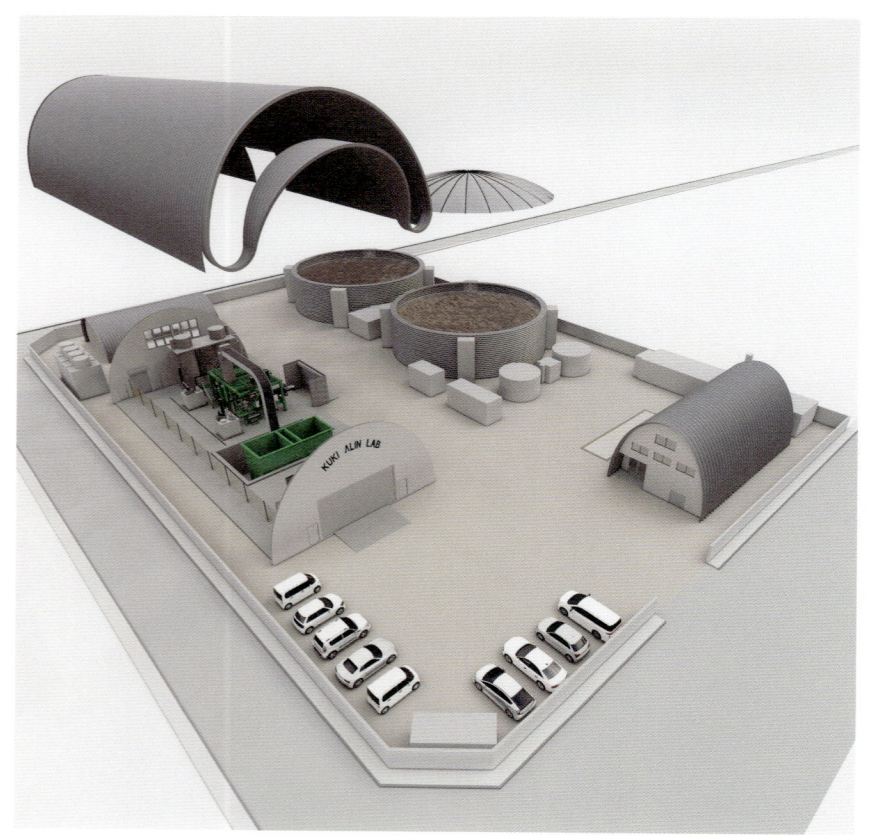

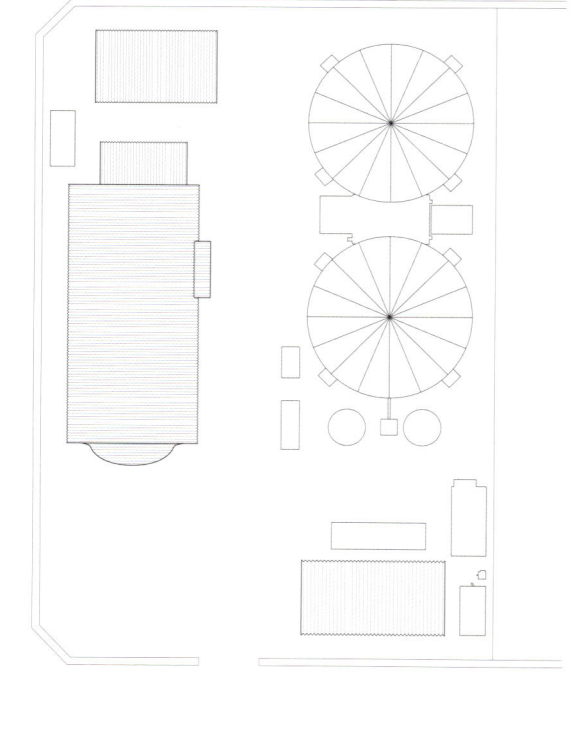

配置図

0 5 10   20   50

ALIN HOUSE Pavilion 2027横浜国際園芸博覧会 2025

2027年春から半年の間、横浜で開催される国際園芸博覧会場で展示場となる仮設建築案である。6ヶ月で撤去されることが決まっているため、短期間で組み立てられ簡易に解体し移設できるコルゲート建築を採用している。コルゲート製作から現場での工事においても省資源化（端材を出さないこと、エネルギー消費を少なくする）を実現できる。コンクリート使用量を極力する少なくするため、基礎・地中梁などを鉄骨構造で設定し、躯体全体重量の軽量化を行うことで地盤への影響を少なくし、建物全体で省資源化を実現する断面とすることができる。来場者へ表層ではないミニマル建築の体験を提供したい。

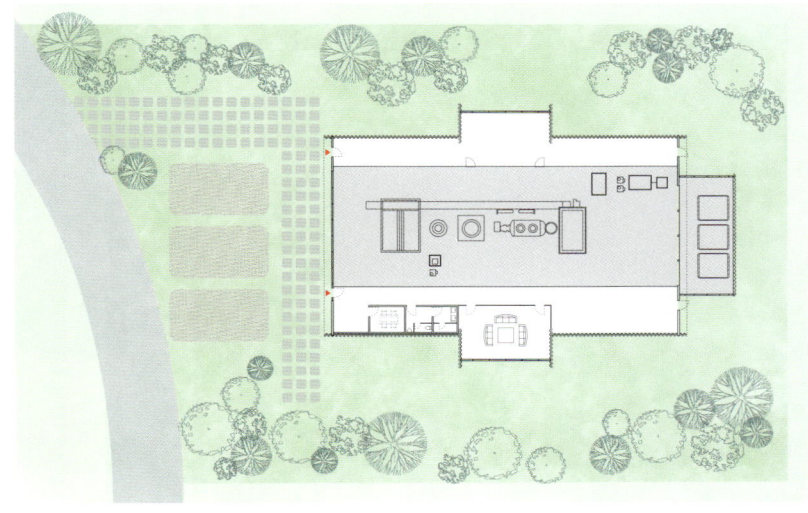

平面図

0   10   20   30

JR甲南山手駅前広場 2024

JR甲南山手駅の山手側の広場の改修である。駅の北側はロータリーとバス乗り場が分離しており、利用する人々が滞留するスペースがなく、駅前の安全性などが求められていた。神戸市では市内の「駅前空間の魅力創造」事業を推進しておりその一環として整備された。限られた敷地ではあるが日中・夜間の駅前利用者の居場所を確保することを第1の目的とした。自由に大勢が座れる円弧状のベンチ階段を設定し、中央部にはテンレスのルーバーによる日陰ができ、四季の太陽高度をシミュレーションし最適な影ができる角度としている。ステンレスルーバーは利用者の邪魔にならないよう、円弧状のパイプを斜めに持ち出した上部に設置している。

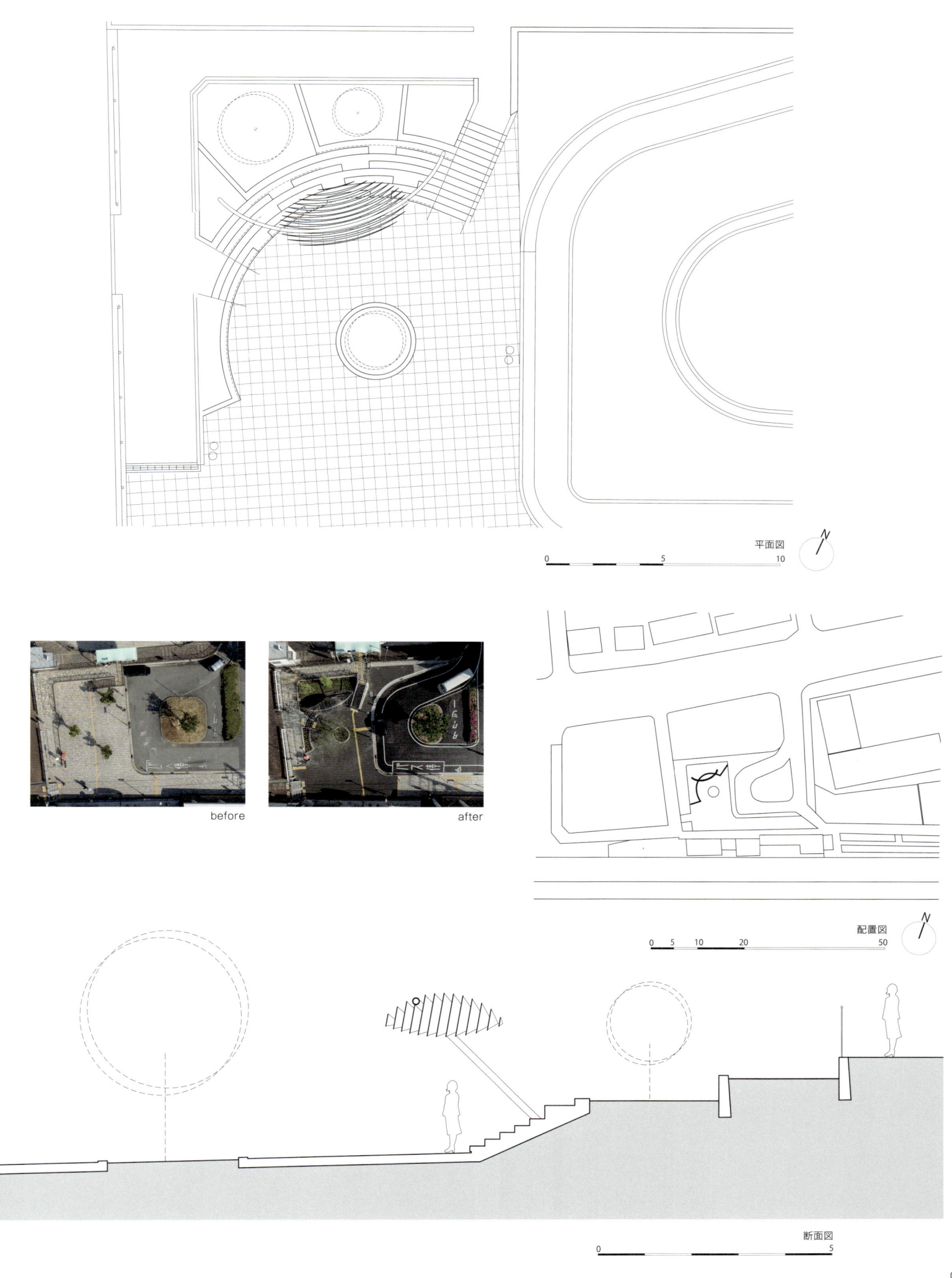

平面図

0   5   10

before

after

配置図

0   5   10   20   50

断面図

0   5

南野商店 2023

産業用廃棄物の中間処理工場

大阪市平野区の工場地帯に位置し、柱や梁などの躯体部材を必要としない構造であり、波型鋼板をボルトで固定したドーム型のコルゲート建築である。高さ10mの半円形ドームの妻面を板金で塞いだだけのシンプルな構成で、コルゲート鋼板は溶融亜鉛メッキを施し長期間のメンテナンスフリーとしている。コルゲート鋼板は工場生産の規格品であり、合理的かつ経済的に大空間をつくり出すことが可能となる。単位面積当たりの鋼材使用量が少なく、建設時のCO_2排出量の削減にもなる。また、ボルトのみで組み立てられるため、解体・再利用が容易である。今回の工場は、波の高さ140mmの3型コルゲート構造の構造安全性に関する評定（工法等）第一号となり、今後、必要な機能や用途に応じてさまざまな分野へ拡張していくことを期待している。

初出：建築技術 2023-2

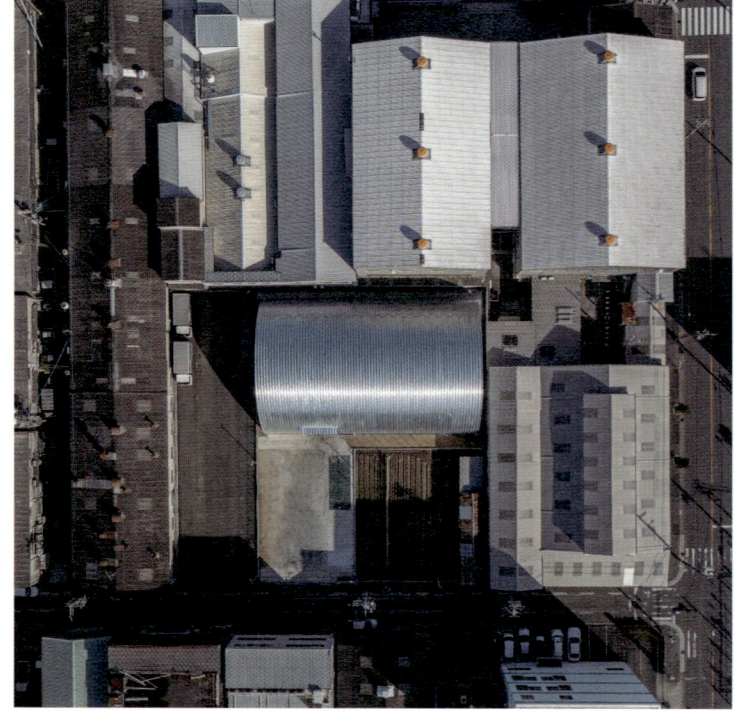

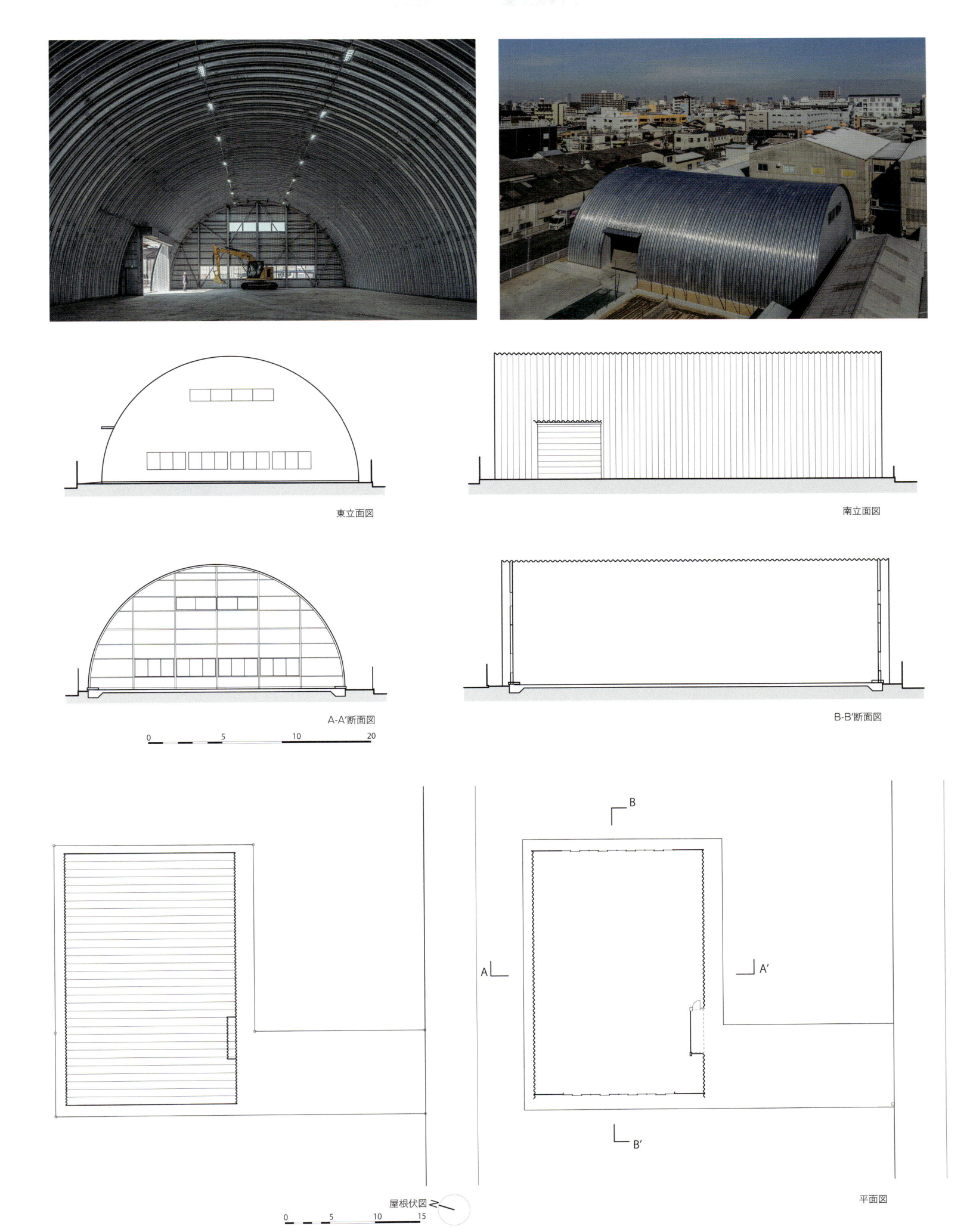

東立面図

南立面図

A-A'断面図

B-B'断面図

0　　　　　5　　　　　10　　　　　20

屋根伏図

0　　　　5　　　　10　　　　15

平面図

遠藤秀平論 ── 別の解答をめざし、構築する人間
倉方俊輔／建築史家・大阪公立大学大学院教授

■遠藤秀平の位置づけ

遠藤秀平を位置づけるのは、そう簡単ではないかもしれない。1960年に滋賀県長浜市に生まれ、福井工業大学建築学科建築空間芸術専攻の一期生から、同専攻の設立に協力した稲田尚之教授が教鞭をとる京都市立芸術大学大学院に進み、大学院を修了した1986年から石井修／美建・設計事務所に勤める。1988年に独立して遠藤秀平建築研究所を設立し、以来、大阪を拠点に設計活動を続けている。建築家として特筆すべきは、「3rd FACTORY 志野陶石」によって1993年に「アンドレア・パラディオ国際建築賞」を受賞するなど、海外からの評価が初期から高いことで、1990年代前半からのコルゲート鋼板を用いた作品は、世界的に彼のアイコンとみなされているだろう。

建築の教育や普及啓発の点でも貢献が大きい。2007年から2021年まで神戸大学の教授を務め、大阪で毎年開かれている全国的な学生設計コンテストである「建築新人戦」、日本建築設計学会、アジール・フロッタン復活プロジェクトなどを立ち上げた中心人物である。作品や文章は個性的だが、温厚でバランスが取れた仕事運び。そんな人物に、関西にいる建築史家として見取り図を示すというのが、私に託された役割だ。

生年としては、いわゆるポストモダニズムから次の時代への架け橋をつくった世代にあたる。1958年生まれの小嶋一浩らが1986年にシーラカンスを結成し、1962年生まれの曽我部昌史・竹内昌義・加茂紀和子らが1995年にみかんぐみとして活動を始めた。このように1960年に生まれた遠藤秀平の前後には、安田幸一、千葉学、宮本佳明、阿部仁史、ヨコミゾマコトなどがいて、バブル景気の中から頭角を現した1954年生まれの隈研吾や竹山聖らとも、1960年代半ば以降の生まれである手塚貴晴＋手塚由比やアトリエ・ワンなどとも違った一群としての感触があり、それを解明するのは興味深い課題だが、彼自身を論じる上では、教育課程や師弟関係と同様、世代論は間接的な役割しか演じないように感じられ、そこに一つの手がかりがあるのかもしれない。とはいえ、モダニズムへの再注目は、この世代の特徴であり、遠藤秀平が提唱する「パラモダン（PARAMODERN）」という概念も、それと関係するだろう。

ただし、本稿ではこの言葉も、コルゲート鋼板もまだ現れていなかった設計活動の初期から述べたい。このような手法によって、最新の遠藤秀平の活動までを包含し、バブル景気と接触しながら各々の個性を立ち上げたこの世代の一端も示せるのではないかと思う。

■射程の長い初期作品

「花園の家」[001]は、遠藤秀平が20代の時に完成させた最初の実作だ。壁も屋根も金属素材（ガルバリウム鋼板）で覆われ、曲線と曲面が使用され、それによって形態の全体は分割されていない、ひとつながりの感覚を与える。遠藤秀平の作風がコルゲート鋼板の使用によって始まったのではなく、その素材に先立って、目指すべき建築のありようが心に秘められていたことをうかがわせる。

同時にこの住宅には、石井修の影も見え隠れするのが興味深い。比較するなら「三基商事西宮工場」（1981年）が良いだろう。大阪に本社を持つ健康食品メーカーが、販売代理店に見学してもらう役割も兼ねて工場を建設した。製造の過程を一望しやすいようにと平面は真円であり、通常だと壁に当たる部分が、従業員の憩いの場として作られた芝生の立ち上がりに埋もれているために、ぬるっとした曲面で立ち上がる銅板葺きの扁平ドームだけが視界に入る。なかなかに異形の建築である。

「花園の家」[001]の内部には、丸太の独立柱が立ち、屋根の勾配を受ける木材がそのままに現されている。こうした点は「目神山の家1／回帰草庵」（1976年）以降に「緑の建築家」と呼ばれる作風を明らかにしていった石井修らしいと誰もが思える部分に違いない。ただし、それだけでなく、石井修は建築らしいとされている形を疑う思考の帰結として、環境に配慮した金属素材やガラスを用いた、形態としても大胆な、住宅以外の作品を世に送り出している。それが先の三基商事西宮工場であり、「竹中作業所分室」（1982年）や「シャルレ本社ビル」（1983年）であることは、もっと知られても良い。1980年代前半に、遠藤秀平が大学から大学院にかけて見ていたのは、そのような建築家としての石井修だった。

そして、遠藤秀平が石井修の設計事務所に在籍し、その存在に接した後のこの住宅作品は、やや分裂した印象を与えるかもしれない。例えば、統合された外観から一歩入っただけで、玄関には丸太柱と、師は使わないであろうガラスブロックが隣り合っている。強く感じられるのは、形態の一体感の希求と、素材への旺盛な関心である。両者はやがて統合するだろう。

「志野陶石」[007]は、国際的な評価につながった作品として先に触れた。これは遠藤秀平の経歴の中で最も、いわゆるポストモダン建築と類似した見た目を持つものかもしれない。そう感じさせるのは、緩やかなヴォールト屋根、カラフルな部材の塗り分けなどで、これらは確かに1990年前後の建築界に広く見られたデザインボキャブラリーである。

しかし、ここでも一体となった形が求められている。最も大きな緩やかなアーチは黄緑色に塗装され、緑色に塗られた鉄骨の柱に支持されることによってヴォールト屋根の内部空間をつくり出している。工場の端でヴォールト屋根が上に突き出たようになっている部分は、タイルの原料を収める貯蔵庫と1200tのプレスが置かれている。穏やかなアーチ型のより小さなものは1階部分に使用され、波打つような連続ヴォールト屋根を形成して、ピロティ状の製品置き場として機能している。曲線の形は立面だけでなく、平面にも使用されている。吹き抜けの内部空間に、見学室や制御室が穏やかなカーブを描いて突き出している。この部分もまた、一般の工場とは異なる親しみやすい雰囲気を高めているに違いない。

これは石井修の三基商事西宮工場と同様に、新しいタイプの工場を求める施主の希望を受け止めた作品である。すなわち、見学者の存在を踏まえ、従業員の心理を考慮し、風景を引き立てることが目指されている。したがって、機能だけに特化した形態をとってはいない。しかし、だからといって、ある種のポストモダン建築のように付加的な装飾が目立ったり、取り付き難い雰囲気が漂ったりするかというと、そうでもない。形態は人や物の動線や必要な空間を支持する構造を起点にし、小さな部分から大きな全体までが一つながりに感じられるように展開されている。

その結果としてできあがった建築の形は、遠くからも四角四面の工場ではないものとして映り、山村の風景の中で、どこかユーモラスに目立っている。施主の要望に一体的な形態で応え、いたずらな複雑さではなくて明快で新しい光景が、楽しげな心理と使い出を創出する。このように要約すると、本作が後のコルゲート鋼板による作品と共通した性格を持つことが理解できるだろう。

遠藤秀平によれば、コルゲート鋼板への着目は、この工場の初期検討段階で使えないかと考えたのが始まりだという。完成した工場に見られるタイル打ち込みのCFRCパネルは、新しい素材を建築に利用するだけの着想や情熱、実現までの粘り強さを、若き建築家がすでに備えていた事実を示している。

「浅井町展望塔」*009は、いわゆる「ふるさと創生一億円事業」の産物である。先の工場は滋賀県浅井町（現 長浜市）が積極的に行っていた企業誘致に京都を本社とする志野陶石が応え、新たな生産拠点として建設したものだった。そこからの縁で遠藤秀平が、同町が公園内に計画した展望塔を設計したのだ。

好景気を背景に装飾タイルの使用が広がった時期に事業を拡張した企業の仕事から、1988年から89年にかけて国が全国の市区町村に地域振興のためとして交付した1億円の活用へ。本論の冒頭

では、遠藤秀平の個性が他の多くの日本の建築家とは違って、出身大学や出身アトリエ、属する世代からあまり説明できないことを示唆したが、そのような単独者が立ち上がるのに、バブル景気が多少の貢献を果たしたとは言えるかもしれない。

「ふるさと創生一億円事業」で他所では、巨大な土偶を貼り付けた駅舎ができたり、カエル型の橋が建設されたりしたが、もちろん、この塔はそうしたものではない。どちらかというと抽象的な形をしている。弧を描いた4枚の壁が、卍型の平面でそれぞれに独立して立つ。訪問者は中央の階段で上昇するにつれて、視界が開けていく感覚を味わうに違いない。4枚の壁は内外とも打ち放しコンクリートで、壁の間隙に組み合わされた色ガラスを透過した光が素材を彩っている。

「美しい自然の中にこの塔は建つことになった。この塔では天上への思いと、自然の振動する力との間に新たな関係をもちたいと思った」と設計者は竣工時に書いている。4枚の壁は、自然の周期である四季を表現するものだという。「塔がもつべきは天上への憧れであろう」とし、しかし「いまは天空を経済で埋めつくした大都市には塔は建たない」と続ける（注1）。

解説文からは、人は本来、構築するというロマンを備えていたが、それは都市では形骸化して失われ、むしろそれが自然と対立しながら共鳴できる非都市のほうが現実可能なのだという思いが読み取れる。すると、この抽象的な形態も、気取ったり、深遠だったりするものではなく、構築というロマンに対応したものであることが分かる。構築がいわば文明以上、文化未満の衝動であるとしたら、その表現に特定の文化に由来するような歴史的な形態が現れるのはおかしいからである。

同時に構築は、生命も自らの一部として包容する自然そのものから抜け出そうとする行為であるから、風景に溶け込むようなものではありえない。ただし、建築はモニュメントではないのだから、形態が機能に呼応していることはもちろんだが、それ以上に、お金を出した施主や足を運ぶ人々の期待に応えなくてはいけない。そう考える遠藤秀平の建築が、抽象的な形態、即物的な素材づかいを特徴としながら、ユーモラスになるのは当然だろう。

このように「浅井町展望塔」*009は、前の2作品の性格も説明するものとなっている。それは後のコルゲート鋼板を用いた作品にも共通し、さらに塔の形態は「ブルボン本社ビル」*177も連想させる。初期作品の射程は、意外にも長い。遠藤秀平が石井修の原初性とも共鳴するところから出発し、そこから独自の性格を展開していった事実を示している。

■コルゲート鋼板の立ち上がり

「Cycle Station米原」*013が、コルゲート鋼板を用いた最初の実作だ。小さな駐輪施設を「作品」にしてしまったところに、どちらかというとアカデミックな場所というよりは、街場から出てきた遠藤秀平の粘り強さが感じられる。

コルゲート鋼板はゆるやかに湾曲して、即物的でありながら、覆いとしての身振りを採っている。地面から少し浮いたところから始まり、地表との関係を保ちながら、伸び上がっているのだ。形態は、自転車を一時停止させ、守るといった機能を表明している。ある種のポストモダン建築のように外部の何かを参照したり、連想させたりするのでなく、単純な機能を超えて、ユーモラスである。そんな作品が以後、コルゲート鋼板を用いて生み出されていく。

駐輪施設に似ているのが鉄道施設で、「京福電鉄大関駅」*020や「福井鉄道ハーモニーホール駅」*024は、小さな無人駅に必要な、覆うという機能だけを、天候の変化を映す視認性と共に発生させている。コルゲート鋼板は、通常の建材とは違って、人間的なスケールに直結していない。だからこそ、風景に呼応し、人が開放的に佇める。公園内の管理者休憩室とトイレに対して連続する造形で応えた「Springtecture播磨」*029や、コルゲート鋼板を用いてはいないが「福井市下馬中央公園」*016にも、共通する感覚がある。動線を基調にしながら、素材そのものによる抽象的な形態群で、体験によって変化する伸びやかな風景を創出している。あまり建築家が手がけないビルディングタイプであることも一緒で、この点も遠藤秀平の個性の一つだろう。

「東洋医療総合研究所」*015はコルゲート鋼板を使用した初めての住宅だ。壁や屋根といった区別なしに連続する素材の性質が、古くからの「ひとつ屋根の下で暮らす」という慣用句を超えて、家族のつながりを生み出す、覆いとしての機能を果たすことが示されている。ドライな素材感がちょうど良い。ひとつながりになって共有を示唆しながらも、それぞれの場所は確保され、それらを伸びやかにつないでいる。もとは工業素材であるにもかかわらず、機械的であったり機能だけを誇示したりしない。おおらかである。ただし、この持ち味を、不整形な敷地に多くの機能を収めるような狭小住宅において発揮するのは、やや難しいかもしれない。事実、遠藤秀平のキャリアの特徴は、同世代の建築家と比べて住宅作品の重みが少ないことにある。

連続する面が、壁となり床となり、表となり裏となって、一つの場を分かち合っている感覚は、住宅の後、オフィスビルにも適用された。「AWEオフィス」*037ではライナープレートを使用して、作者の言う「分有体」が実現されている。コルゲート鋼板と同様に、通常は土木資材として使用される波板鉄板の加工品が4枚、地表から立ち上がり、おのおのの高さで水平へと移行して、スラブとなる。その間隙が広い事務室であったり、社長室であったり、こもるように作業ができる小スペースになっていたりするのだ。

「宣成社ビル」*067は鉄骨鉄筋コンクリート造だが、やはり連続する面が、シェアする感覚を生み出している。エントランスから上昇する打ち放しコンクリートの面は、5階まで達して真横に曲がり、また2層分を下方へと屈曲しながら連なり、それが確かに建物の骨格をなしているように感じられる。それくらいに、この地表から立ち上がった一筆書きは伸びやかだ。都市の建築法規や階の違いに縛られていない自由を思わせ、同じ場を共有しているという実感が湧き、周辺のビルの中でどこかユーモラスに目立っている。これもまた施主の期待に応え、家族のようなつながりに貢献するオフィスビルなのである。

『現代建築理論序説』の中で、1995年の国際設計コンペで案が選ばれた「横浜港大さん橋国際客船ターミナル」(2002年)について、著者のハリー・F. マルグレイヴ、デイヴィッド・グッドマンは、次のように評している。設計者である「ムサヴィとザエラ=ポロは明らかに形態的探究に興味をもっていたが、一方で彼らは、用途と近接性、それに連続的表面によって前例のないプログラム的統合を創り出す可能性という、コールハースが最も関心を寄せていたことをも共有していた」(注2)。

引用した形容に最も当てはまる遠藤秀平の作品が、横浜港大さん橋国際客船ターミナルと同年に完成した「Springtectureびわ」*070に違いない。全長90m、幅5m、厚さ2.7mmのコルゲート鋼板が螺旋状に屈曲しながら部分的に反転することで、さまざまな空間が形成されている。用途としては、すでにある木造住宅に隣接したゲストハウスであり、開放的なギャラリー、畳敷きの談話スペース、複数の外部テラスなどが、壁を共有しながら近接している。ひとつながりでありながら複雑な形は、コルゲート鋼板の使用に始まった形態的探究を進展させたものであることを示している。ただし、それだけではなく、「連続的表面によって前例のないプログラム的統合を創り出す可能性」に関心を寄せているのも、また明らかだ。

まず指摘したいのは、1990年代前半からの遠藤秀平の作品が、国際的な建築潮流と同期していたことである。従来の建築らしさとは別の解答を、デジタルデザインと親和性を持つ屈曲する連続体によって、ランドスケープとの連続性を備えた形で提出しようと

いう姿勢において、同時代のザハ・ハディド、レム・コールハース、ピーター・アイゼンマンらの挑戦と併せて評論することが可能なのである。このことは作者に対する海外からの高い注目を説明する。本作に特にそうした性格が強いことは、これが元になって「スプリングテクチャー論：帯状螺旋構造体の可能性」（2004年）が博士論文として提出されたことに関連するかもしれない。

とはいえ、以上に挙げたような建築家と遠藤秀平とに大きな差があるのも事実だ。コルゲート鋼板の使用は、コンピューターの画面上にある世界と対極とも言える。そこにおける形態の一体感は、具体的な素材への関心や粘り強さと表裏一体になっているからだ。Springtectureびわでは、平面状のパーツと曲面加工されたパーツが、山型・谷型の2種類のボルトのみで接合されるように工夫され、内部への目隠しにもなる耐震煉瓦壁を組み入れている。施工には土地の所有者、鋼板加工会社、煉瓦会社、近隣住民、事務所スタッフなど多くの人びとが参加した。本作は石井修の影響からスタートした初期作品の延長上に位置づけられる。

さらに確認したいのは、造形の違いである。遠藤秀平がつくる連続した形態は、たとえ複雑になったとしても、私たちを覆い、一つの場所にいることに気づかせるという性格から乖離することはない。表と裏とがどっちがどっちか分からなくなって私たちを戸惑わせたり、建築の経験を分断することはないのである。こうした造形の性格ゆえに、コルゲート鋼板という素材も、捻じ曲げたような形態も一見、過激なようでありながら、完成した作品はユーモラスにも感じられる。人がその地に心安らかに住（とど）まることに貢献するのだ。

石井修の生誕100年を記念して2022年に出版された作品集に筆者は「安住への挑戦」というサブタイトルを付した（注3）。巻頭論考のサブタイトルである「安らかな住まいをめざして」は石井修についてのみ適切な表現だが、先の6文字は遠藤秀平に対しても当てはまるに違いない。ただし、その手法は、従来の建築らしさに一層、安住しておらず、より普遍的であろうとしている。建築界の潮流に流されず、一人「挑戦」する姿勢を師から受け継ぎながら、その前に最適な単語は別のものでありそうだ。

その造形が、人びとを覆うと同時に、地表との関係を切り離さないものであることも重要である。遠藤秀平がつくる連続した形態が、基本的に地面から立ち上がることは見逃せない。最初期から最新の作品まで一貫して、他の建築家のように地面を折りたたんだり、土地が隆起したかのように、ランドスケープと一体化する方向に展開することはない。かといって、地表から部材が屹立し、重力と対決するドラマを上演するわけでもないのである。

遠藤秀平は最初期から、作品に使用するコルゲート鋼板を地表から立ち上げ、その後に、重力をものともしないかのように屈曲させる。螺旋状に複雑に曲がる「Springtecture」シリーズでさえ、連続する面は地面から垂直に近い角度で始まっている。大地に根ざし、そこから上昇するのである。川合健二の「自邸」（1965年）がコルゲート鋼板を用いて大地と縁を切っていることとは好対照だ。二人はまるで違う個性を備えている。

形態が、空間を支持する構造を起点にして地表から立ち上がり、小さな部分から大きな全体までが一つながりに感じられるように展開されるからこそ、伸びやかな共同体のロマンは発生する。そんな個性は、遠藤秀平の造形の中に、TIDEなどの最初期の作品から、コルゲート鋼板を使用したもの、以後に論じるコルゲート鋼板以外の作品まで、正確に一貫して読み取れるのである。

■コルゲート鋼板に頼らない解答

コルゲート鋼板を使用することによって、遠藤秀平が初期作品から備えていた形態の一体感の希求と、素材への旺盛な関心は統合された。その後の歩みは、コルゲート鋼板を使うことによる制約を離れ、両者がそれぞれに展開されていく過程である。

「筑紫の丘斎場」*058では、火葬場というビルディングタイプに求められる荘厳さに、新たな素材の開発で応えている。外壁には表情が違った3種の御影石が使用され、内部に進むと、エキスパンドメタルやリブラスを型枠に用いたコンクリート壁や磁器タイルに囲まれる。いずれもコルゲート鋼板とは異なる深みを感じさせる素材だ。それでいて、コルゲート鋼板におけるボルトのように、施工のプロセスが刻まれている点では共通している。形態の面から見れば、おおらかな曲面の屋根が、建築を一体感で覆っている。外部と内部とを架け渡し、伝統に縛られない形で人が最後に帰るべき場所を、風景の中で象徴しているのだ。

「ブルボンビーンズドーム」*114は大きく見え、ユーモラスだ。金属の立体トラスを用いた曲面が地面から立ち上がり、天窓から光が注ぐ空間を形作っている。日の当たる方角が高くまで緑化されて、断熱効果に寄与するとともに、異形の感を高めている。キャラクターがあって、親しみやすい。このことは日常の中では運動空間であり、災害非常時には緊急活動拠点となるという、この建築の性格の両面に似合っている。金属素材と緑の大胆な組み合わせは、石井修の三基商事西宮工場やシャルレ本社ビルなどを彷彿とさせる。

建築らしいとされている形を疑う点において、二人は師弟関係だ。共に真面目で、ユーモアをたたえている。

「ひょうご環境体験館」*123では木の立体トラスが連続する面を形成している。屋根とも壁とも言える表面を耐候性鋼板が覆う。地表から伸び上がった形態が、中庭や床下を有しながら、自然の中で人が一時的に宿り、集まる場所を作り出しているのだ。

「福良港津波防災ステーション」*149は防災拠点である。けれど、強固な壁を築いて内外の隔たりを作り出すのではない解答を与えたかった感が強く伝わる。地表から立ち上がった面は、カーブを描いて次第に上昇し、また元の場所に戻っていく。その間に、この施設の目的である制御室、震災時に予測される津波被害に抗する防災学習室や避難場所などが囲い込まれる。耐候性鋼板の壁は存在感を持ちながらも、厚みを感じさせないように処理されている。分節された日常的な建物とは別の形であることによって、親しまれる非日常への備えになっている。

「淡路人形座」*158も、これまで見てきた作品と同様に、スケールがよく分からない。コルゲート鋼板もそれに寄与する材料だったが、ここでは設計者の素材への旺盛な関心が、耐候性鋼メッシュの型枠を使ったコンクリート打ち放しという独特の風貌を編み出した。表面には施工のプロセスで重力による凹凸が刻まれ、竣工後の時間が錆色の変化を定着させる。この建物には地域文化である人形浄瑠璃の伝承に加えて、津波襲来時の避難場所となることが求められた。微細に変化しながら連続する表面が、手わざの芸術と、自然に対抗する建設とを架橋している。形骸化して人を抑圧しかねない歴史的な形態に抗し、建築が自然と一体化するなどという夢想も退けている。人間のための構築を通じて、風景の中に、共同体の拠点を置いているのだ。

「ブルボン本社ビル」*177は、高さが60mもある企業の本社ビルである。全国的に有名な菓子メーカーである同社は1924年の創業以来、新潟県柏崎市に本社を置き続けてきた。生産工場などを再編し、新たに市内中心部に本社を移転した際、設計者は柏崎市内で最も高くなるビルの形を4つに分割し、それぞれ地表から伸びる金属パネルで包み込んだ。遠くからも視認性が高まり、大きさが不明瞭になり、抽象的でありながら親しみが湧く。さくっと口当たりのよい、ブルボンの菓子みたいだと思う人もいるかもしれない。シンプルで、丁寧で、ロングセラーになるべき包み込む形を、依頼者は提供した。初期作品のTIDEを想起させるのは、形態の類似以上に、遠藤秀平が変わらず、伸びやかに、施主や人々の希望に応えた地域のシンボルを構築しているからに他ならない。

こうして2000〜2010年代の作品を見ていくと、時代に合わせた遠藤秀平の変化が明らかになる。1995年の阪神・淡路大震災を経験した関西、都市と自然との距離が近いこの場所にあって、環境や防災といった自然に近しいテーマに応える形で、コルゲート鋼板以外の素材を開発し、形態の一体感をスケールが分からない形で展開させたのだ。こうした自然な変わり方を可能にしたのは、バブル前後のスタート期にもそうであったように、求めに応じる設計者の素質だろう。遠藤秀平をコルゲート鋼板から語り始めたり、過激な作風とだけ見ると捉えそこねてしまう部分だ。

■深層化し表層化するコルゲート鋼板

2000年代以降もコルゲート鋼板は、遠藤秀平にとって挑戦的な素材であり続けている。オーラッシュの一連の店舗(大津、天白、千葉、奈良、京都、福岡、2005〜06年)は、「Springtectureびわ」*070からの造形的展開に「たわみ」の概念を加えたものだ。コルゲート鋼板による作品以外でも、耐候性鋼板を用いた「大阪城公園レストハウス」*103などが同じ方向性である。この重力の作用で変形した形態という理念は「ニュージオメトリーの建築」展(2006年)でも打ち出されたが、実際には2006年からの展開は違ったものになっている。

「森の10居」*116.117は計10戸からなる共同住宅である。6戸からなるR棟では、地表から立ち上がったコルゲート鋼板が、くるりと回転し、再び地表に着地する内に、それぞれの住戸の一体的な空間が形成されている。4戸が収まるS棟は一つの長方形をなし、中にはそれぞれの占有テラスが隣接した住戸の外壁によって確保され、金属パネルによる反射が室内に自然光を導く。どちらも直接には重力を感じさせないひとつながりの形態が、一つの場を分かち合っている感覚を生み出している。やはり彼に似合う形態や理念は、この作品のタイトルがそうであるように、軽やかに意味をずらし、真面目なようでくすりと笑わせるものではないだろうか。関西の人間はそれを"ボケ"と言って愛する。

もちろん、コルゲート鋼板は単なる外装に留まっていない。近年の作品では、素材が重力に抗し、耐候性を持ち、施工や解体、再利用といったプロセスに適合したものであることに一層の関心を寄せている。

「オーベルジュ玄珠」*197は、それまでの1型や2型より波高が大きい、3型規格のコルゲート鋼板を国内で初めて使用した建物だ。実現までの困難は、積雪地にふさわしい強度と耐候性を獲得するために選択されたものだが、同時に、豊かな風景と対峙する存在である

ために選ばれたものでもあるだろう。構造としては木造である。昨今の建築界にあるような、たとえ中身は鉄骨でも木を表面に貼るような風潮とはまったく逆だ。金属素材に可能性を見出し、自然の中で人間が共に安らいでいる感のある宿泊施設を築こうと、別の解答をめざす挑戦は続いている。

「中西金属工業 神戸工場」*194では薄板の折板を使用して、求められる高断熱性能や水密性、メンテナンスフリーや屋根荷重軽減といった機能を満たしている。連続する面は地表から立ち上がり、重力をものともしないかのように屈曲して、2階見学室の空間を浮かせる。金属の外装は一方で機能に応え、他方で伸びやかで未来的、外来者を招く工場であるといったイメージを外観に発している。初期作品から続く、施主の希望を受け止めた工場の系譜は健在である。

「南野商店」*210がやや意外かもしれないのは、シンプルなヴォールト型であることだ。波の高さが140mmもある3型規格のコルゲート鋼板を構造に用いて、産業廃棄物の中間処理工場にふさわしい無柱の大空間を作り出している。工業生産の規格品を転用した構法なので、経済性や環境性能に優れ、解体や再利用も容易である。今回、コルゲート構造として評定を取ったことで、新たな普遍解として広く使われる道が開かれた。そもそもコルゲート鋼板を使った新しさは、建築らしくない素材の用法をずらしたところにあった。ますます軽快に表層の効果を操る一方で、技術的な深層に回帰しているのが、近年の特徴である。

「富士山ワイナリー」*217をもって、ますます深層化し、表層化する遠藤秀平の作風の一つの区切りとして良いだろう。本作でもコルゲート鋼板は、空間を覆うという原初的な機能のために選択されている。同時に、挑戦的な農業・経済活動の施設であるといったイメージを引き受け、日本一の高さを誇る富士山と共に映えるスポットを生み出している。

工場棟は南野商店と同様、3型規格のコルゲート鋼板が構造になっている。一見、建築家の作品らしくない真面目な姿である。もう一棟のアネックス棟は飲食のできる施設で、こちらはカーブを描くコルゲート鋼板がリズミカルに連なる。同じ3型規格のコルゲート鋼板なので堅牢さが感じられ、見るからに人が安らげる環境を包んでいる。一般的な建物のような形ではないから、目に入った瞬間から、他にない飲食を体験する期待が高まるだろう。近づけば外部と内部とを架け渡す形が、周辺環境に親しめる中間領域を作り上げ、離れて見ると、さりげなく軸を向けた富士山と金属の輝きが互いを引き立て合っている。農業と経済をまわすための2棟は共通の素材

をまとって、少し離れた立地にありながらも共鳴し、意志を有した開拓者的な風景を描いている。

本作は川合健二の自邸がそうであったように、環境と対峙しながら共存するコルゲート鋼板の深層に接している。同時に、施主や足を運ぶ人々の心理に表層で応えたプロの仕事でもある。そのどちらかだけに決定できず、常に意味がずらされる。先ほど、"ボケ"という言葉を出したが、それは遠藤秀平の個性の深層に迫る回路かもしれない。ユーモラスな表層がそう直感させる。

■ユーモアと文明の構築

遠藤秀平という建築家は、建築の出発点を忘れない。形態は地表から始まり、仕事は施主に由来する。出発点と言っても、観念的な始原のようなものではない。即物的な現実に立脚している。ただし、そこから立ち上がる。始まりから連なり、伸びやかに走る面は、複数の機能を囲い込み、それらをつないでいって、小さな人体のスケールや変わるかもしれない役割などを連想させない。もっと大きく、一つの場を共有していることを実感させる。

実感の起点は、観念ではなく、物そのものだから、素材というものを考えないわけにいかない。目に入る素材が、すぐに触感を連想させるのは、原始から受け継がれた人間の習性だろうか。力学的な構造が何であるかは観念の領域にも属するので、表面の素材をその決定に委ねるのはおかしい。とはいえ、明白な虚偽は見抜かれる。遠藤秀平の建築における素材はさまざまに工夫されるが、作られ方や組み立てられ方を露わにする点では共通し、力学的な構造に必ずしも拘泥されない存在となっている。

素材は物を重くも見せるし、軽くも見せる。遠藤秀平の建築はほとんど常に覆いであって、地表から始まった面は、縦方向に屈曲したり、螺旋状に進んだり、弧を描いたりしながら、空間を囲み、包んで、また地表に帰っていく。素材の感触は、形態にとらわれず、それと相乗効果をなして、建築をあるべき存在感に着地させる。人が守られている感はあるが、束縛するのではなく、風景の中で、私たちが共にいると感じさせるように。

コルゲート鋼板という素材は、そんな建築のありようにぴったりのものだった。1994年に最初に完成したコルゲート鋼板の実作は、初期からの形態の一体感への希求と、素材への旺盛な関心とを統合させ、ここまでに述べてきた形態と素材との関係がそれ以降、さまざまなヴァリエーションで追求されている。

では、このような作品のあり方は、何に属していたり、何に抗して

いたりするのだろうか。ひとまず、眼の前の現実から始める点でモダニズムに属し、それが現在「建築とされるもの」を建築だと考えるような真面目さに抗しているとは言えそうだ。

仮に視覚的な側面だけを捉えても、モダニズムの建築は、卑近な素材を崇高に感じさせたり、重いはずのものが軽く持ち上げられたりといったことを行う。ル・コルビュジエであれば、前者が打ち放しコンクリート、後者はピロティである。しかし、それらも継承され、いつしか洗練されて、真面目なお作法に収まりがちだ。

遠藤秀平の言う「パラモダン」は、その始まりへの回帰である。並行したものも存在するのではないか、別の解答があるのではないかと考える。だから、直線ではなく、曲線を多用する。部材を組み立てるのではなく、連続させる。工業素材を転用し、素材の開発に着手する。いずれも観念的なものではなく、眼の前の要請から始まり、作り方を考え、法規や経済といった現実化までの過程を含んだ上での選択である。このような事柄がまるで存在しないかのように振る舞う作法が、モダニズム以前における「建築とされるもの」だった。それらを視野に入れたのがモダニズムの始まりだったが、やがて失われ、その洗練された否定であるポストモダニズムがすべて押し流してしまった。よって、遠藤秀平は別の言葉を使い始める。「パラモダン」である。それは視覚的な側面に留まらないモダニズムの意義を再活性化させている。

さらにパラモダンをモダニズムと並び称すことができるのが、新たな普遍解を提出する態度である。ポストモダンが「これも」できるだとしたら、パラモダンは「これが」できるだ。遠藤秀平の作品を遊戯的と見誤ってはいけない。形態は確かに軽やかだ。本論でしばしばユーモラスと形容してきた資質も備えている。だが、他にもありえたように見える軽薄さや、それをあえて提出するようなスノビズムは感じられない。ポストモダン建築はそのような性格を含んでいた。その終焉の後に、彼が建築界の寵児となったことも頷ける。ただし、その後の一般的な潮流と違っているのが、先に指摘した視覚的な側面に留まらない過程への注目であり、それによる正当化を恐れない姿勢である。

近年の3型規格のコルゲート鋼板による取り組みは、初期作品から現在まで遠藤秀平の態度が決して遊戯的でないこと、施工のプロセスを建築の価値に直結させる解答者であろうとしていることを端的に示している。今はそんな時代ではないから、などと諦めてしまうのではなく、現在だからできる別解を粘り強く探究する。それは建築らしさを継承するためでも、差異化のためではなく、人間の自由を増すために行われている。それがパラモダンである。

さらに、実際には遠藤秀平の取り組みはモダニズム云々よりも広く、関西的であると述べなければいけない。しかし、関西的と言われると、違和感を抱くのではないだろうか。見た目には作品が、通常言う関西らしさをあまり含んでいないからである。木のぬくもり、和風、設計におけるこだわり、それらが成立する基底としての旦那芸‥仮に京都から大阪まで、これらが関西的であるとしたら、遠藤秀平がそんな常識に抗しているのが分かる。

先ほどひとまずはモダニズムに帰属させたので、今とは異なるものを目指す姿勢は、その当然の帰結かもしれない。他方で、この節の冒頭で描写したように、遠藤秀平の作品には、初期から現在まで強い連続性がある。何かから離れて行こうとするだけでなく、目指すべき建築のありようがないと、こうはならない。遠藤秀平はモダニズムも超えて、何に属そうとしているのだろうか。

一貫して求めているのは「文化」以前の建築である。構築と呼んだほうがよいかもしれない。「建築とされるもの」は文化に属する。文化はそれぞれの根を持つ。したがって、建築は普遍的ではありえない。モダニズムは、そんな考えに抗した、本来は挑戦だった。したがって、新しい普遍性を築くという以前に、既存の確からしいものがずらされていく。王様は裸だという。ル・コルビュジエは、機械文明の時代に「様式」を真似しているという本流を批判した。真面目なお作法も、そこにこだわりの変化球を放つスノビズムも、文化的とされているもの一式を嘲笑した。言葉は厳しいけれど、どこか笑ってしまう"ツッコミ"だったから、世界を変えた。けれど、打ち放しコンクリートやピロティが本当に必然であり、唯一の解答だったのだろうか。もしかしたら、ル・コルビュジエの建築自体が、壮大な"ボケ"だったのかもしれない。

文化は時に人を束縛する。社会を分断し、共にいることを忘れさせる。とはいえ、人は自然には帰ることはできない。自然以後、文化以前にいた人間を忘却しない態度は可能なのだろうか。具体的な物の構築が、その鍵である。素材の使い方を考え、眼の前に見えるものとして、自然の中に物をつくること。別の解答を与えることを行い続けてヒトはヒトとなり、やがて建築と呼べるものが仕上がった。そうして一旦、文化ができると、次の解答は、意味をずらしているように受け止められざるを得ない。真面目であるのに、ボケになる。いや、真面目だから、そうなる。モダニズムを有史以来、何度も出現した、そうした瞬間の一つと捉えた時、パラモダンの思想が生まれる。それはパラダイムを変革する知であり、ヒトがヒトでいるのに欠かせないロマンであり、ユーモアである。

ユーモアの語源は、ラテン語で体液を意味するフモール（humor）

で、パルテノン神殿が建立されたのと同時代の古代ギリシアのヒポクラテスに由来して、人の身体には4種類の体液が流れており、その不調和が病を生むという説が信じられていたことから、この語自体が特異な気質やそれを備えた人物を指し示すようになった。ユーモアがおかしみや洒落として理解される今になっても、そこに個人の気質や気性との結びつきが感じられ、人間の弱さを寛大に眺めて楽しむという性格をまとっているのは、そんな由来ゆえである。

人の理性は動物から受け継いだ身体の上の楼閣で、個人は気質や気性を備えて生きざるを得ないのだが、それは同じものが流れている私たちだから仕方ない。そんなふうにユーモアは社会を分断から救い、人間が共にいるという現実に回帰させる。それが個別の文化を超えて、文明の始まりと同じくらいに古くて普遍的なものだとしたら、建築が自然よりも後、文化よりも前を思い出させるためには、ユーモラスにならざるを得ない。

遠藤秀平は、関西の古層に属している。こう言葉にしてしまうと、やや文化的な閉塞感も帯びてしまうのだが、指摘したいのは、京都や大阪などの文化に先行する、より歴史が深く、自然と隣り合った文明の開かれが、遠藤秀平の中に流れているということである。師である石井修が奈良から生まれたように、遠藤秀平は滋賀から立ち上がり、文明に属する構築に焦点を当てた。施主にせよ、設計者や受け手にせよ誰もが持つ気質を前提に、建築の始まりを問う、別解への挑戦は続く。

注1　ハリー・F. マルグレイヴ、デイヴィッド・グッドマン著、
　　　澤岡清秀監訳『現代建築理論序説』(鹿島出版会、2018) p.278
注2　倉方俊輔＋石井修生誕100年記念展実行委員会
　　　『建築家・石井修―安住への挑戦』(建築資料研究社、2022)
注3　「作品名」*000は作品リストの番号を示す

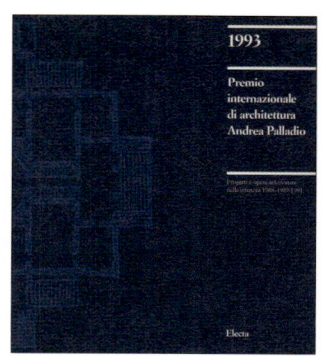

第4回アンドレア・パラディオ賞作品集
（イタリア・ヴィチェンツァ）

遠藤秀平、故中村勇大、竹山聖らが主になり10回まで開催、
現在は光嶋裕介が引き継いでいる

志野陶石 3rd Factory 工場内観

左から下田泰也氏、遠藤、倉方俊輔氏

もく保育園 2022

この建築は姫路市の郊外にある認定保育園である。1期と2期に分かれ、それぞれ木造と鉄骨造となっているが、一体的な施設となるように計画されている。外観の屋根・壁は折板を仕上げとして採用し、2つの棟が連続した建築となるように外装材を設定している。折板が屋根から壁へと連続することで内包する内部空間のボリュームを建築全体像として表出させることを選択している。子どもたちへの幼児教育の環境として、建築の表情を単純化し、子どもたちの原風景になる建築体験の記憶を強化することを目論みた。平面計画は敷地中央部に園庭を設定し、それらを囲むように2つの棟を配置している。外部と内部での建築体験が異なり、外部からは守られる環境としての表情をつくり、内部にあっては居場所が多くある建築空間を設定した。

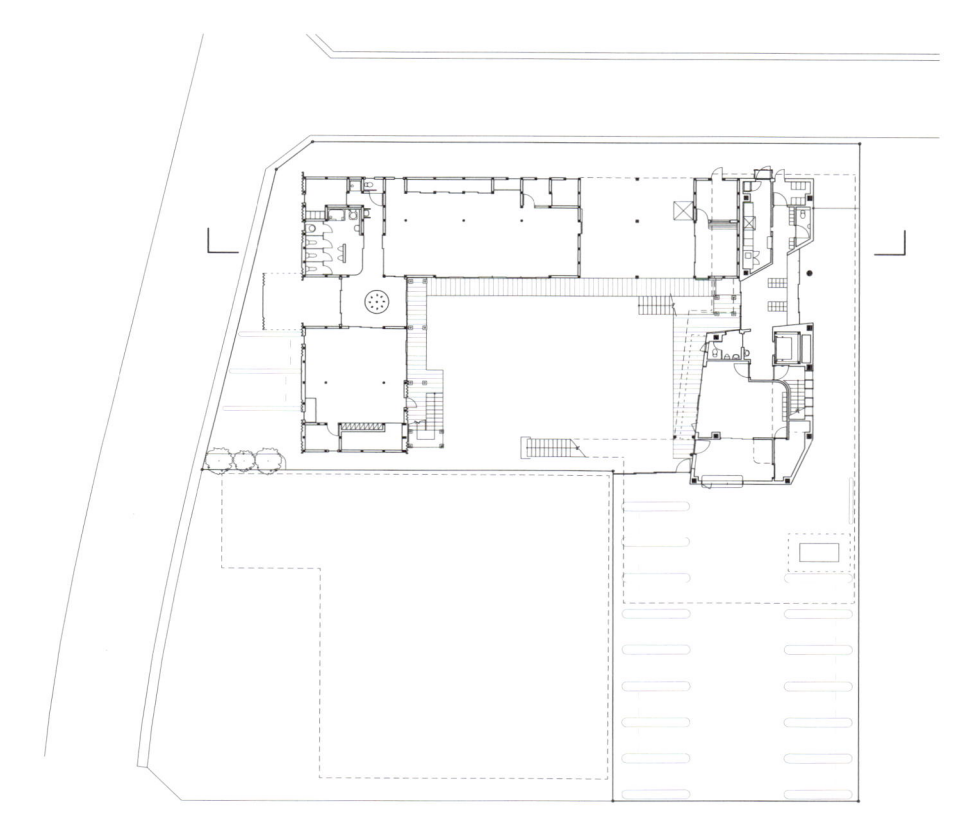

1階平面図

N

0 5 10 15

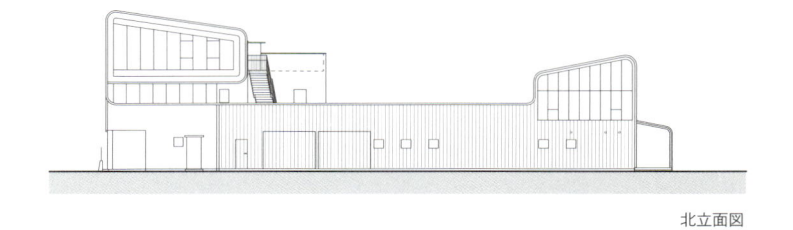

北立面図

MOKU PRESCHOOL

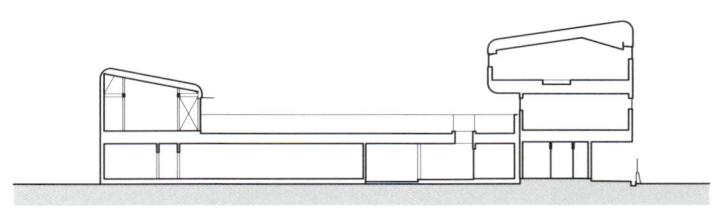

南立面図

断面図

中西金属工業 神戸工場 2020

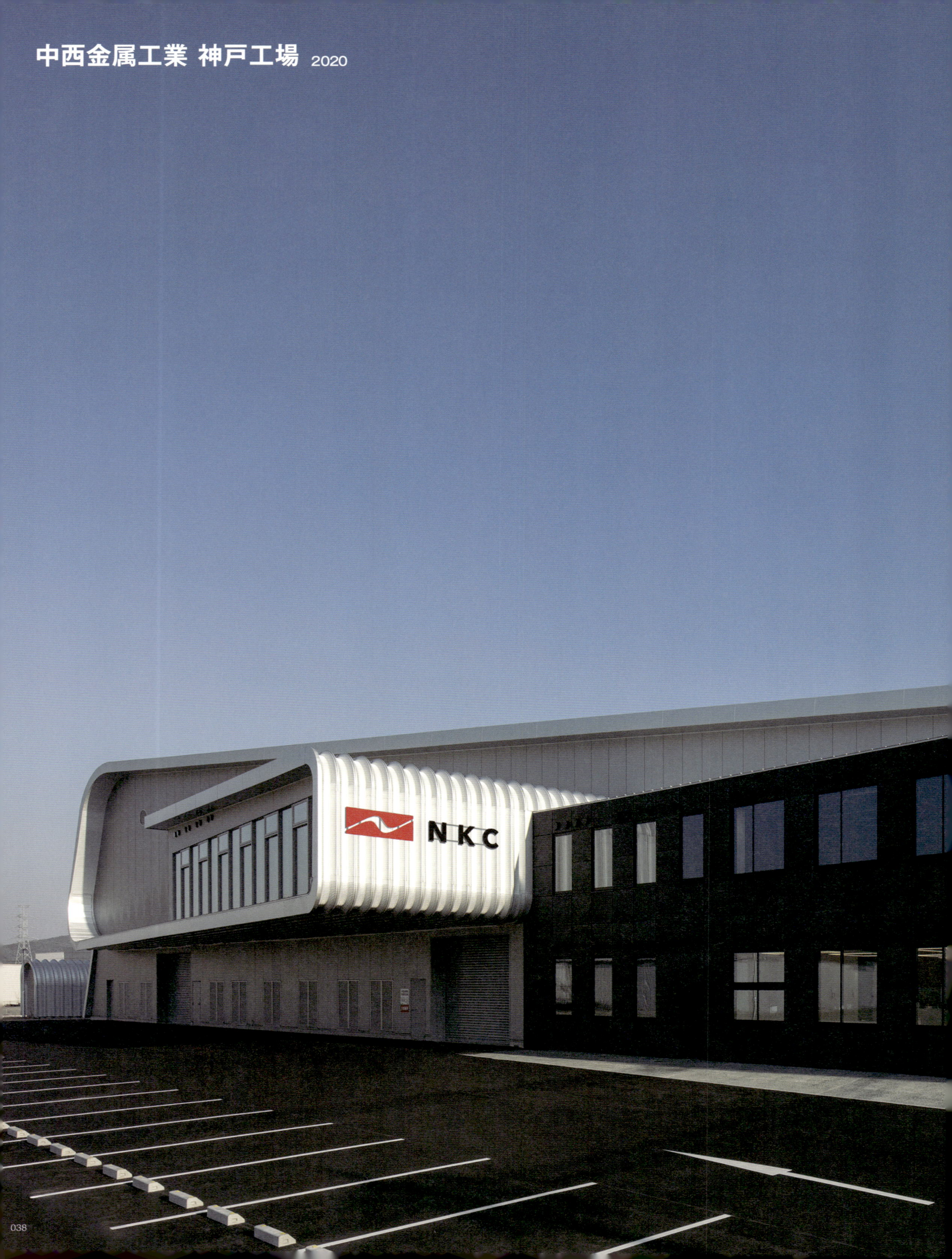

大阪市内で100年を超えて継続する金属加工会社の工場である。近年の近隣環境の変化や製造技術の進化に伴い、規模拡張と安定生産を目的として神戸市郊外へ移転することになった。移転に伴い、ピットを要する稼働中の多くの製造機器の配置などが主要な課題となり、そのために地中梁のない構造形式を模索するところから設計がスタートした。

屋根の短辺は長さが60mあり1枚で加工した折板により屋根と壁とが連続し一体となる空間構成としている。建物の長辺は90mあり同じ断面の設定としている。高断熱性能、水密性に優れ、屋上防水のメンテナンスフリー、屋根荷重軽減など、多様な機能を薄板の折板を用いることで合理的に獲得している。躯体は鉄骨柱と立体システムトラスで構成し、屋根壁一体の金属板との2つの要素の接合により大きな空間を囲い込んでいる。両側の壁をトラス架構とすることで、工場内部に地中梁を設定していない。これは、生産設備のレイアウト変更や増改築における自由度など、将来の変化にフレキシブルに対応できる可能性の確保を目的としている。

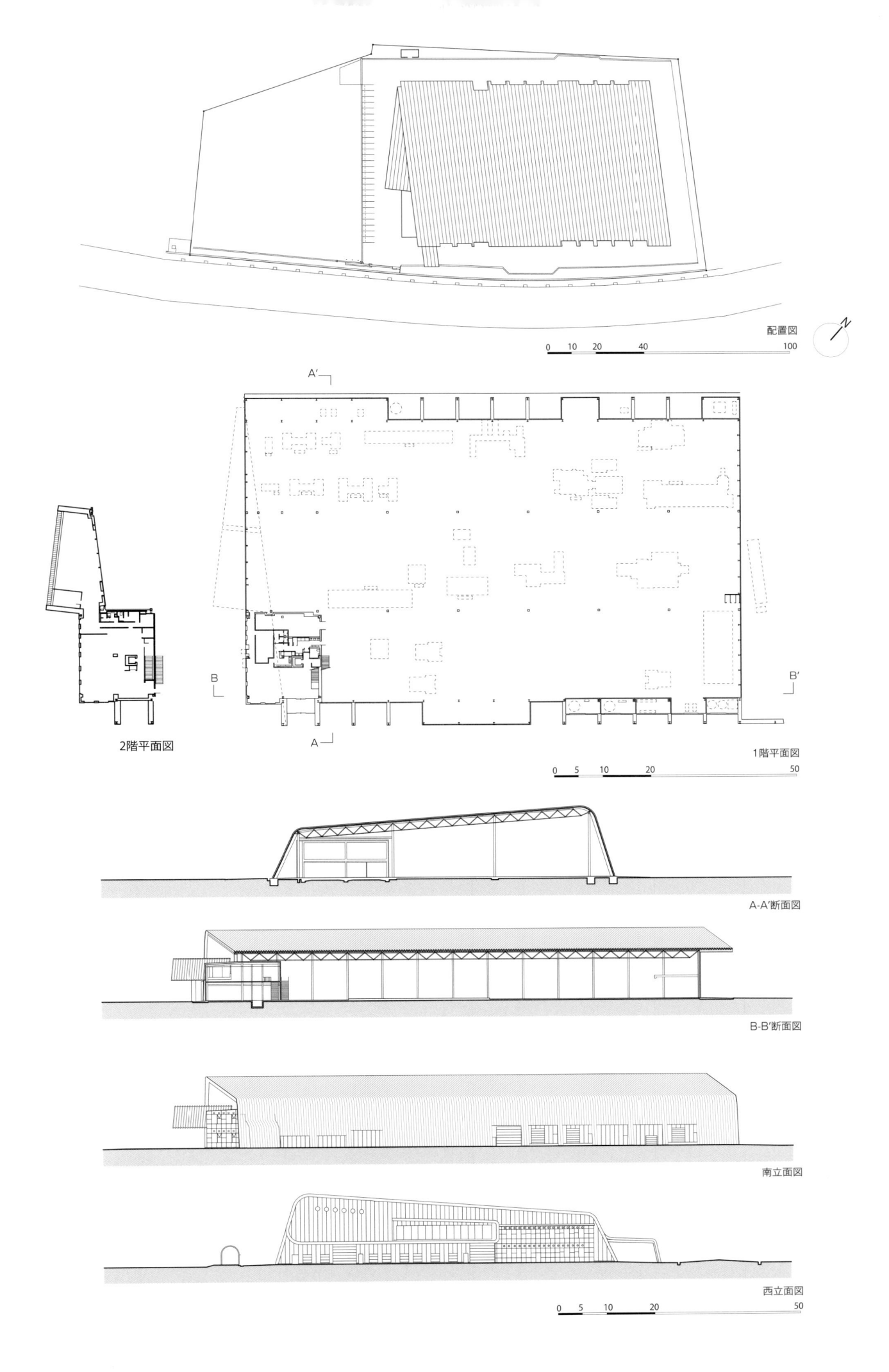

配置図

0　10　20　40　　　　100

A'

B　　　　　　　　　　　　　　　B'

A

2階平面図

1階平面図

0　5　10　20　　　50

A-A'断面図

B-B'断面図

南立面図

西立面図

0　5　10　20　　　50

修復完成予想パース　　　　　　　　　　　2018年 水没時

アジール・フロッタンは2020年10月にセーヌ川底から浮上し、再び水面に漂う姿を見せた。2年8カ月の長きにわたり水没の危機に瀕していた。水没の遠因は地球の気候変動によりセーヌ川の水面が上昇したことにあるが、コロナ禍やウクライナ紛争さらにイスラエルの戦禍など地球規模の危機の時代の影響といえる。100年ほど前アジール・フロッタンの躯体となるコンクリートの石炭船が生まれた背景も第一次世界大戦の影響によるものである。前川國男が担当したことから私も引き込まれたが、この貴重な建築遺産を後世に引き継ぎたいと考えている。アジール・フロッタン2020は2008年に計画した工事用シェルターのオルタナティブとして提案している。今後修復工事が動き出した時にはこのシェルターにより、アジール・フロッタンの存在が多くの人たちの視野に映るとともに記憶の一部となることを願っている。

初出：アジール・フロッタンの奇蹟Ⅱ 2020（建築資料研究社）

2020年 浮上工事

2020年 再浮上

オーベルジュ玄珠 2020

ロケーション
敷地は岐阜県高山市の郊外に位置し、三方に小高い山があり豊かな環境に囲まれている。敷地北側には馬瀬川がながれ、地方の山間部にある典型的な里山の景観となっている。この豊かな環境をいかした15室の宿泊が可能な小さなオーベルジュである。

ゾーニングとプラン
敷地はかつて公的な機関によって開発されており、起伏のないフラットな地形が用意されていた。南北に長い逆L型地形の長手方向に全ての機能を配置し、全室を東側前庭に開放する設定としている。主要な機能は、ロビー、レストラン、宿泊室15室である。当初は北端部にスパ棟を計画していたがコロナ禍などの事情により2期工事として未施工である。ロビーを中心にレストランと客室を分けて配置し、平屋でありながら天井高に変化をもたせることで、空間に抑揚を作っている。15室は、48㎡の大きな部屋が3室、24㎡のものが6室、18㎡の小さな部屋が6室の構成となっている。

構造
木造平屋の構造であるが、積雪地でもあり構造計算上2.5mの積雪荷重となっている。在来工法では開口方向に筋交いが多く入るため、宿泊部分では、筋交いに代わり水平力を担保可能な、木造囲柱ラーメン構造の採用により全面オープンとしている。そうすることで宿泊空間と外部空間との開放的なつながりを可能な限り確保した。また、ロビーとレストランの架構では、在来工法を応用し120mm角の柱を4本として、120mm角の梁を挟む形式としている。

コルゲート鋼板
外装の屋根／壁をコルゲート鋼鈑で覆っており、あくまで仕上げ材であるが積雪荷重に対して初期変形時には対応する。これまで利用してきたコルゲート鋼板は波高51mm／板厚2.7mmのものが主となっていたが、今回は波高140mmの大きなものとなっている。この規格は日本で製造されておらず、韓国からの輸入品を使用している。輸入にあたっては、韓国のメーカーとの協議により技術移転を行い、国内で初めての施工例（他物件と合わせ）となっている。140mmの波高のため大きな強度を有しており、通常の木造では必要となる屋根下地材を省き断熱材として発泡ウレタンを吹き付けている。

耐候性鋼板

コルゲート鋼板は普通鋼を整形し亜鉛メッキ仕上げとしているが、今回の鋼材は耐候性鋼板を利用している。耐候性鋼板を採用した理由は、メンテナンスフリーであることも一因であるが、自然環境の中での調和を考慮し錆を選択した。施工当初は黒皮の状態であったが、竣工時点ではほぼ錆が安定化し、周辺の自然環境とのバランスがとれている。

即物的建築の可能性

積雪地であり、木造では弱点となる部分もあるが、120ミリ角の柱／梁の組み合わせ、そこにコルゲート鋼板を複合し、それぞれの魅力を顕在化する構成を採用した。小さな断面の柱／梁や耐候性鋼板の錆など、素材として日常的にあるものを活用し即物的な建築の可能性を模索した。繊細さは獲得できていないが、木造と鋼板の複合による新たな建築の表情を獲得できたのではないかと考える。

初出：CASABELLA 919号 2021-3

全体平面図

0　　　　　5　　　　　10

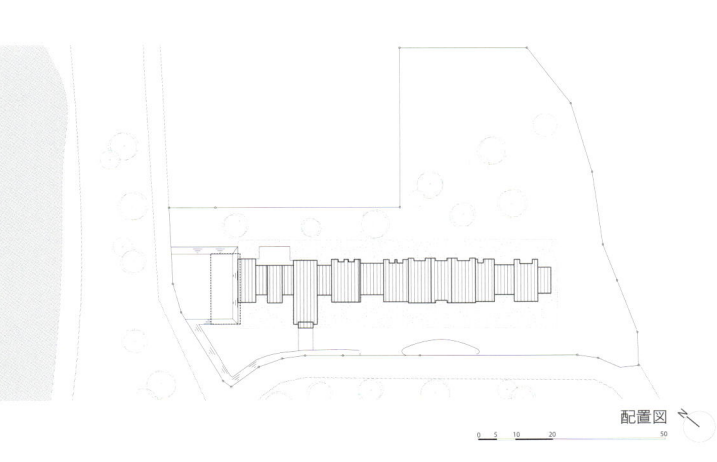

配置図

0　5　10　　20　　　　50

エストニア共産主義犯罪博物館 2017

バルト3国とよばれるうちの最も北側に位置する小さな国で開催されたコンペ案である。旧ソビエト連邦に属していた時代に共産主義の極端な偏向から多くの犯罪者が捏造された。それらの人を収容する場所として使われてきた建築を現代に活用し保存するための提案が求められた。この提案では遠藤秀平建築研究所と神戸大学遠藤研究室との共同作業を行った。特に遠藤研究室の塚越仁貴くん・谷大蔵くん・松田星斗くん・山本修大くんたちが多くのエネルギーを投入してくれ、最優秀賞に選出された。この建築は、人が時代によって、社会的政治的な影響により凶暴な間違いを犯すことの重要な証左となるものである。この提案では、奥行きとともに徐々に変化する空間を設定し、集団が変質することに気がつかない時間の経過を空間変容により追体験できる設定とした。実施コンペの前提であったが、現状では具体化することはなさそうである。現地を訪問し人類が善悪どのようにも変容する事実を知る貴重な体験となった。

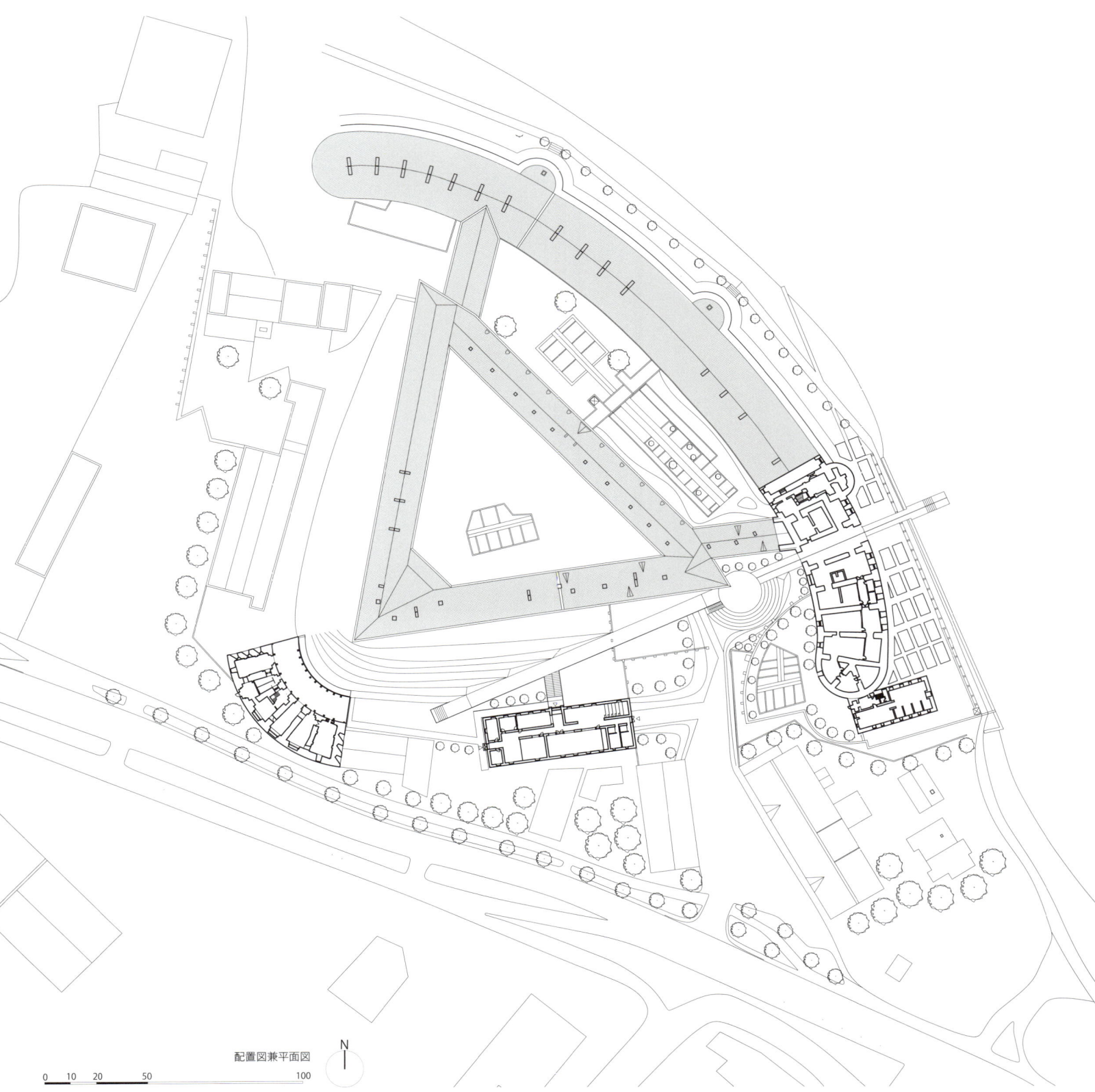

配置図兼平面図

0 10 20 50 100

N

新国立競技場 2015

この提案は2012年のコンペに応募した案のリメイクである。新国立競技場コンペ案は白紙撤回され新たに実施案を競うことになったが、残念ながら多くの設計者が競い合うことにはならなかった。再び応募を考えたが、狭き門戸は閉じられてしまった。しかし、多くの設計者の英知とデザインを持ちよることの可能性が否定されたことではないと考え独自の提案を行うことにした。この独自提案が、実現されるであろう競技場を議論するための一端に

でもなればうれしいと考えた。

本来なら多くの時間と協力者により、高い完成度と精度をもって提案すべきであるが、時間と体制の限界もあり部分的なイメージとしての原型を示す。この提案が多くの人の目にふれ、建築への関心と新国立競技場に対する愛着が高まることを願っている。

初出：2022 MODEL＋（田園城市生活風格書店）

遠藤秀平 パラモダンの建築家
フェランチュエスコ・ダル・コ Francesco Dal Co／CASABELLA編集長・ベネチア建築大学教授

軽やかさと柔軟性の複合化は遠藤秀平の作品の多くに見られ90年代初期からこの建築を作っていた。滋賀に作られた2作品、「志野陶石浅井工場」*005、「浅井町文化センター」*011に既に表れていたとするならば、続く作品の「Cyclestation 米原」*013や住宅兼アトリエの「東洋医療総合研究所」*015、「福井鉄道ハーモニーホール駅」*024とりわけ「Springtecture 播磨」*029に顕著に表現されているといってよいだろう。
コルゲート鋼板を利用しながら（住宅兼アトリエの「坂井の家K」*056を参照）、遠藤は被膜部分と躯体構造の分離を失くし、スプリング形状を用いる――論理的には梁といくつかの支柱が連なるが――このマトリクス（基盤）が作品の大部分で採用されていることは明白である。
連続した湾曲面を使用し、構成材料の安定性を向上させるために表面の仕様は形づくられ必要な効果をもたらす（例として「Springtecture びわ」*070、「上田ブレーキ岡山工場」*119を参照）。遠藤は建物の必要条件を満たすため被膜を移動させ、作品名称で彼の作品であることを示し、パラモダン建築の表現を定義している。

この実験分野を放棄しないためにも、レストラン「PASSO」*163でも試されているように遠藤は近年他の道を模索しているようである。たとえばコルゲート鋼板を使用してつくられた建築物であっても、注意深く住宅「森の10居」*116.117をみてみると象徴的な例であることは明らかで、偉大な設計者ジャン・プルーヴェがかつて行った実験の極端な結果ととらえることができるだろう。他にも最近のプロジェクトの説明に利用できる参照例もある。事実、教育施設「ひょうご環境体験館」*123また「国立競技場コンペ案」*166では、その作風はバックミンスター・フラーの研究開発したラインと交差していることは明瞭である。
これらが遠藤の作品の明快な参照例として採択できるなら、作品の定義をパラモダンとして明確にすることができる。彼のプロジェクトが位置づけられる伝統的な実験の痕跡をもって、普遍主義（normativism）と文体論がしばしば「モダニズム」の正しい定義とは区別されることに利用されることをほのめかしながら。（「作品名」*000は作品リストの番号を示す）

初出：カサベラ2015-8

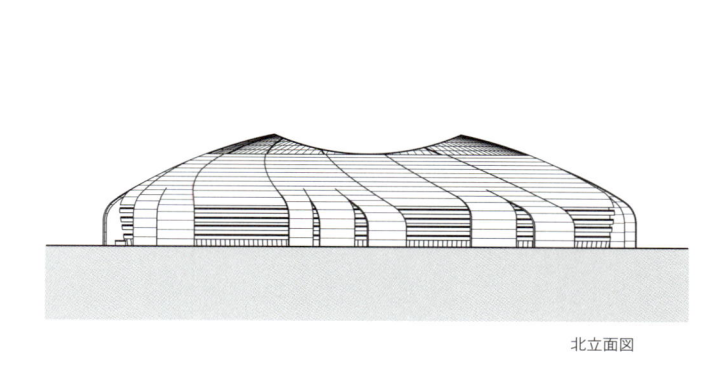

北立面図

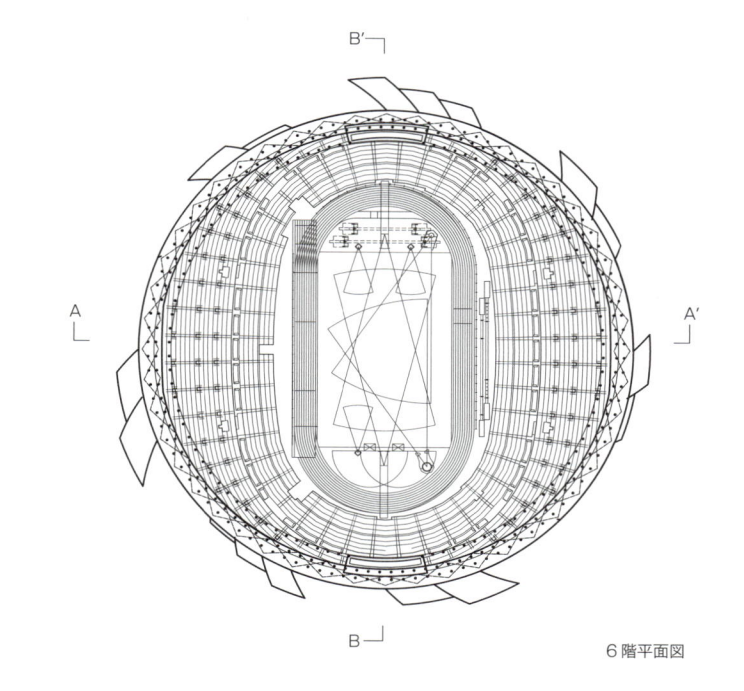

6階平面図

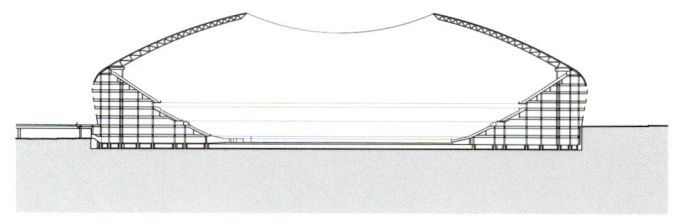

A-A'断面図

B-B'断面図

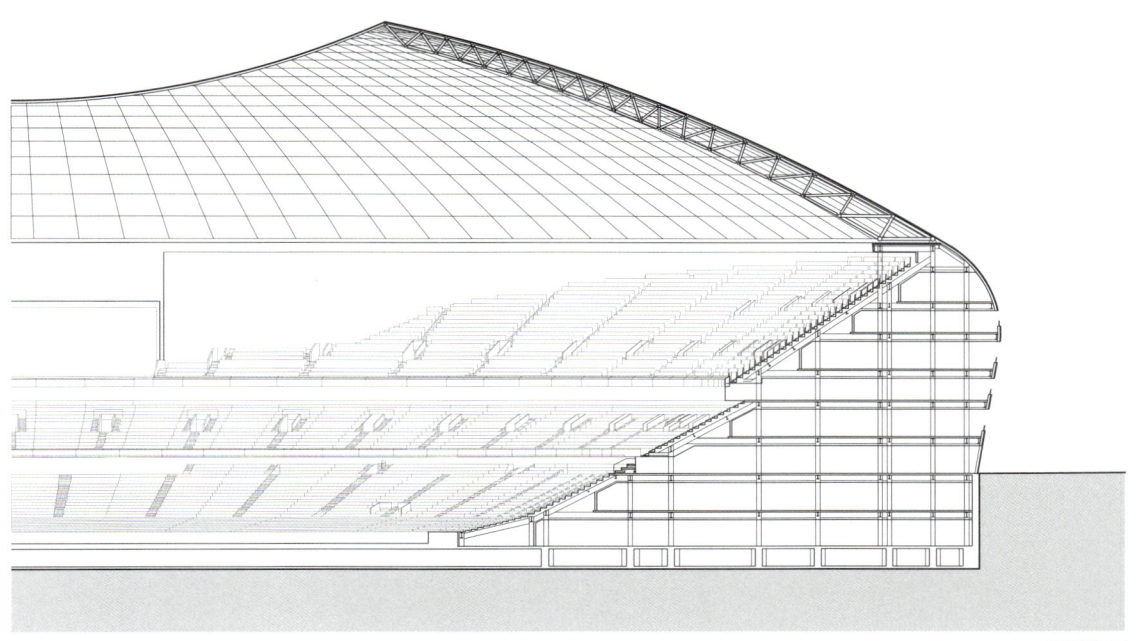

詳細断面図

ブルボン本社ビル 2015

ブルボン

ブルボン

著名なお菓子メーカーであるブルボンの本社ビルである。敷地は新潟県柏崎市の柏崎駅前に位置し、創業当時はここが工場であり全国に貨物によって出荷されていた。柏崎市民の多くが親しみを感じる企業であるが、新本社竣工以前は駅から離れた場所に本社が移っていた。新本社を計画するにあたり東京への移転も視野にあったかもしれないが、地元企業として再び創業の地へ戻り駅前を活性化する選択をした。

地方において主要な企業が果たす役割は大きい、この計画では街のどこからでも見ることができるオフィスビルの表情を多様にしたいと考えた。それはブルボンの経営方針であり魅力的に製品にも表れている豊かさであると考えたからである。均質になりがちな事務所ビルに対して、東西南北の立面の高さに変化をつくり、どの方角からも視認性を高める案を提案した。それぞれの立面に開放するガラス面と構造性を高めるための壁面を配することで、4面の表情がそれぞれに変化している。

オフィスビルは経済性と合理性が優先する場合が多いが、企業の価値観を表出する本社ビルでは建築としての価値観が問われる。大きな規模の建築の役割には風景を魅力化することが求められ、人々の記憶を強化することも重要である。いつ、どこで、誰と時間を共有したのか、建築に果たせる役割は大きいと考える。ブルボン本社ビルではその課題に向き合い、これまでにない大きな成果を具体化することができた。

初出：近代建築 2015-10

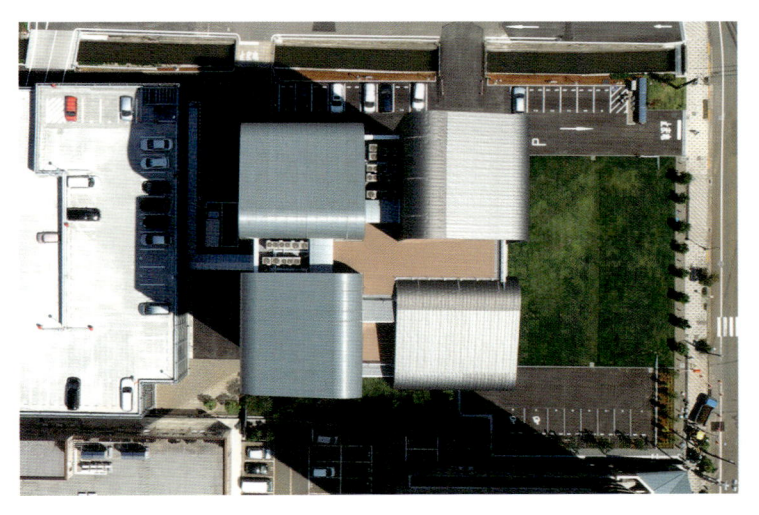

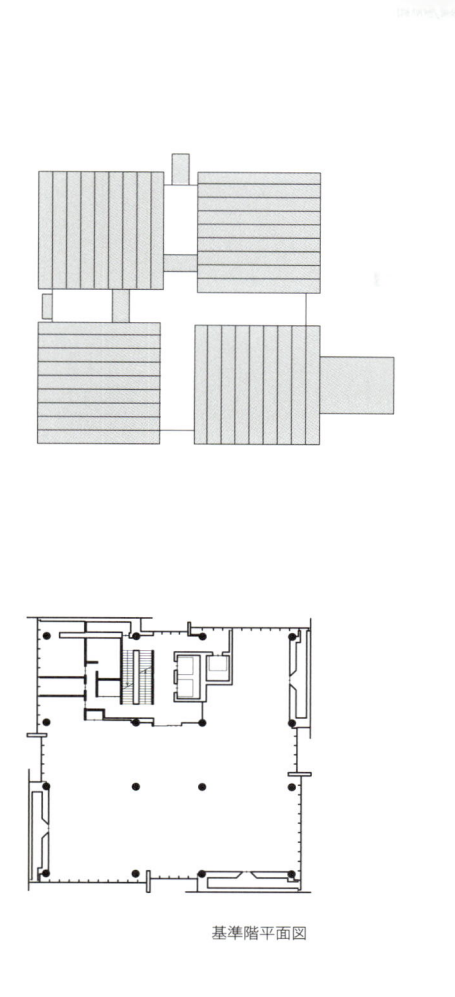

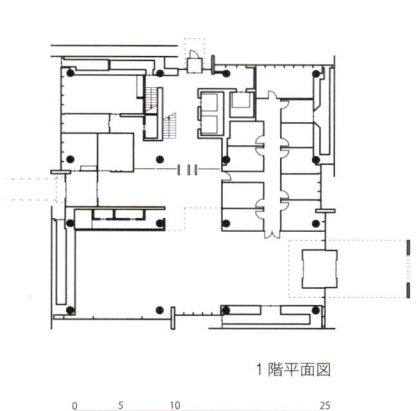

基準階平面図

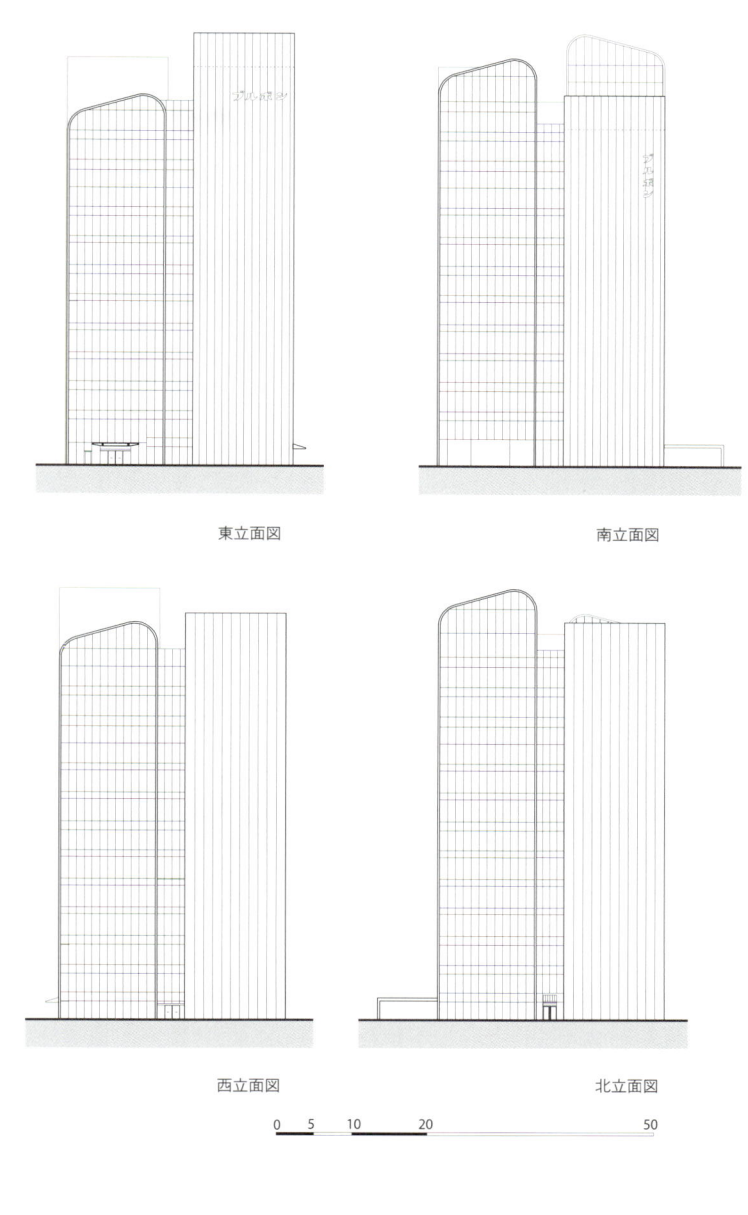

| 東立面図 | 南立面図 |

西立面図　　　　　　　　　　北立面図

0　5　10　　20　　　　　　50

1階平面図

0　5　10　　25

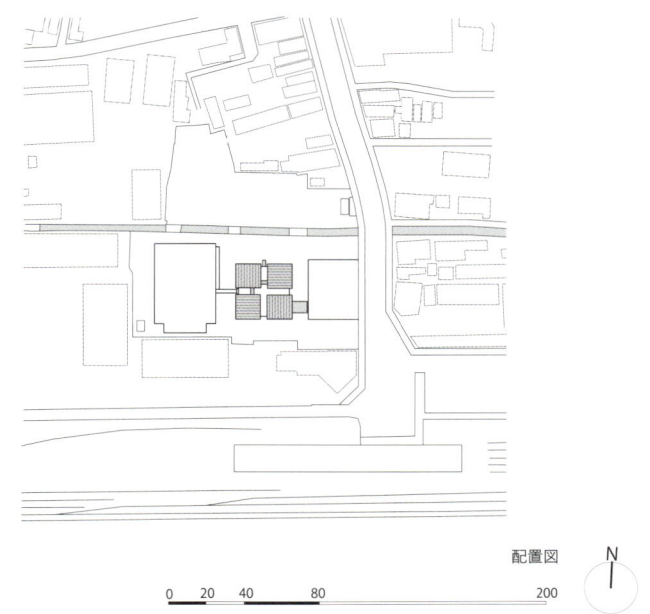

配置図　　　N

0　20　40　　80　　　　　200

天満の家 2012

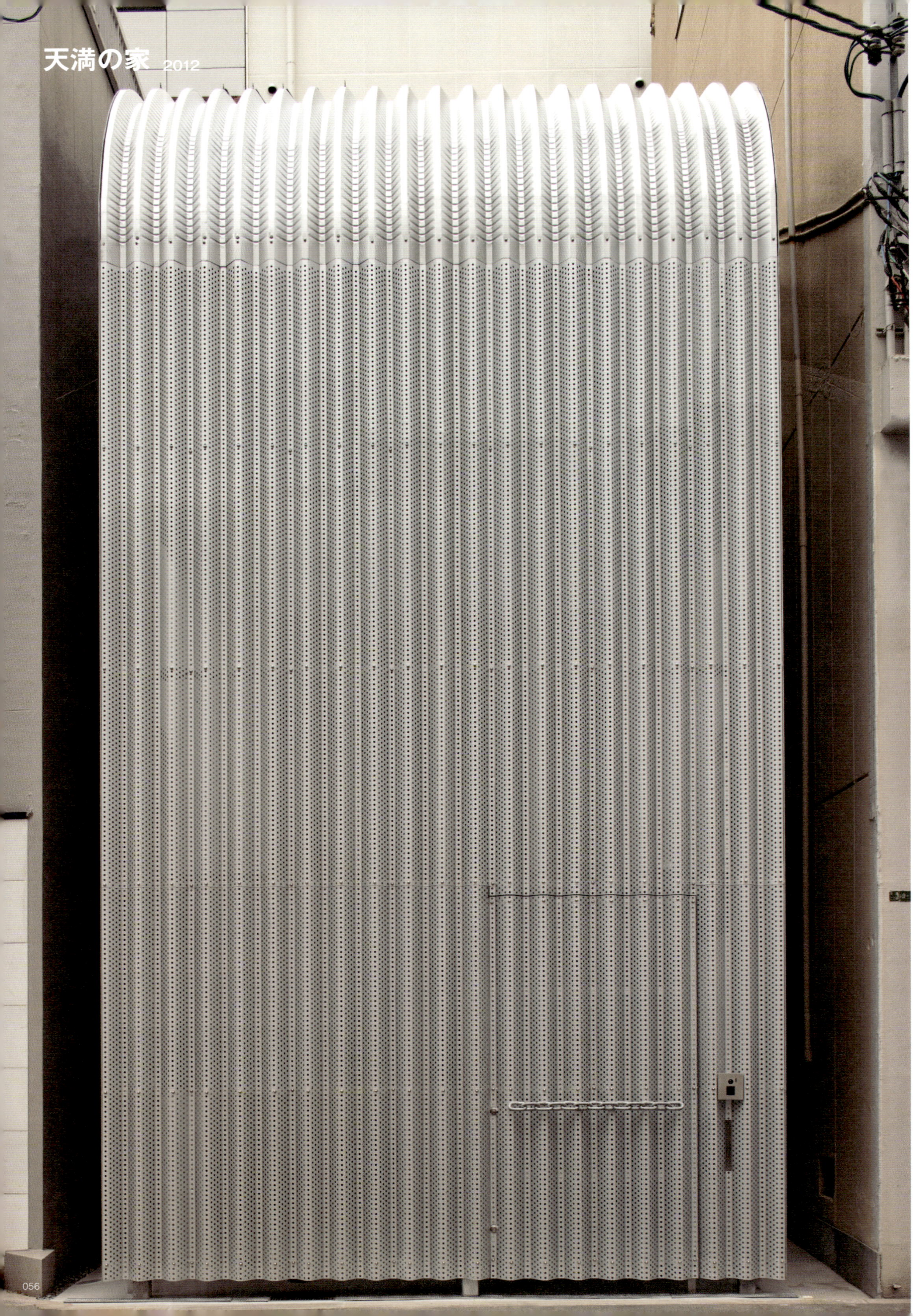

大阪市中心部のビルに囲まれた小さな敷地に建つ、夫婦と3人の子どもの
ための住宅である。敷地は比較的交通量の多い道路に面し、北側以外の三方
をビルに囲まれていることから、外部に対して適度に閉じつつ必要な採光と
通風を確保することが求められた。

そこで道路側に有孔折板の壁を全面に配し、昼間は視線を遮るとともに光と
風を取り込んでいる。また、中央部分の階段室のトップライトにより吹抜け
空間を明るく風の通る気持ちの良い空間となっている。

夜は逆に内部の光が折板の穴を通して外部へ表出することで、多様な表情を
つくり出している。また、常に家族がお互いの気配を感じられるよう、スキップ
フロアとし吹抜け空間を中心に各室を繋げている。

内壁や天井にはハーベストパネルを使用し、外壁の金属的な表情とは異なる
柔らかい空間とした。この環境では典型的な都市住宅となるが、完全に遮蔽
するのではなく住人の気配がわずかに外部に漏れ出し、潜在的な近隣との
応答関係を生み出している。都市空間は個人が占有するものではなく、特定
少数や不特定多数が分有（部分共有）関係を紡ぐことにより豊かになる。
夕暮れ、この建築の前を通り過ぎる時、朧げながらふと見える小さな窓の点滅
や人影の動きが都市に住み込む勇気と安心感を与えてくれる。

初出：Electa architettura 190

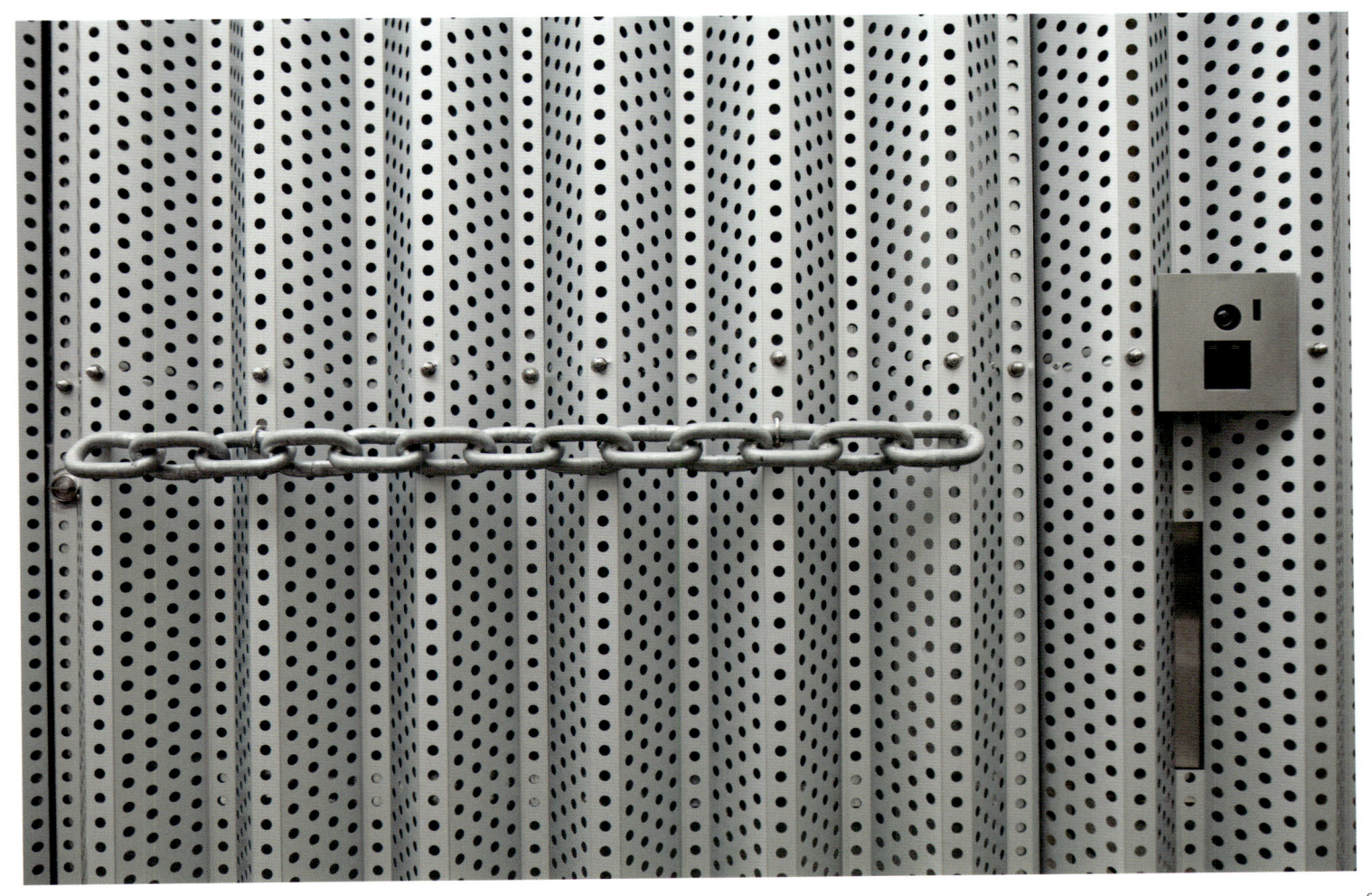

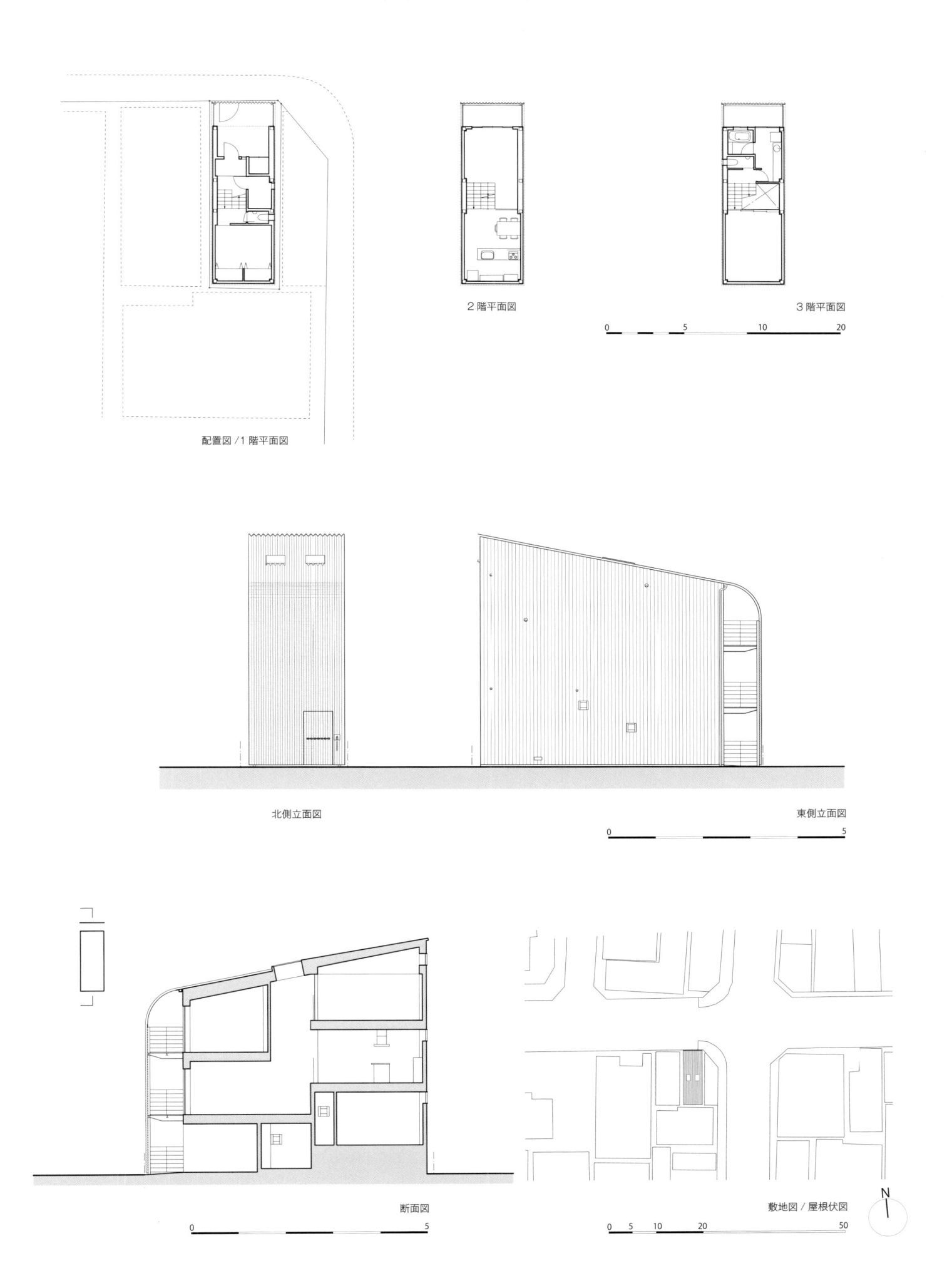

２階平面図

３階平面図

0   5   10   20

配置図 /１階平面図

北側立面図

東側立面図

0   5

断面図

0   5

敷地図 / 屋根伏図

0 5 10   20   50

N

21世紀の課題に向かって ― 遠藤秀平の現在

鈴木博之／建築史家・東京大学名誉教授

21世紀に入って、遠藤秀平はこれまでの蓄積の上に、新たな広がりをもった建築を展開しつづけている。鉄という素材を軽やかに用いながら、これまでになかった建築表現の世界を造り上げてきたのが彼であったが、この10年ほどのあいだに、彼の建築世界はさらに大きな広がりを見せてきた。近年の彼の作品を見てゆくに際して、まず彼の建築の変化を、特徴を列記することによって、頭の中に最近の遠藤建築の見取り図を描いておこう。

まず第一に挙げられる特徴は、建築作品のスケールの拡大である。キャリアを積むにしたがって、遠藤は大規模な施設を数多く手がけるようになった。建築家が成長してゆく過程で、作品のスケールの拡大という現象はつねに起きるものであるが、小さな建築で成立していた手法が大規模建築で同じように適用できるとは限らない。そのため、大規模建築を手がけるようになった途端に、それまでの作品に見られた個性を失ってしまうことがしばしば起きる。遠藤は幸いにして自己のアイデンティティを失うことなく大規模建築を設計しつづけているが、スケールの拡大が彼の建築に何をもたらしているかについては、分析する必要があるであろう。

第二に挙げられる特徴は、建築に用いられる素材の多様化である。コルテン鋼、コルゲートチューブなど、これまで彼の建築を支えてきた素材に加えて、コンクリートの比率が高まってきた。これは大規模な建築を造り上げる際には必然であろうが、遠藤はコンクリートに個性的な表情を与えるために、さまざまな素材を組み合わせる。エキスパンド・メタル、伝統的な農業製品であるむしろ、日本の伝統的瓦、竹、さまざまな木材、さらには廃材となった耐火煉瓦などである。建築の機能、規模、立地などを考慮しながら、多様な材料を用いた豊かな表情をもつ建築を彼は生み出しつづけている。

第三に挙げられる特徴は、建物が建設される場所の拡大である。2005年に台湾の台中市に建設される予定のオペラハウスの設計競技に応募し、その最終候補に残ったことをきっかけに、台湾や中国でのコンペへの参加や入選がふえてくる。台中のオペラハウスは日本の伊東豊雄が入選し、現在建設が進められているが、遠藤もまた、台湾中国での仕事に積極的に向かっている。国際的活動の場を獲得しつつあることもまた、近年の変化といってよいものである。ここで最後に挙げておきたい四番目の特徴が、建築作品に見られる機能や用途の変化である。より多彩な建築を作りはじめている遠藤であるが、そこには安全性への配慮、伝統への意識が強く見られる例が多い。建築の用途は彼が選べるものではないが、彼が取り組んでいる建築には、21世紀の世界が必要とする大きな課題が現れているように思われるのである。この点については、じっくり

考えてゆく価値があるであろう。

以上、簡単に遠藤秀平の現在を知るためのインデックスをつくってみた。ここから、具体的に、建築作品に即して、彼の建築の現在を見てゆこう。現在の作品に直接つながる作品として、2007年の「ブルボンビーンズドーム」[114]を取り上げたい。この施設はインドア・テニス・コートである。そら豆状のかたちをした立体トラスによって形成されるドームが、テニスコートを覆う。中央に設けられたセンターコートは、地面を掘り下げてつくられており、したがってその左右に広がる練習用のコートは、ドームの下に見晴らしよくひろがっている。頭上のドームには大きなトップライトが設けられているので、屋内コートというより、普通の屋外テニスコートで球を打っているような気分になれる。

「ブルボンビーンズドーム」[114]に見られる空間の一体感と開放感は、遠藤秀平がつねに自分の建築に持ち込みつづけてきた特徴であり、彼は大空間の建築を設計する場合にも、そうした彼の空間の特徴を持続させつづけたのである。だがこの場合、空間の一体感と開放性はこの施設にとっては特に重要視される性能でもあった。というのも、ブルボンビーンズドームはインドア・テニス・コートであると同時に、災害時における救援物資の集配・分別・発送などを行なう施設として使われることが予定されているからである。大きな災害時には電力の供給が止まり、暗闇のなかで人びとが不安に駆られながら救援物資の整理に当たらなければならないかもしれない。そのために、施設はできるだけ自然光を取り入れた明るいものであってほしいし、大きな空間であっても、空間のなかが見通しのよい一体感のあるものであってほしいからである。

すなわち「ブルボンビーンズドーム」[114]はスポーツ施設であると同時に、災害時の救援施設であるのだ。遠藤秀平は災害時における建築の安全性と安心感を、大きなテーマとしている。これは日本を襲った近年の災害が建築家に突きつけたテーマであった。

遠藤秀平の最近の建築は、災害時の避難施設を兼ねることを想定したものが多く、また、建築の長寿命化を意識したものが多い。こうした意識の変化の背景には、2011年3月11日に日本を襲った東日本大震災がある。1000年に一度といわれる規模をもったこの地震は、想像を絶する津波を引き起こし、また福島においては原子力発電所の大事故をもたらした。われわれは身の回りのすべてに関して、これまでの考え方を見直さなければならないと感じるようになった。

生活を取り巻く安全・安心・エネルギー・地球環境などの問題に人びとの意識が向けられるようになったのが、東日本大震災以降の

われわれの生活である。全国どこにあっても、持続可能なエネルギーを意識した、安定した生活環境が確保できるように考えざるを得なくなったのである。建築設計の第一線に立つ者はみな、これからの都市や農村の未来像、建築と都市のあり方について、広く考え直しはじめた。遠藤秀平は東日本大震災以前、1995年に起きた阪神淡路大震災によって意識されるようになった防災機能、持続可能なエネルギーシステムなどに取り組んでいた。阪神淡路大震災は彼が設計活動を行ってきた京阪神地区にもっとも大きな被害をもたらした災害であったからである。先に見てきたブルボンビーンズドームはまさしく阪神淡路大震災の教訓から生まれた施設であった。

ひるがえって考えてみると、日本の建築は、大きな災害に遭遇するたびにそれを克服するために新しい技術手法を獲得しつづけながら、発展してきた。19世紀後半に日本が西洋の建築技術を導入するようになってから、災害が起きるたびに技術の発展がもたらされてきた。簡単にそれらを整理してみるならば、以下のようになる。

濃尾地震：
日本が西洋建築の技術を導入して以来、はじめての大震災
レンガ造建築の耐震補強の技術が考案された

関東大震災：
東京・横浜を襲った20世紀最大の大震災
レンガ造建築にかわって、鉄筋コンクリート建築が普及した

第二次世界大戦：
日本中の都市が焼夷弾によって焼き尽くされ、広島と長崎には原子爆弾が投下された
建築不燃化の主張がなされ、木造建築にモルタルによって耐火的外装がされるようになる

阪神淡路大震災：
大阪・神戸などを襲った都市直下型の大震災
新築や既存の建物に対して、免震構造が実用化する

東日本大震災：
想定外の津波による自然災害と、原子力発電所事故という人為的災害の複合
この複合的災害に対する根本的解決策は現在もまだ未確立

遠藤秀平は1995年の阪神淡路大震災を地元で体験し、2011年の東日本大震災の被害を、建築に対するさらに過酷な課題として受け止めるようになった。建築の防災機能を重視した作品が数多く設計され、そこには持続可能な建築を追い求める姿勢が込められるようになる。

構造的な問題に対して、阪神淡路大震災以降、ここ10年ほどのあいだに免震構造化が大きな役割を果たしてきた。構造補強を行うと、柱や壁が太くなったり多くなったりして、建物として使えなくなってしまうというケースがあったが、免震化という手法をとれば建物のすがたをそれほど大きく変えないでも済む。これによって使いつづけられるようになった建物は多い。もっとも有名な例は東京上野に建つ国立西洋美術館である。フランスのル・コルビュジエの設計した建築として知られるこの建物は、公共建築の保存手法として免震化を取り入れた最初の例となった。大阪の中の島に建つ大阪中央公会堂も、同じ免震化工法によって使いつづけられるようになった。今後とも、この手法は重要な建築を活かすために有効な手段であり続けるであろう。

しかしすべての建物を免震化によって保存再生するわけにもいかない。工費の問題、工期の問題など、免震化による負担は大きい。また、免震化工法は建物をそのままのすがたで保存するのに適した工法であり、間取りを変え、現代化して機能を更新しようとする場合には相応しいとばかりはいえない。機能更新を含む活用法には、別の考え方がある。

遠藤秀平がブルボンビーンズドームで試みたのはまさしくそうした、別の可能性であった。空間をできるだけ自由な構成のものにして、別の機能に対応できるようにする。自然の光や熱を最大限取り入れることによって、人工的なエネルギーに依存する度合いを少なくする。そして建物の周囲を土によって覆うことで、自然のなかに溶け込む表現を獲得する。このような方向性が、彼の現在の建築を支えている。

そして構造補強、免震工法、エネルギー制御、材料の選択による建築の長寿命化やライフサイクルコストの低減化など、多様な技術手法をどのように組み合わせ、どのように拡げてゆくか、それを遠藤は追究しつづけている。ここでは彼の最新作である兵庫県姫路市の「ものづくり体験館」[160]と、兵庫県南あわじ市の「淡路人形座」[158]を具体的に見てゆこう。

「ものづくり体験館」[160]は、兵庫県のこどもたちがもの造りをする力を育てるために、さまざまな作業体験ができる施設である。木工、金工、服飾、調理など、多彩な創造体験ができるように考えられた場が、この施設だ。したがってここには各種の作業室、工房、調理室などが用意されている。こどもたちは県内各地からここにやってきて、ガイダンスを受けた後、それぞれの作業体験の場に向かう。

作業内容によって工房はそれぞれ異なる設備を備えているので、建物の内部はじつに多様な種類の部屋の集合体となる。また、ここには県内の事業所によって生産される工業製品、繊維製品など、多くの品々が展示されている。そのなかには数多くの機械部品もあって、それらがどんな所に使われているかが解るように工夫されている。自動車のエンジンを構成する部材、制御装置、各種部品などを見ていると、できあがった製品の裏側がどのような世界からできあがっているのかが理解できる。さらに、これらの部屋に向かう途中の廊下やホール、そして建物の外装自体、意図的に多様な材料や仕上げが用いられていて、体験館を訪れたこどもたちがものの世界の多様性を実感できるような配慮がなされている。

近代建築は、均質な空間を用意することによって多様な機能に対応し、機能の変化にも対応しつづけられると考えてきた。そうした普遍性を追究することが近代建築の課題であると考えられていた時期もある。ものづくり体験館は、そのような近代建築の普遍性追究の方向に対して、それとは逆の多様性を大切にする姿勢が見られる。建物の内部に収められた、多様な作業の種別ごとの部屋は、大工の道具箱が積み重ねられたように、あるいはこどものおもちゃ箱を重ねたような表情をしている。つまり、この建物は均質な空間が積層した近代建築の定石にしたがったものではなく、個性的な空間ユニットが重なりあったものになっているのである。それぞれの部屋は、異なった表情をもっている。事実、ものづくり体験館にはさまざまな表情の鉄筋コンクリートが見られるし、階段の手すりにも、壁の仕上げ剤にも、建築に用いることができる材料の世界の広さを示すものになっている。たとえば日本では法律の規制上、外装材に用いることのできないETFE膜（エチレン・テトラ・フルオロ・エチレン膜）という素材を、建物の外装ではない部分に使ってみせることによって素材のおもしろさをアピールしている。ETFE膜は北京のオリンピック会場のうち、水泳競技場の外装に用いられた材料なので、記憶にある人も多いが、それを日本のこどもたちの、ものづくり体験の場に用いることによって、こどもたちが触れる世界の可能性をひろげようと遠藤は期待しているのである。

彼は建築表現において、普遍性ではなく多様性に可能性を感じているのであり、多様性のなかに可能性を秘めている現実の世界の複雑さを示したいのである。

一般的な近代建築の理論に従うなら、建築は、できるだけ均質なユニットの積層とされることによって、用途の変更や機能の向上など、変化に対応しやすくなり、結果的には長く使いつづけられる建築になると考えられてきた。ものづくり体験館の場合、将来起き

るであろう用途の変更や機能の向上などは、それぞれのユニットごとに内部の改造で対応する方法が想定されている。空間を均質にすることによって未来の変化に対応するのではなく、多様性をもった空間を用意することによって、それぞれの多様性のなかで変化に対応してゆこうとするのが、この建物の考え方である。

「淡路人形座」*158もまた、遠藤秀平の現在をよく示す作品であるといえよう。この施設は、日本の伝統芸能のひとつである人形浄瑠璃とよばれる人形劇を上演するための施設である。人形浄瑠璃は日本各地に伝えられており、地方ごとにわずかずつ異なった形式をもっている。遠藤が設計した淡路人形座は、この町に古くから伝わる淡路島独自の伝統的な人形芝居を上演する劇場であり、この伝統芸能を伝承し、展示してゆく文化施設、観光施設である。わたくしが訪れた日にも、人形浄瑠璃の名作「壺阪霊験記」を上演していた。

大阪にある国立文楽劇場もまた、人形浄瑠璃を上演する国立劇場であり、メタボリストとして知られた黒川紀章が設計したことでも知られるが、この淡路人形座で上演される人形浄瑠璃は淡路島独自の人形劇であり、人形の扱い方も、人形の大きさも、大阪のものとは異なるという。淡路島に独自の施設として、この地方性豊かな伝統演劇を継承するための施設が建てられた理由がここにある。

人形浄瑠璃専用の劇場としての機能は十分に備えられていて、人形の使い手たちの動きを十分に考慮した舞台回りの設備が備えられている。その意味ではこれは極めて伝統的な建築だといっても十分に説明がつくであろう。しかしながら伝統的人形浄瑠璃劇場を内蔵するフレームは、決して伝統的なものではない。大きくうねる外壁が、ひょうたん型を描いていて、ひょうたんがくびれたところに入り口が設けられている。したがって伝統的な劇場はわずかにずれをもった曲面の外壁に包まれているので、その、ずれたところから光や外部の気配が建物内部に入ってくる。それはあたかも伝統に対して吹き込む現代という時代の息吹のようである。

つまりこの劇場は、伝統という世界に閉じこもってはいないのである。淡路人形座は伝統をしっかり守る容器ではあるが、閉じた容器ではない。外部からの刺激が劇場に吹き込むように、開かれたところが設けられているのである。こうした建物の構成の仕方は、淡路人形座だけの特徴ではなく、ブルボンビーンズドームで試みたところでもあった。テニスコートを内蔵するブルボンビーンズドームもまた、閉じたシェルターではなく、外部に開かれた構造をもつものであった。遠藤は決して建築を閉じて完結したものにはしない。彼の建築がダイナミックであり、動きをもっているのは、外に開かれた構造を

もっているからなのである。淡路人形座は、伝統芸能を守る容器であるだけでなく、伝統を現代に向かって開いてゆく装置でもあるのだ。同時にこの劇場は、町の表玄関である港に面して建てられていて、災害時に住民や観光客たちが一次避難するための防災施設でもある。そのため、この建物の屋上は人びとが一次避難するための屋上広場となっている。

防災拠点という機能を持ちながらも、この建物の外観はある種土俗的な表情をもっている。曲面を描く外壁は、金属のメッシュを用いて形成されているので、コンクリート打ち放しの建築というよりは、荒い土俗的な雰囲気を漂わせている。この表面は、やがて内部の鉄分の錆が表面にしみ出てきて、鉄錆色になる予定だという。そうなったときには、この建物はさらに一層自然の地層が盛り上がったような印象を与えることになるであろう。小さな町が大切に守り育ててきた伝統芸能の拠点として、鉄錆色になった淡路人形座は、町の人びとには信頼できる拠り所、自分たちの独自性をまもる砦となるに違いない。

遠藤秀平の建築がもつ前衛性は、このような回路をたどって具体的なもの、土俗的なものへとつながってゆく。それはインターナショナルな表現、グローバリズムを前提とする建築とは、明らかに異なる方向を示すものである。けれども同時にそれは、ノスタルジックで懐古的な建築表現とも、まったく異なるものである。遠藤が示す建築は、リヴァイヴァリズムの建築ではないし、伝統的技術による建築でもない。あくまでもオリジナルな表現を求めつづけているのが遠藤秀平であり、その意味で彼は前衛でありつづけることを止めてはいないのだ。

遠藤が示す建築表現の多様性、土着性は、人びとが伝統に対して感じる「懐かしさ」を求めた結果ではない。たしかに「懐かしさ」という感情はひとの心をなごませるし、いまはやりの言葉でいうならば、そこには「癒し」の気分が漂う。そうした人間的感情を大切にすることは、古き良き伝統への愛着に確かにつながってゆくであろう。けれども、「懐かしさ」によって市民権を得る歴史は、現状肯定的な歴史でしかない。古き良き伝統に憧れを感じるメンタリティは、現状を肯定し、未来への疑問をもたない単なる保守主義に陥ってしまう。遠藤の建築が、開かれた構造をもつことを先に述べた。それは建築がノスタルジックな保守主義に陥ることを防ぎ、現代に結びつけてゆく。

冒頭で触れたように、遠藤秀平の建築は大阪、神戸、姫路、淡路といったこれまでの活動範囲を超えて、台湾や中国など、国際的に広がりを見せている。なかでも「台北ポップミュージックセンター」*142や「広州花都区文化芸術センター」*167などの案は、規模の大きさ、

大空間構造の新しさなど、注目すべきプロジェクトである。日本国外でのプロジェクトは、今の段階では計画案にとどまっているものや、建設途上で完成にいたっていないものが多いようであるが、彼の意欲を示すものばかりである。こうした大規模プロジェクトの性格を、竣工以前の段階で評論することはむずかしいが、ひとつだけ指摘できるのは、彼が建築を均質な空間の広がりによって作り上げているのではなく、個性的な空間のユニットを用意して、それらを繋ぎながら全体の構造を作り上げているという事実である。つまり彼は、均質空間の展開ではなく、多様性をもった空間のユニット（すなわちそれぞれの活動にふさわしい場所）を、建築の出発点にしているのである。コルゲート・チューブによる軽やかな空間のユニットによって建築を創りはじめた彼は、空間（スペース）という単位を、場所（プレイス）という単位に置き換えて、大規模な建築を構成してゆくようになった。彼が場所に根付いた建築をつくるようになったことが、大規模なプロジェクトを可能にした理由であろう。

柏崎市に建設予定の「ブルボン本社ビル」*177も、オフィスビルという、彼にとっては新しい分野の建築として注目される。住宅建築と文化施設ばかりを手がけてきた彼にとって、オフィスビルの設計は実務的側面の強い仕事となるであろうが、あらゆるジャンルの建築を手がける、成熟した建築家となってゆくためのステップのひとつであろう。ブルボン本社ビルにも、外壁にはうねるような曲線が現われており、彼が決してユニバーサル・スペースから成り立つオフィスを目標としているわけではないことを感じさせる。

彼は「空間としての建築」から「場所としての建築」へ、「均質性」から「多様性」へ、「普遍性」から「固有性」へと建築の性格を移行させながら、現代の建築の可能性を広げつつあるのである。遠藤秀平の将来に注目したい。

初出：Documenti di architettura 190 2013 (Electa architettura)

左から柴辻政彦氏、鈴木博之氏、遠藤 2015年

淡路人形座 2012

人形浄瑠璃専用劇場

この建築は淡路島に古くから伝わる人形浄瑠璃のためのものであり、この芸能は江戸時代中期には島内で広く行なわれていた。その後徳島、そして大阪の地に広まり日本を代表する伝統芸能として定着している。淡路島では明治から近年まで人形浄瑠璃の技が地元をあげて伝承され、専業の座として国内でも数少ない組織化が行われた。その背景には、淡路島の豊かな自然物産と伝統の瓦産業の繁栄による経済的な後ろ盾があったに違いない。近年港湾の防災機能の向上を目的にする事業と人形浄瑠璃専用の場を新設することの融合が模索された。敷地には古くより人形浄瑠璃のための芝居小屋が掛けられていた場所である海辺近くが選ばれた。かつては竹やムシロによる簡易な小屋掛けで行われていたらしいが、当時の砂浜は埋め立てられ、現在は鳴門海峡の渦潮観光のための船着き場の施設があり、そのための駐車場となっている細長い敷地が候補となった。この敷地形状では、主要な空間である間口8間を必要とする舞台と客席に奥行きをとりにくいが、そう多くない客席数でもあり、細長い敷地に対応し扁平な構成とならざるを得なかった。

湾岸リスクともいえるが、この地では常に津波の襲来への対策が前提となることから、1階はピロティ形式によりほとんどを駐車場とし、ほかには補助的な玄関ホールのみがある。2階に主要な機能を集約し、受付とその奥まったところに客席と舞台を配し、3階は楽屋と練習場だけの小さな劇場である。屋上は津波襲来時に地元住民や観光客が避難する場所として想定されている。設計時の津波高さはTP＋5.3ｍの設定であったが、工事途上で発生した東北の震災後の見直しにより現在はTP＋9.8ｍに変更された。屋上はそれ以上のTP＋14ｍである。

変化する建築の表情

1階の主要な構造壁の上に帯状の外壁が取り付き、大きく膨らんだところに劇場部分、小さな方に諸室が配され、その外縁を＋8度から−8度へ序々に傾きが変化する帯状の外壁が連続し、閉鎖と開放の状態をつくり出す。切れ目なく連続する帯状の壁ではあるが上下の半分は線形からはなれ開放する状態になり、もう半分は連続して閉鎖する状態をつくる。メビウスの帯の一部が切り離されたような状態である。2階部分ではこの開放された部分に玄関とテラス、そして物販を配し、3階は外光を採り込む開口部と座員の休憩のためのテラスとなっている。

この帯状の壁の設定をめぐり、当初からこのコンクリート壁面に変化をもたせ

たいと思った。それは、微細な陰影の変化に表情を読み取ることが人形浄瑠璃の特質であり、芸能以上の可能性を示しているのではないかとの直感にも似た思いからである。日々刻々と変化する中で、この建築においても変化する表情の可能性を探った。具体的には、型枠をコルテン鋼メッシュにすることにより、コンクリート側圧を受けてその形状が変化し、固定化される。その凹凸は、壁厚保持のためのセパレーターとそれ以外の部分の膨張により壁面として固定される。これは重力との応答関係により建築の最終形が決定されることを示している。当然ではあるが、建築あるいはすべてのものは重力の影響を逃れることはできない。この建築ができあがる途上での重力の関与を視覚化することを通し、重力の影響を排除しない関係を顕在化したいと考えた。また表面のメッシュは徐々に錆びコンクリート壁の表面に錆色の変化をつくり出す。パラペットトップにもコルテン鋼板を使用することで錆の表情を促進させているが、これもまた自然の作用を顕在化するものである。

カワラマン健在

淡路と瓦といえば、ご存じ、カワラマン・山田脩二氏である。今回の敷地はまさに山田さんのお膝元である南あわじ市であり、島内いたるところにある粘土層から質のよい粘土が採取しやすく、安定した焼成を可能にする性質の土が歴史的にも瓦産業の興隆をもたらした。しかし、近年の公共施設においてはコスト削減が前提であり、地元の特徴を建築に反映させることが難しくなりつつある。今回、山田さんの工夫により地元瓦職人を巻き込むことで具体化の手はずが整い、山田さん再興による伝統の「達磨窯」製いぶし瓦の実現となった。徹夜の窯焚きには神戸大遠藤研究室の学生も参加し、山田さんのパートナーともいえる平池信幸さんが若手瓦職人とともに指導にあたってくれ、学生たちへさまざまな昔話とともに、淡路瓦の歴史を語ってくれた。
そして、もうひとつ忘れてはならないのが淡路の左官である。長らく淡路を拠点に活動してきた久住章氏に土壁をお願いした。最近では居を京都に移しているとのことで、次男の久住鴻輔氏に登場いただいた。客席入口部分に淡路の土を用い、海岸に打ち上げられている瓦磯片を埋め込んで土壁をつくってもらった。大きな面積ではないが、現地の素材を建築空間の中に塗り込むことができた。

初出：GA JAPAN　2012-9

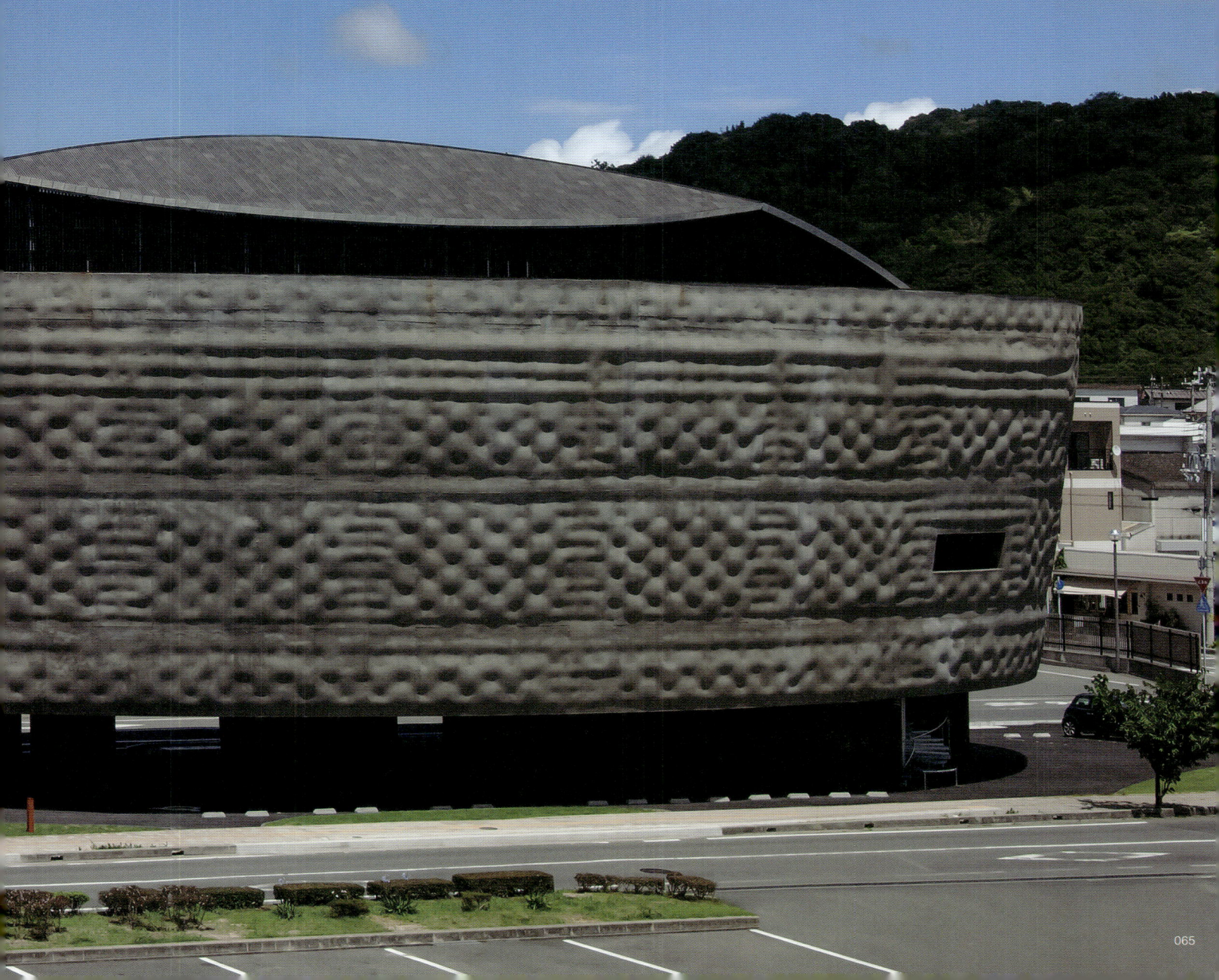

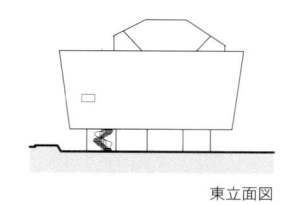

東立面図

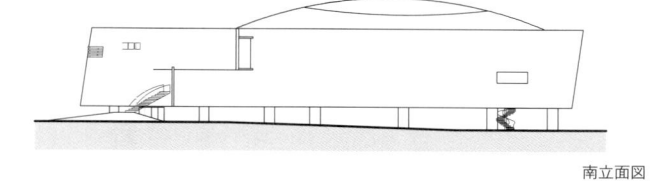

南立面図

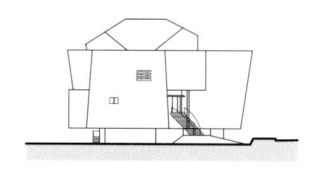

西立面図

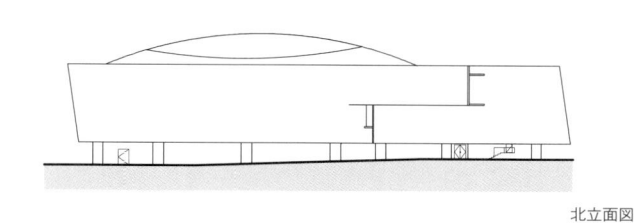

北立面図

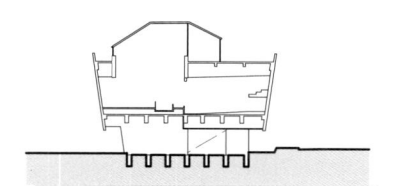

A-A'断面図

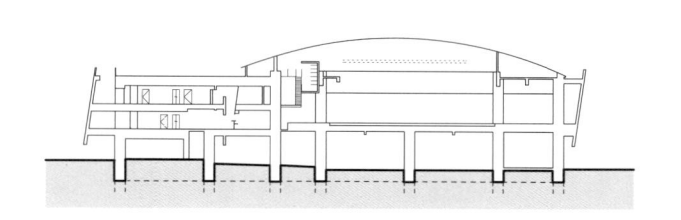

B-B'断面図

0　5　10　　20　　　　　　　50

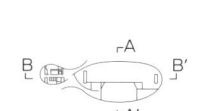

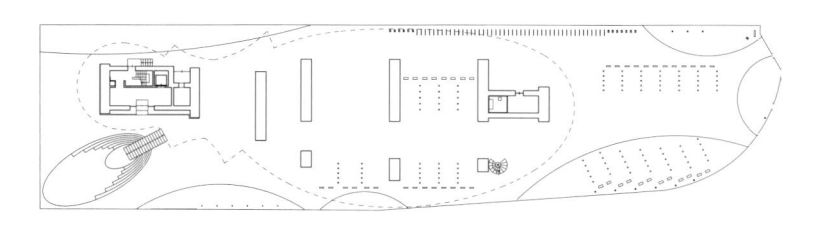

配置図／1階平面図

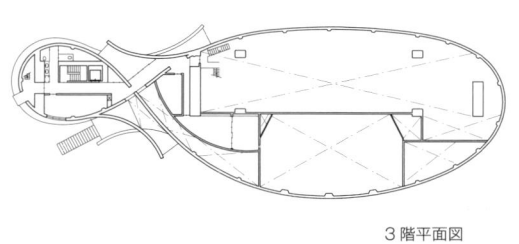

3階平面図

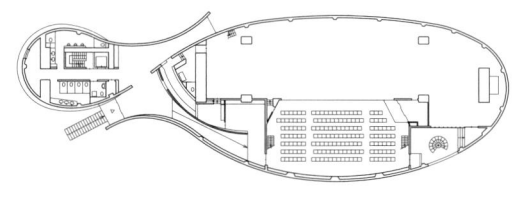

2階平面図

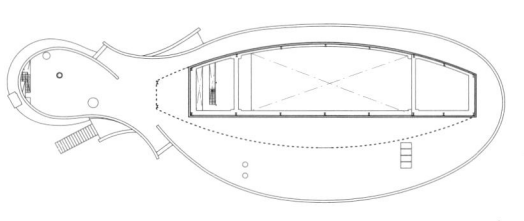

屋上階平面図

0　5　10　　20　　　　　　　50

大分県立美術館 2011

老朽化した大分県立美術館を新築するためのコンペ応募案である。
1次審査の結果5社がファイナリストとして指名され、公開プレゼンテーション
を行なった。設定された条件を満たすには敷地が小さく外部空間を大きく確保
する余地がなかった。そこで地上階をオープンテラスとすることで来館者が
内外空間を楽しめる環境とすることを目的とした。
交通量の多い道路の対面から多くの来館者が想定されるため、立体歩道から

オープンテラスへのスムーズな誘導を目的として一体的な平面としている。
都市的インフラとも言える美術館を開放的に設定し、アート作品を守り楽し
める空間を提案した。審査と結末は混乱したが、顛末は「建築ジャーナル
2012年4・5月号」を参照されたい。

初出：Electa architettura 190

配置図

0　10　20　　　50　　　　　　100

N

広州市花都区文化芸術センター 2012

敷地は、広州市の北部、花都区区役所がある花都広場の東側に位置し、約7.5ヘクタールの面積を有している。敷地の東西および南面が接道しており、特に南側は、都市の主幹線である迎賓大道と接しており都市的な様相を示している。敷地内は目立った高低差はなくほぼ平坦である。

建築は、700名収容の劇場を有する文化館、デジタルシネマや大規模展示場を有する会議展示機能、そして青少年宮の3つの主な機能をもつ複合文化施設である。各機能へのアプローチは、将来的に主要な導入経路になると

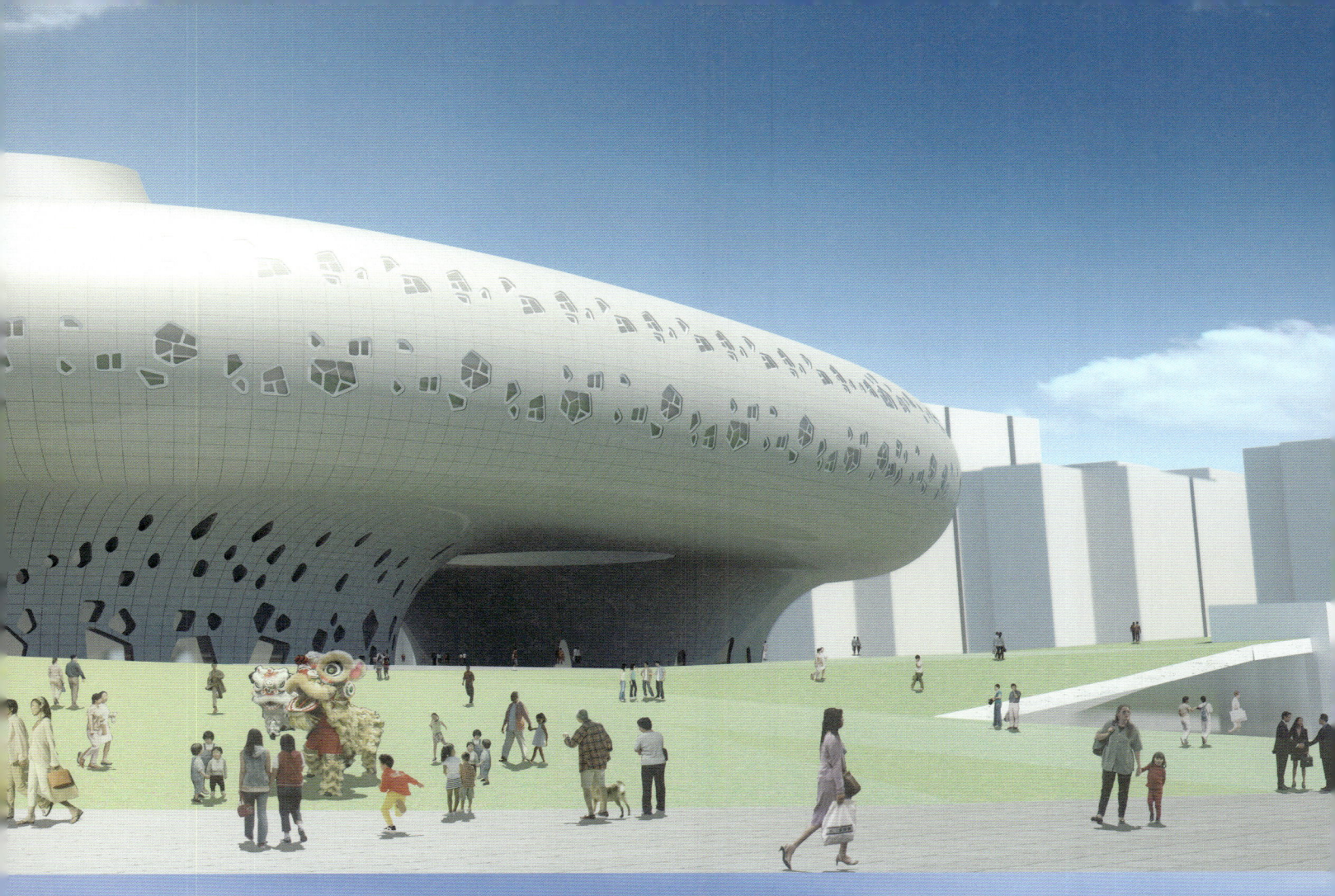

思われる地下（地下鉄）からのアプローチを主な導入動線として設定している。平面ゾーニング上、優先的に扱われた文化館および会議展覧機能を南側に配置し、迎賓大道からのメインファサード／ヴォリュームを構成している。青少年宮は敷地北側に配置し、文化館と共に西側（市役所側）からのファサード／ヴォリュームを構成する。断面的には、各機能の主な諸室を連続的に配置したメインフロアを上階（3,4階）に設定し、各機能が独立したエントランスをもつことを可能にするゾーニングを行っている。また、上階に主要機能を設定することにより、連続し浮いたヴォリューム下部が開放可能と

なり、市民に開放された連続的なオープンスペースを確保することが可能であると共に、連続する一体的なヴォリュームが都市への新たなシンボル性を提供することができる。

この連続するボリュームは、各平面および断面的な要求規模を充足し、幾何学的に同一断面を連続させたものである。これは、多様な建築の表情を確保しながら、プレファブ化を図り施工精度の向上と構造の規格化を可能としている。

初出：Electa architettura 190

着工直後の様子

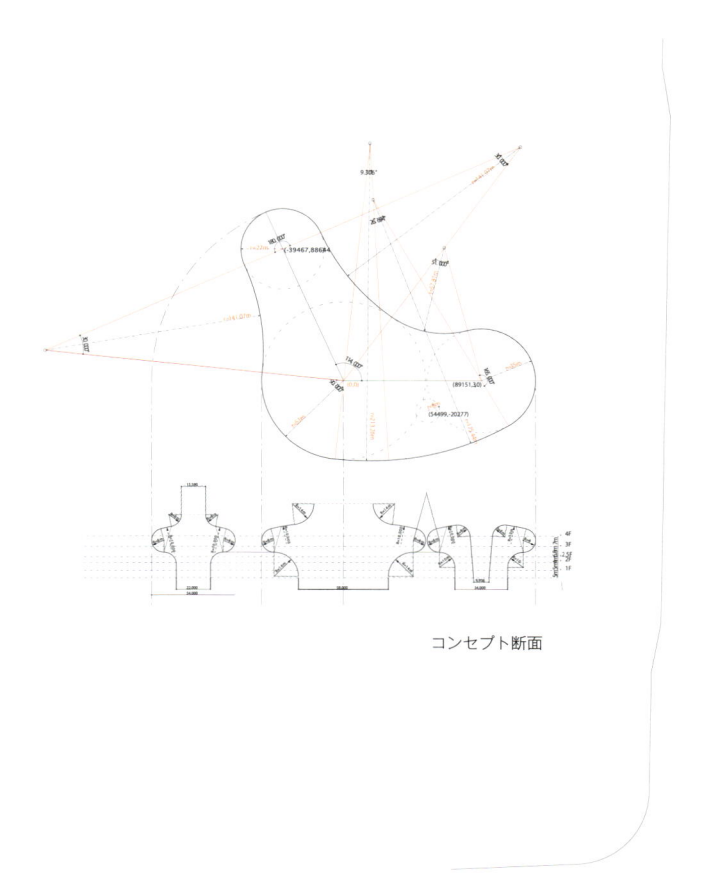

コンセプト断面

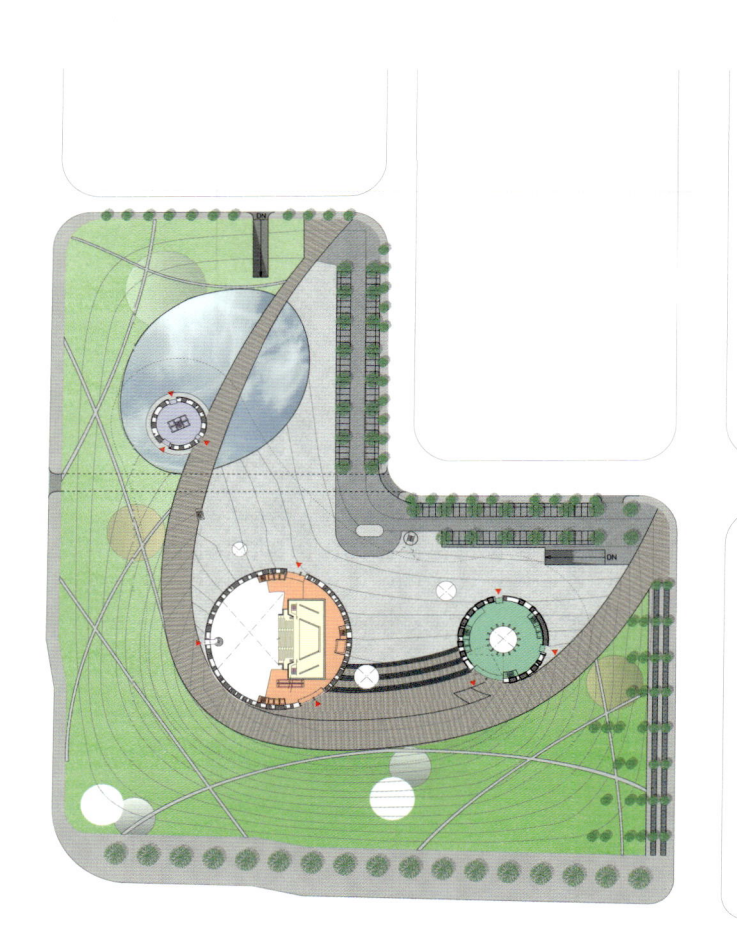

1 階平面図兼配置図

N

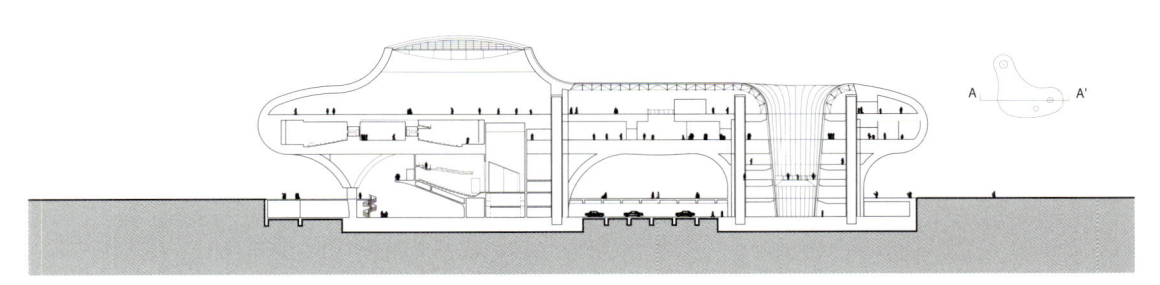

A-A' 断面図

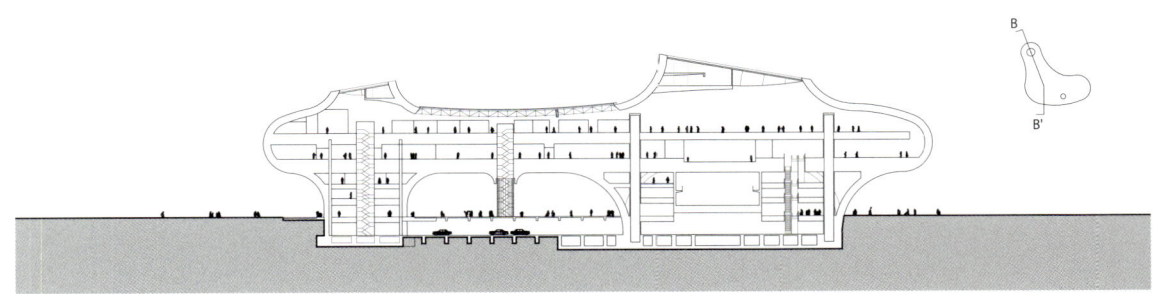

B-B' 断面図

連続帯構造

敷地は淡路島南端の福良港にあり、観潮船乗り場がある淡路島有数の観光地の一画に位置している。この敷地は観光地という日常的な側面を持ち、兵庫県内においては東南海・南海地震が発生した場合、予測される津波の影響がもっとも大きいという非日常的な側面も持つ。

福良港津波防災ステーションは、港内に点在する水門の一括制御及び港内の監視、県内の小学生や一般の観光客を対象とした津波に対する啓蒙活動、及び津波災害時の観光客を対象とした避難場所の確保などを目的としている。

平面上に6つの中心をもつ円弧が連続した曲面壁を設定し、外力に対して構造的合理性をもたせ、曲面壁を鉛直方向へ立体的に交差させながら必要とする諸室を確保することで形状を確定している。2階と屋上は、将来予測される津波の高さ以上に設定することで災害時の避難場所となる。

連続する帯状のコルテン鋼の構造体は、現場搬入の利便性、施工性、工期短縮を目的として、工場製作により約5°の傾斜角をもつ約60枚のパネルに分割している。敷地に搬入後、現場溶接により全体として長さ約120m、幅約7.2mの連続する帯状の継ぎ目のない構造体として一体化している。この建築で設定した帯状の構造体や外壁のコルテン鋼素地仕上げ、これらがもつ抽象的かつ象徴的な表情が、非日常的な避難行動に対する日常的な意識化への契機となることを願っている。

初出:GA JAPAN 2010-7

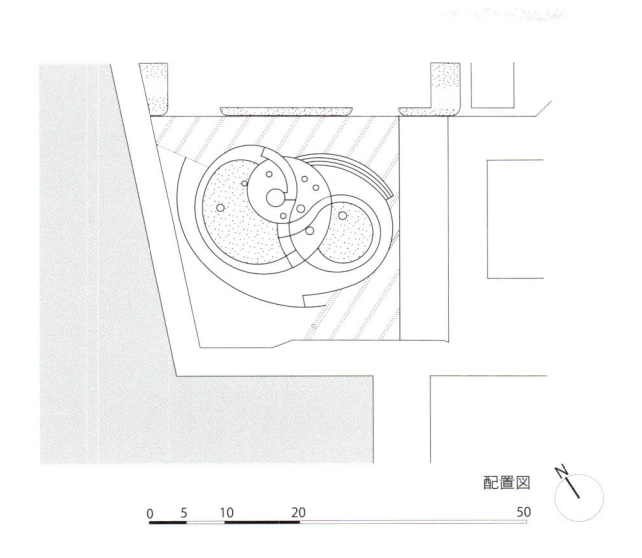

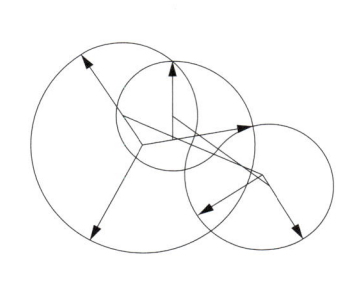

配置図

0　5　10　20　　　　　　50

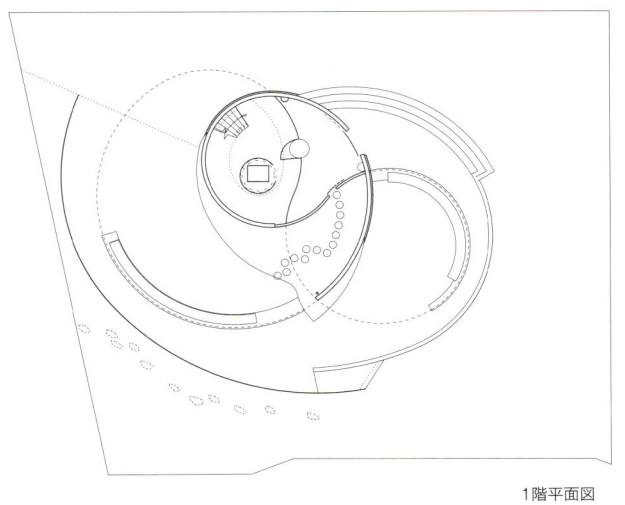

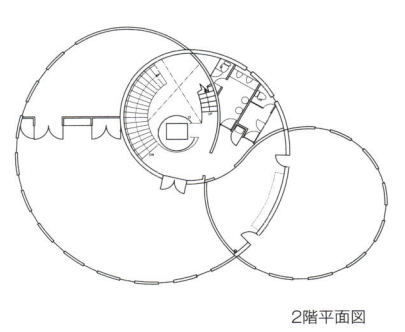

2階平面図

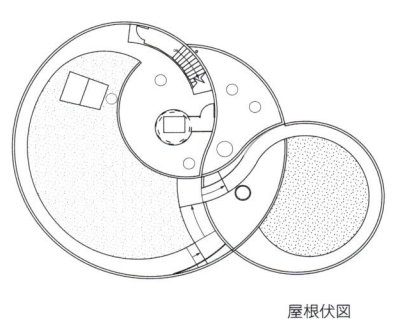

屋根伏図

1階平面図

0　　5　　10　　15

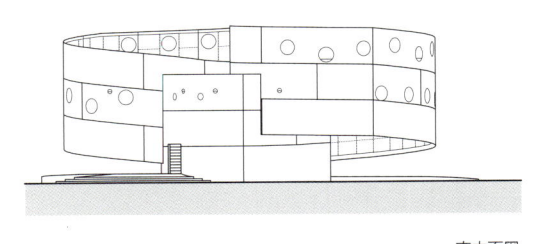

東立面図

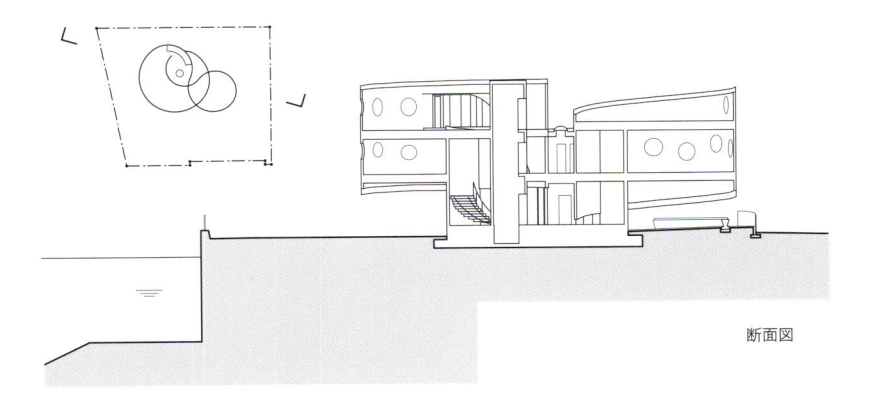

断面図

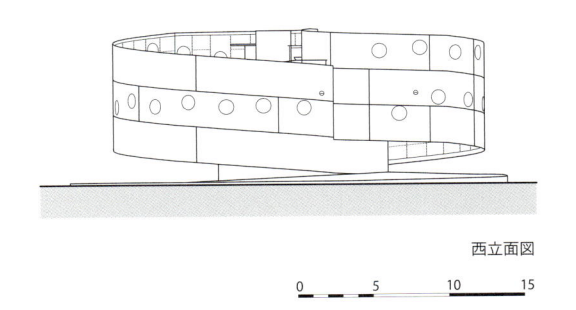

西立面図

0　　5　　10　　15

遠藤秀平　連続の形態学

フレデリック・ミゲルー Fredric Migeru ／ ポンピドゥー・センター パリ国立近代美術館 副館長・ロンドン大学バートレット建築学校 学長兼教授

曲げることの真直ぐさ

遠藤秀平がパラモダンという概念を展開するのは、建築がモダニズムをひとつの源、あるいは臨界焦点としている伝統的な位置関係に対して彼独自の距離をとるためというよりは、実践的であると同時に規範的な枠内で直接建築に取り組もうとする個人的な位置条件を再定義しようとするからである。モダンという概念自体を再肯定することは、第二次世界大戦後の建築実践全体を規定することになるポスト・ヒストリーの領域から抜け出す試みである。永久性や記念碑性、土地に対する法的側面も含めたこれまでの価値観に反し、遠藤秀平は、今日的に直接参与する建築、事実に即することをあえて選択した建築を創立し、彼自身は単に時代の証人であろうとする。原則として、回復と包み込む価値観を持つ建築、滑り、領地と混じり合い、あらゆる定着や結合という考え方さえも否定する建築なのだ。おそらく他の地より日本という国により顕著なのだが、タビュラ・ラサ（白紙状態）への回帰、物理的な都市破壊への回帰が、現代思想の実証主義を前に、絶えざる疑いを生成したのであろう。しかし、日本建築文化に深く影響を与えたル・コルビュジエ世代とそれに続くメタボリストたちは、有機体を頼りにより人間的な価値観を再導入しようと試みる。これはヨーロッパでも同様であるが、建設原理と建築の象徴的な価値は真の意味で進化したとはいえない。建築史に聖画像として刻印されるような記念碑的建築、機能主義的プロジェクトが相変わらずポスト・モダンやミニマリズム建築を活気付けることになる。遠藤秀平の建造物は、職人的ともいえる建築活動に位置し、概念と実践の連続性、プロジェクトの定義と実現に至る過程全体の連続性を再確立しようとする意思を強く表明している。このように、パラモダンは建築家としての職業実践における社会的方策と条件を再定義するという、解放された形で、これまでの概念と隔離するモダニズムの前提に根ざしている。

遠藤秀平が異議申し立てするのは、製造美学や物的文脈から対象物を切り離す建築的理解であり、再利用に閉じ込め、建築的流れの一定要素を事物化し文脈から外してしまう建築史の解読である。このような骨化に対して、遠藤秀平は建築文化の最も決定的な文化価値を基礎にした原理を真の意味で再活性化しようと提案している。彼の日本伝統建築解読は、いかなるロマンチズムを抱え込んだものではなく、紙の衝立に仕切り壁の源泉を見るアーサー・ドレクスラーの構造的理解と共鳴する。伝統的日本建築を源泉として「連続体」や「分有体」を発展させた原理は、前者は連続性の原理、内部と外部の表裏一体性として、後者は諸要素に複数の機能性を与えることにより、分離の考えに変わる共有として再認識されている。こうした考古学、彼の歴史概念を活性化する動的構造主義を使って、遠藤秀平は西洋現代建築を再評価し、形式と抽象化の拡がりを汲取り、物理的にプロジェクトの象徴的で批判的価値を組織化する許容性を求めている。このことは遠藤秀平を同世代の国際的建築家と結び付けている点で、最終的に同じ戦略を共有している。批判的建築、解体するポスト・モダニズムの輪から抜け出し、建築言語と断絶する戦略であり、全体において文脈に即した同時的参与が要求する直接的な実践の有効性を再形状化する試みである。

一方で、批判的統語論と建築の方向原理の能動的解釈を可動し、帯状とひだ状の構造体の位相的連続性を肯定することで、概念の管理統合を行っている。他方で、現代の厳格さを持って、物理的要素の文法体系と素材の語彙を展開することについて再定義の試みを行っている。

建築家遠藤秀平が単純化した建設原理を肯定し、直接形状化できる波型鋼板を用いるのは、建設統御の法則を変えようと意図するからである。このことは遠藤秀平が"ロー・テク"の建築家に近いと見えるかもしれない。実用の価値観を優先し、建設統御の変容を強い、工学の伝統概念を揺るがし、そこまで至らずとも建物に対して一般に抱いている文化的思想を揺るがすものである。しかし、遠藤秀平は建材業者のカタログを利用して、単に選択的な指示をするだけでは彼のプロジェクトには十分ではなく、"ロー・テク"建築家との類似を拒否する。公準としてあるのは連続性の肯定であり、それが彼の探究軸となっている。形の沈殿、次いで建材の選択は論理的な結果でしかなく、プロジェクトを進めるに応じて経験的に一種の美学が出来上がるのである。事実、遠藤秀平の建築は現代建築を活性化している二つの流れの狭間に位置している。開かれた位相空間の肯定、生産的価値を持つ連続性の肯定、演算機能による同一形態と物の脱制御などは、遠藤秀平がコロンビア大学の「ペーパーレス・スタジオ」の流れに近いことを示している。90年代の「折り畳む建築」（Folding architecture）の考えを発展させた世代の建築家に属し、区切ることに対抗する連続性と地表への同化を主張している。次に、ひだについて考えることから始まり、ジル・ドゥールーズの「Archetctural Design」（1993年3月号）の理論によって展開された表面をねじることが、この世代の建築家たちに直交の足枷から解放し、単純化されより軽やかな建設手段を

主張している。しかし、都市環境をひとつの生成状態として受入れ、自分の建築が否定的な美学としてそこに溶け込むことをも受入れる遠藤秀平の姿勢は、オランダやスペインでレム・クールハースを中心に展開された若い建築家グループの活動に近い。

この二つの影響範囲との類似点は、遠藤秀平の建築家としての活動内で解決されている。一見すると貧相な外観を与えかねない鋼板の選択は、建築家がそこに与えるダイナミズムによって一挙に変貌するのである。各要素の組み立て方に同意する必要がある。金属板はその外観のために使われているが、物理的に曲げることができるので利用されている。柔軟性が形を固定し、しっかりとした硬度を確保している。鋼板はその組み立て方によって安定した建築を保証し、容積を増やすことができる。しかし鋼板という材料は、ごく一般的で、世界中の文化に属するが、どの文化をも代表せず、特別の美学があるわけでもなく、遠藤秀平が中性化のために意図した選択であり、連続性という概念原理に直接呼応する素材だといえる。遠藤秀平自身が「漂白された連続性」と呼ぶこの連続体が複雑さを生み出す道具なのだ。区切ることを止め、壁・屋根・床が帯状の連続体として内部と外部を繋ぎ、多指向の開口部を可能にし、「Springtecture」で活性化されている多数の入口と出口を生み出している。このようにすべての構成要素に二重の役割、内的二重性が与えられ、ロバート・ヴェンチューリが述べた唯一の統語的役割を超える曖昧性を備えている。アルヴァー・アールトやオスカー・ニーマイヤーのような建築家の作品にすでに見られるこの連続性のダイナミズムが先鋭化され、建築の第一役割である区切るという役目を変貌させる。ゴットフリード・ゼンパーからミース・ファン・デル・ローエに至るまで、布からガラス面、包装から壁に至るまで、建築家たちは常に区切ることの作用を強化することに努めている。それは隔離であり、保護であり、物理的には区切りを消し去り、現代人の透明性まで至ろうとしている。遠藤秀平にとっての連続性は、包括的で、違いを失くそうとしている。だが、一方で区切りと配置の効果をも生み出している。配置と役割分担がなければ、帯状の構造体は壁にならない。湾曲する構造体を自由意志で選び、内部と外部を融合することで遠藤秀平は直線構造と空間閉鎖のシステムから抜け出している。曲線軌道内にすべての必要要素が選別され、初歩的な形への回帰が、一つの要素として構造と外装を一つにしている。「Rooftecture」シリーズは連続する膜によって屋根と壁、住まいを包んでいる。「西宮管工事業協同組合事務所」*030、「睦月神事会館」*026、「坂井の家K」*056、「与位

温泉」*031などがその例である。ハーフテクチャー初期シリーズでは、金属の帯が曲がり、交差して臨界を作り、再交差し、内部と外部の容積を反転させている。これらはいろいろな役割を担っており、「福井鉄道ハーモニーホール駅」*024、「京福電鉄大関駅」*020、「Cyclestation 米原」*013に見て取れる。

建築の形を還元するこの現象的とも言える作業を通して、遠藤秀平はまったく新たな文法、概念と構成の開かれたシステムを再展開している。六つのカテゴリーに分けられている彼の建築は、一つのエクリチュールに集められているように思われる。途切れることなく一筆で書かれるエクリチュールとして定義される中国・日本の書道（連綿体）に依拠している。アルド・ロッシの位相学やピーター・アイゼンマンの記号表記など、ポスト構造主義の統辞強迫観念に対して、表現主義ではない所作性、概念的志向と形式的動作単位間の純粋な緊張という動きのダイナミズムが肯定されているのではないだろうか。そこでの建築は、文脈から生まれる技術的・社会的・物理的限定要素を構成している形として展開されている。連続性とひねりの形である「Springtecture」に続いて、増殖する形としての「Bubbletecture」や柔軟な開放の構造体である「Rooftecture」が加わる。より地表に即したレベルで、開口と開放の形式といえる「Halftecture」を補完するものとして「Slowtecture」がある。これは、増大と安定形式である「Growtecture」の変則体である。遠藤秀平の作品は、開かれて拡がる作品であり、様々な建築プログラムを培っている。逆説的に彼の建築は、あらゆる文脈から離れたところで介入しているように見えるが、確固とした限定言語を備えている。逆に、彼の建築は非常に実用主義で、単純な位相学を呈し、即時的にアクセス可能だ。「分有体」という共有に向けて開かれた実体を意味する概念の役割は、構造的役割を果たすだけではなく、社会的に強い反響を担っており、空間を区別すると同時に交流の体系、共有の社会的役割を強化している。数多くの「Springtecture」シリーズ作品が、「Springtecture播磨」*029や「青森県立美術館」*043として広大な渦巻き状の背景の中で展開されている。幅広帯状の構造体として拡がり、地表に対して自立した印象を与えている。空間的に登録されることや永久性を拒否し、実用的な建築を肯定する遠藤秀平の意思は、これまで絶えず介入として考えられてきた建築プロジェクトの社会統治を変えている。一つの文脈から与えられる情報全体が新たな係数として適合化され、仕様書というよりは能動限定としてプロジェクトに形を与えるものという位置を占めている。遠藤

秀平は退いた建築を生み、文脈を生殖エネルギーとして吸収し糧としているのだ。布状に拡がる位相外観は即時的で真の同化手段となっているが、その背景にプロジェクトの総称単位を蓄えている。プロジェクトは内的必然性に支えられているように思われる。相対的抽象化による日本の価値観と演算概念を使って生まれる空間に対する開かれた概念が交差する建築にとって、規範的意思を再肯定することは少しも逆説ではない。鋼板を曲げること、さらに形や地表の不動性に流動性を持ち込み、定着というアルカイックな価値に流動性を持ち込むことに加えて、遠藤秀平の作品全体を組織する法則といえる枠組みがある。曲げるということに、方向、統治、回り道をしないで展開される作品の「rectio」(ラテン語でまっすぐの意)が結び付いているのだ。

パラモダンという言葉は、曲げることとまっすぐなことの計算された合致を示している。

このように、遠藤秀平は、分割に力学的役割を与えることによって、建築史上最も確固たるものと考えられてきた分割の概念を変貌させたのである。分割とは、内と外という絶対的な区分を意味していた二つの空間性を分かつことではなくなった。逆に、繋ぐための手段となり、空間全体を明確化し、平面、床、壁、屋根を構成するだけでなく、複雑な形を形成する総称的な手段に変化する。Bubbletectureは、その形態形成を最も端的に表現した例だと言えよう。遠藤氏は、このように形態形成の近代化、および、本当の意味で総称の建築を目指しているのだ。そこでは、可能な限りの形態学と最大限のプログラムが、同じ一つの空間力学として生まれ、同じ一つの連続の経済学に支えられている。遠藤氏があえて分類する形態、厳密に公理化する複雑な文法は、連続の建築を確立しようとする彼の強い意図に対応している。壁は一枚の薄板、一つの帯状の構造体となり、風景と一体化する。屋根は、建築物の上に空中浮揚する一枚の単純な板にすぎない「大阪城公園レストハウス」*103。都市に順応する役割を担って、一つの単純な金属帯が曲げられ、建築のオブジェとなり、その帯の下に箱のように各エレメンツが入り込む「大阪城公園大手前トイレ」*084と「大阪城公園城南トイレ」*083。ガラスのひだの両端を結ぶようにして覆われた「オーラッシュ京都」*101と「オーラッシュ奈良」*108。さらに複雑な全体像を呈する商品ストックの役目を果たす「オーラッシュ岡山」*104。シンプルな正面が屋根となって伸びる連続形態として、「森の10居」*116,117と名付けられた小さな個人の集合住宅。半透明の正面を有する小さな家「天満の家」*156など、50を超える

プロジェクトを実現した遠藤秀平の作品は、今日、確固たる一貫性を伴ってその存在を確立している。なぜなら、彼の建築言語は多岐にわたるプログラムに対応できるからであり、豊かな位相形態は、プロジェクトのスケールの大小によって優劣を生むことがないからだ。作品の増殖性によって、形態論の新たな次元を豊かに拡張することに成功している。「坂井の家O」*079は、三角形の多面体から成るドームだが、遠藤秀平はその位相形態をさらに複雑化した「ブルボンビーンズドーム」*114によって、まるで地面から直接突起してきたような形でテニス・コートを覆った。村田豊の空気で膨らませた構造体や、構造設計家の川口衛氏の覆いを思い起こさせる作品でもある。遊びを連想させる面白い形態の「ひょうご環境体験館」*123は、教育センターとしてのイメージにぴったりで、周辺を囲む丘の形態に合致しており、地元の建材だけを用いることで、環境へのインパクトを最小限に抑えている。遠藤秀平の建築は、開かれた建築である。順応し、融通の利く建築である。「福良港津波防災ステーション」*149は、南淡路港に錨を降ろした船舶、つまり海洋のシンボルであると同時に、メビウスの輪であり、形態形成の媒体として連続する空間マニフェストに他ならない。偶発、不連続を記載された建築として、一つの形態の力学を提示している。それは、偉大な数学者ルネ・トムの思考を喚起させる。「あらゆる形態の特性、あらゆる形態形成の特性は、環境特性の不連続性によって表現されることである。・・・私にとって数学とは、離散によって連続を勝ち取ることである。」

初出：Paramodern manifesto 2006 (c12editions)

青森県立美術館 設計競技案

2005年 ポンピドゥーセンター

左：フレデリック・ミゲルー氏、右：遠藤

アジール・フロッタン2008 2008

アジール・フロッタンの受難

アジール・フロッタン（ルイーズ・カトリーヌ号）とは、そもそも1919年頃につくられた石炭を運ぶためのコンクリート製の運搬船であり、それをキリスト教プロテスタント系社会福祉団体の救世軍が第一次世界大戦でパリ市内に多くいた戦争難民を救済するためにリノベーションしたものである。この工事の資金は当時活躍した女流画家達（マドレーヌ・ジルハルトとそのパートナーのルイーズ・カトリーヌ）とシンガーミシン社創業者の娘であるポリニャック公爵婦人ウィンナレッタ・シンガーらの寄付が原資となっている。また、ル・コルビュジエをその設計者に指名し、救世軍の他の建築にも資金を提供したのもこのウィンナレッタ・シンガーである。さらに船のリノベーションはサヴォワ邸の設計に先立ち1929年に完成しているが、当時コルビュジエのもとに弟子入りしていた前川國男がこのルイーズ・カトリーヌ号の担当をしており、不思議な縁を感じざるを得ない歴史的出来事である。このことは、『回想のパイオニア』（1977年, 新建築社）の対談において「私が直接担当してやったのはセーヌ河畔に住みついているクロシャール（浮浪者）を収容する施設で、実はこれは戦時中、鉄不足のために造ったコンクリート製の船を改造すると言うものだった。アジール・フロタン（浮収容所）といって、今でもセーヌに浮いている。私が着いた翌年の秋頃からだったろうか、サヴォア邸（1929年）の設計が始まった。」と答えている。

私は2005年知人の紹介により、パリの出版社コーデックスから「パラモダン

マニュフェスト」を出版した。やがてこの本がアジール・フロッタン再生の事業主たちの手に渡り、翌2006年に再生工事用シェルター提案のオファーが届いた。この再生事業を実行するための資金を主に出しているフランシス・ケルテキアン氏ら5人の有志から聞かされた目的は、老朽化し廃棄も視野にあったアジール・フロッタンを文化的利用目的に限定し、救世軍から譲り受け、リノベーション当時の姿に修復し展覧会などを行うギャラリーへと再生することだった。私の役割は工事予定の3年間、このアジール・フロッタン再生をセーヌ川から発信することにあった。特にアジール・フロッタンが係留されているオーステルリッツ高架橋の袂は川幅が広く、セーヌ川遊覧船がUターンするためアジール・フロッタン再生のアピールが重要であるとのこと。修復についてはパリの建築家や各専門家が対応し、コンクリートの劣化や安全性の調査なども行い、完成当時の姿へ復元する努力が様々に行われていた。

建築家ミシェル・カンタル＝デュパール氏は、修復設計を牽引する役割を担いこの再生事業のアソシエイションルイーズ・カトリーヌ（SAS）を設立した有志5人の1人である。

SASとの契約後、基本設計が決まり、難関のセーヌ川を管轄するパリ市河川管理局とのさまざまな問題解決と交渉の末、2008年秋には建設許可がおりた。そして2008年のフェスティバル・ドートンヌは日本年であり、この一環で12月にパリ市アルスナル館においてアジール・フロッタン修復の展覧会を開催し模型などの展示とレクチャーを行った。が、おりしもこの年はリーマンブラ

ザーズショックが勃発し、シェルター工事着工への道筋が見えなくなってしまった。その後、日本での再生スポンサー探しなどを行ってきたが、経済環境の厳しさに日欧の違いはあまりなかった。パリを訪問する度に船の様子を見に行っていたが、目立った変化はなく、無事浮かんでいることと進展していないことに期待と安堵が交錯する不思議な気持ちで現地を後にしていた。2015年に現地を訪れて見ると改修工事の進展が書かれた看板を目にした。早速事業主にコンタクトをとったところ、カンタル・デュバール氏が応答してくれた。2008年に文化財に指定されたこともあり資金の補助を受け、もう少しでおおよその修復ができそうであるとのことなど、今後の展望も聞くことができた。後は船内利用の許可を得るために桟橋の設置が残されており、日本からそのための資金などのサポートが出来ないかと、提案を受けた。帰国後早速サポーターを探したが、異国の地への支援はハードルが高い。2016年、コルビュジエの17作品が世界遺産に登録され日本での認知度も大きく上がり、支援が集まる期待感も高まった。また同時に、カンタル氏が著した『ルイーズ・カトリーヌ号の冒険』を参考にアジール・フロッタン再生の物語を紹介する「アジール・フロッタン再生展」を企画し、コルビュジエ財団から当時の貴重な写真・図面・映像の提供を受けることができた。これらの資料を元にした展覧会は2017年に国内4カ所を巡り（今後、中国天津市へ巡回予定）、その間に並行して行ったクラウドファンディングでは多くの方々からの支援を受けた。このカンタル氏の本の日本語版も『ル・コルビュジエの浮かぶ建築』（2018年, 鹿島出版会）として出版した。その途上、必要な桟橋を制作してパリに送ることを申し出てくれるアロイ社の西田光作社長が現れた。現在、コルビュジエのオリジナルデザインを基本に2本の桟橋の制作を進めているが、当時つくられた桟橋は5mほど、今回はコルビュジエが理想とした川岸から8m離して係留するため10mの桟橋を制作する。遠藤秀平建築研究所と構造家萬田隆さんとで検討をおこない、当時とは異なる基準もふまえながら理想的な架構を設定した。重要な前提は側面の梁背を当時の写真と同程度の寸法にすることであったが、現在のユーロコードの構造基準では積載荷重が500kg／㎡であり強度がまったく足らなかった。そこで側面からのバランスを前提として、当時にはなかった下弦梁を内側斜めに設定し10mのスパンで強度を確保した。

このような再生への途上、1月にもアジール・フロッタンを訪れたばかりだったが、セーヌ川にのみ込まれてしまう災害がまちかまえていたとは想像もしなかった。現時点では復活への動きを見守ることしかできないが、近い将来に日本から送られる桟橋が取り付けられ, アジール・フロッタンの中で最初の展覧会として日本の建築家展が開催できることを願ってやまない。しかし、今回のダメージは大きく、復活のためには莫大な資金とエネルギーを要するに違いない。カンタル氏のメッセージにもあるが、今後はフランスや世界から手が差し伸べられるであろうが、日本からも多くの支援が集まることを期待したい。

初出：新建築 2018/4

完成状態に近いパース。ルーブル宮殿の南側のセーヌ川右岸から見る。
遠景にノートルダム大聖堂の尖塔がある（FLC12059）

ルーブル宮殿南側のセーヌ右岸に係留されている。1929年12月31日の日付がある

ポンデザールからみた「アジール・フロッタン」背後にルーブル宮があり、
手描きで、人や植栽、旗などが描かれている。
ル・コルビュジエのサインはなく、1929年12月31日の日付がある

内部には2段ベッドが並べられていた。フランス国旗と救世軍の旗が見える（1929年）

2017年 外観

2017年 内観

ひょうご環境体験館 2008

連続する構造と空間

敷地は兵庫県西部の山中に開かれた播磨科学公園都市域の北端に位置し、北側斜面となる樹間の豊かな自然環境が選択されている。計画においては、県民をはじめ主に子供達において、地球環境の変化が引き起こす問題への関心を高め、環境問題への様々な取り組みを体験的に学習できる場の設定が求められた。

設計段階においては主な機能を充足するために三つの領域が必要とされた。敷地内の高いレベルの平場部分（旧町道の痕跡）に二つの機能（研修室とワークショップルーム）を並列に配置し、もう一つの機能（展示エリア）を他の二つとレベルを合わせ地盤から浮いた状態で斜面上に配置した。全体の基礎には深礎杭を用い、斜面から浮いた脚状部分の内部は防火水槽等を兼ねたRCの躯体により構造体を形成している。これは限られた平場を有効活用し、工事が与える自然環境への影響と自然地形の形質変更を最小限に抑えることを目的に設定している。

上部構造は、兵庫県内産の桧間伐材丸太とボールジョイント金物を用いた単層トラス構造により屋根・壁を連続形成し、構造的合理性を有する3次元空間となっている。その形状は、機能および構造により必要とされるヴォリュームを各空間に設定し、平面ならびに断面的に連結させた即物的な結果である。この建築のほぼ重心に位置する中庭は、光庭として採光・通風機能を有し、構造的安定性を高めるためにトラスを床スラブに接合させている。立体トラスの上部にはトップライトを設定し昼間には人工

照明による電力消費の削減を図っている。

外部の屋根・壁仕上材には耐候性鋼板を用い錆の状態で露出させている。また部分的に大気中の水分により生育する苔や芝による屋根・壁の緑化を試みている。時間の経過によりその表情を変化させるこれらの素材は、断熱上の有効性だけでなく、変化・成長し続ける自然環境と連系する建築の表情を獲得し、自然景観との連続性を形成する。

この建築を通じて、我々は「循環」を手がかりに自然環境と人為との接点を部分的に共有する建築行為の具体化を試みた。地元間伐材の利用は、地域と人々の活性化を誘発する「地」の循環をもたらし、その技術は人間の営みにおける一つの知の循環の存在を引き出しそして継続する。

間伐材の放置による腐敗からのCO_2放出を避け固定化する努力も重要であるが、エネルギーが滞ることなく連続することを体験・実感する事が重要であると考えた。建築行為は物量を固定化することであるが、時間軸のとらえ方によっては循環する系の一部であると考えることも可能であろう。この系としての自然が有するゆるやかな循環の仕組みを空間体験として実感することができる建築として構想した。

初出：新建築2008-9

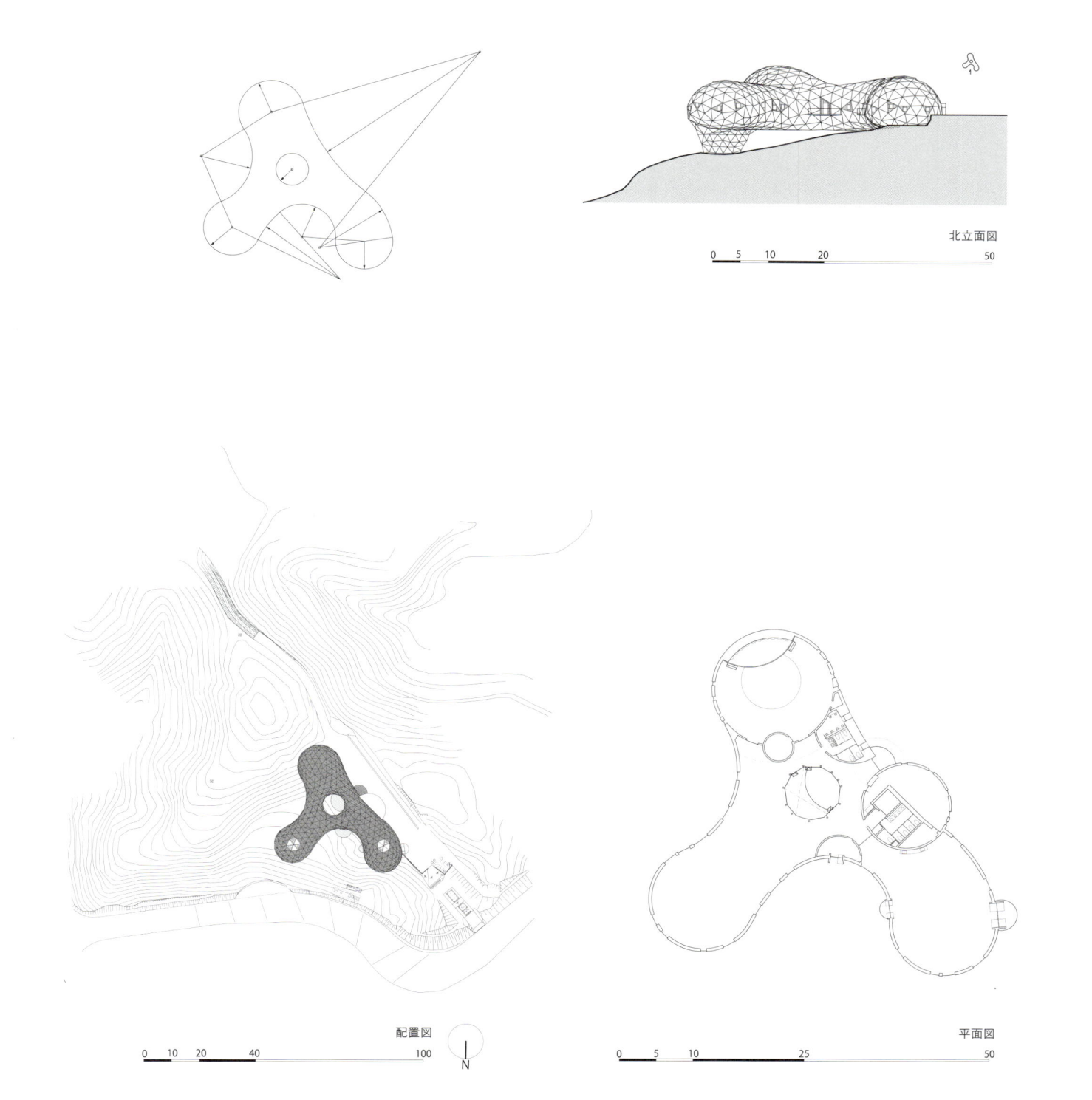

北立面図

0 5 10   20   50

配置図

0 10 20   40   100

N

平面図

0 5 10   25   50

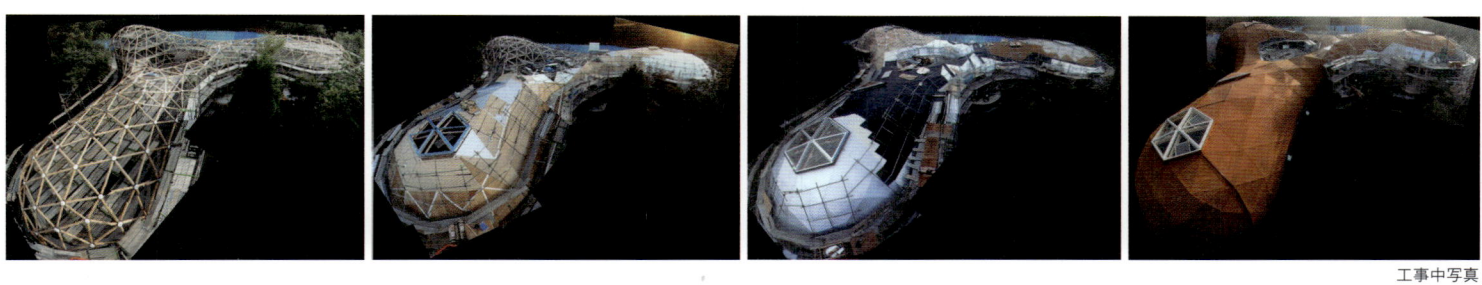

工事中写真

郊外住宅地は手強いか

郊外住宅地の風景が気になる。経済的判断から選択されている風景にはそれなりの必然性があり、結果、どこも似たような住宅地となっている。戸建て住宅、集合住宅のどちらもが経済性と性能の保証により成立している。根底では土地所有にかかわる複雑で怪奇な問題に行き着いてしまうのだろう。しかし、少しでも多様な表情を持った人工的風景をつくることができないかと考えた。

相反する2棟による構成

今回の2棟は設計のスタートが異なるが、それぞれR棟（＝radius）、S棟（＝straight）と名づけている。まず、R棟の依頼を受けた。角地の特性を検討し、なるべく多くの開放空地を設け、変化のある表情を生み出したいと考えた。その設計が終了し、見積もりが出て着工する直前に、同じクライアントが有する隣接の敷地で新たな依頼を受けた。

R棟が単独での設計条件であったが、S棟はR棟を前提にしての設計条件となった。これらふたつの敷地を合わせ全体で1棟の設計も考えられたが、さまざまな事情により、分棟とすることがクライアントにより選択された。

このふたつの建物は鉄骨造2階建てであり、構造的には同一であるが形態の要素としては曲線と直線の構成であり、隣接しながら相反する形式として成立している。しかし、形の違いが多様な風景をつくるのではなく、開放され共有される空間との関係が環境の変化を生み出すと考える。R棟は通路を開放しながら各住戸に入り、S棟は4住戸が共有する通路を通り専有テラスから各住戸に入る。このふたつの開放されたアプローチの質的差異が、郊外の住環境に多様性をもたらすのではないか。

また、ふたつの建物の間にはクライアントが以前から育てていた植生があり、これが完成から短い経過時間を変えて見せる効果をもっているのか、早くから周囲と馴染んでいるようだ。

初出：新建築 2007-8

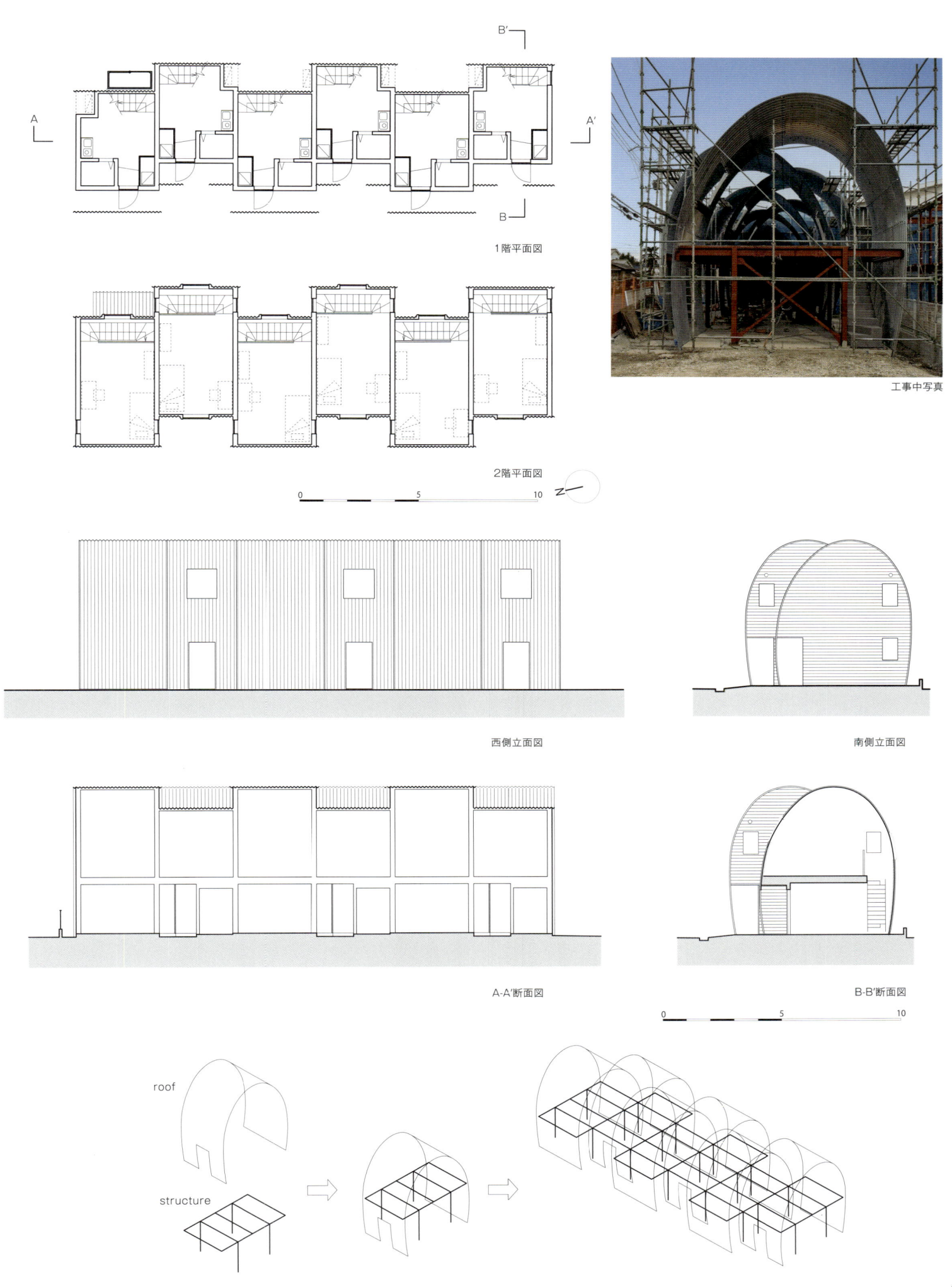

1階平面図

2階平面図

工事中写真

0 — 5 — 10

西側立面図

南側立面図

A-A'断面図

B-B'断面図

0 — 5 — 10

roof

structure

森の10居S棟 2007

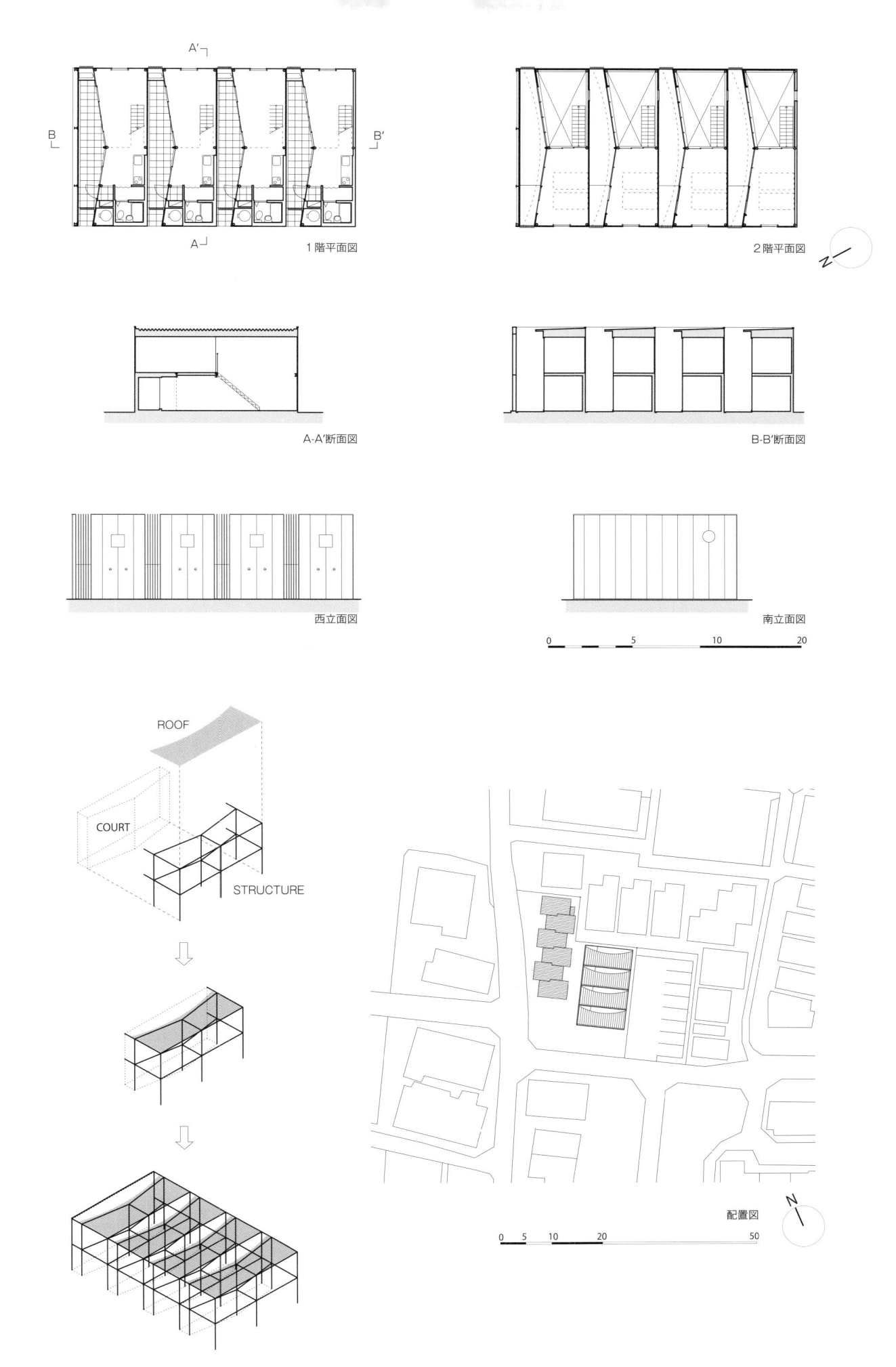

1 階平面図

2 階平面図

A-A'断面図

B-B'断面図

西立面図

南立面図

0　5　10　20

ROOF

COURT

STRUCTURE

配置図

0　5　10　20　50

非常と日常 ── 新たな公共建築の課題
三宅理一／建築史家・慶応義塾大学大学院教授

防災拠点としての体育施設

兵庫県といえば1995年の阪神淡路大震災の記憶が今なお生々しく残っている場所である。地震は国内到るところで繰り返し発生しているが、やはり神戸の場合は大都市を直撃したということでその被害の程度も他とは比べものにならなかった。しかも、政府の対応が後手に回ったことから救援や復興にあたって各方面からの批判が相次ぎ、その意味で後世に悪しき評判を残す結果となった。それ以降、全国の自治体は神戸を反面教師として防災のためにさまざまな施策を打ち出し、10年前に比べて我国全体の防災水準は相当改善されたといってもよい。とはいっても、災害とはいつどこでこの地域を襲うかがわからない不確定の代物で、どんなに対策を講じていてもそこから漏れるケースを覚悟しなければならない。50年、100年というスパンでも対応できる計画思想が必要である。

そのような経緯で建設されたのが、兵庫県の中ほどに位置する「三木総合防災公園」である。災害時における県の防災救援拠点となるべく計画されたもので、県の防災事業に国の補助金をからめて兵庫県全域をにらんだ広域のネットワーク・ハブとして位置づけられている。全体で約200haの面積を数え、その中にいくつものスポーツ施設を立地させた点が特徴的だ。防災とスポーツという取り合わせは一見奇異に思えるが、平時での活用、広い面積や自然との一体性に対応した利用形態などを考えると、スポーツ施設がもっとも適合しているとの判断から、そのようになったと聞く。ヨーロッパならどこにでもある核シェルターがこれに対応するものだが、残念ながら我国では国や自治体の施策にそのようなカテゴリーはなく、もっぱら「自然の攻撃」にのみ対応した施設のつくり方になっている。

この防災拠点の基幹施設のひとつとなっているのが、この公園内にある「屋内テニス場」である。いかにも平和な響きをもった体育施設であるが、いざという時には救援物資の配送センターになり、場合によっては避難民を収容しうる、防災ロジスティックスの中枢を担う結節点でなければならない。高速道路に沿っているのもそのためである。この種の広域的でネットワーク型の施設の重要性はいうまでもないが、それを空間計画に落とし込んだ時に直面する設計上の難しさは相当のものであったと察せられる。何よりも大空間で、いかなる事態にも対応できるフレキシブルな建築でなければならない。しかし、緊急事態を迎えるのは長いタイムスパンの中ではほんの一瞬のことであり、その他の期間は平時の日常的な機能を収めて施設を有効に用い、維持管理をしていなければならない。

ここではスポーツがその機能に対応し、スポーツ・イベントに集まる多くの来場者を前提とした施設設計を行わなければならない。

こう考えてくると、この屋内テニス場の設計者に遠藤秀平が選ばれたのはそれなりの必然性があったといってよい。彼の手がけてきた一連の建築は、どのような規模にも対応可能な架構と空間をつくり出すのに適した方法論を胚胎しているからである。これまで大空間を成立させるには、ドームやシェル、あるいはテントといった構造方式が採用されてきた。それもこの半世紀ほどの間に技術革新が著しく、大人数を集める室内競技場の類で次から次に新しい工法が開拓されている。それゆえ、技術的にみれば、現在では実質的に何でも可能であって、むしろ企画サイドの立案こそがその施設の性格と空間を大きく左右するといってよい。その点で、今回の屋内テニス場の場合は、防災とスポーツを統合するというプログラムこそが鍵であって、規模そのものはそれほどの問題ではない。

実際、内部空間は極端に大きいわけでもなく、ウインブルドンを見ればわかるとおり、小さなテニスコートで分節されてしかるべき体育館である。メインコートがあって、その周りに多くのコートが広がる形式が自然であり、それを字義とおりにつくり込むと、今度は防災拠点としての多目的かつ段差のないフラットな平面という県の要求に抵触してしまう。そこをまとめ上げるためには、ある程度の分節性と平坦な床面という矛盾する要素を調整しなければならない。むろん技術的にこの問題を解決するのはそう難しいことではないが、設計者の遠藤秀平のユニークさは、技術志向からこのような大空間に挑んだわけではなく、彼独自の空間思想からこの空間にたどり着いたところにある。周囲の山並みに対応するかのようなうねった空間がそこに登場し、一目でこの建築の特殊性を物語っている。なぜか、それを知るためには遠藤のこれまでの活動を参照しなければならないが、その鍵は意外なところに潜んでいた。

1998年に行った播磨科学公園都市での仕事がそれである。大変小さな建築で、それも公衆便所というささやかな建築であった。山間の土地を造成して大規模な科学技術拠点を形成したところは防災公園に似ているが、公園と都市では規模が異なる。周囲のひなびた雰囲気とは似ても似つかぬ近代都市が広がっている。もともとは山間の寒村地帯にすぎなかったこの辺りにこの巨大な研究学園都市ができると、この地域一帯の都市構造も景観もがらりと変わってしまった。著名な建築家のデザインになる建築も相次ぎ、磯崎新や安藤忠雄の名前がごく普通に語られる。それらの基幹施設に挟まれて建つのが遠藤秀平の手になるきわめてユニークな作品なのである。公衆便所という機能にとらわれず、

むしろ公共空間のためのひとつの実験といったほうがふさわしい建築である。

建築の生成原理

播磨科学公園都市での実験は、遠藤秀平が試行錯誤の末に到達したひとつのプロトタイプを示している。そこから発展し、徐々に規模を拡大させて今日の屋内テニス場にたどり着くのであるが、基本的に両者の空間思想は共通である。両者は兵庫県つながりということ以上に、今日の時代にふさわしい公共性のあり方を解く建築モデルといってもよい。20世紀型の公共建築というと、美術館、体育館、市民ホールであれば、いかにもそれっぽい建築をデザインすることが当たり前であった。公共側もそれを求めていた。ところが遠藤秀平の仕事をみていると、公共建築といっても駐輪場や無人駅といったこれまではあまり目立つことのなかった建築を積極的に手がけ、それを地域に根づいた建築として成立させているのである。公衆便所も同様である。1960年代に流行った広場とかペデストリアンデッキが実は誰も用いないお飾りの公共空間となり下がってしまったのに反比例して、日常のさりげなさの中に潜むどこにでもある空間の価値が浮上してきたのに対応している。

そもそも公衆便所が建築的なテーマとなるというのは、世界の中でもおそらく日本だけと思われるが、1980年くらいから公共建築のミニ版として、交番と並んで都市の重要施設に位置づけられてきた。清潔さ、快適性が絶対に必要である結構難しい仕事である。遠藤秀平による播磨科学公園都市の仕事は、それまでのトイレという既成の観念を打ち破ったところに新しさがあった。彼の建築は、折版状になったスチール、つまりコルゲート鋼板を用いて空間を表現する。鋼板を波板状にして剛性を出すことで成立するこの材料は、普通、土木工事のための土留め、あるいは簡素さを旨とする工場建築に用いられることが多い。それを建築材料にするという発想は、かつて川合健二や石山修武が実験的に住居として用いた例がある程度である。確かに鋼板一枚では熱伝導率が良すぎて室内気候をコントロールできず、それが住居に向いているとは思えない。しかし表面にメッキを施して耐候性を増し、野外にそのまま放り出しておいても問題のない材料だからこそ、メンテナンスに手間暇がかからなく、維持管理の労力を省くことが是とされるミニ公共施設ではうってつけの素材であった。内外の空間の一体性というコンセプトを追求してきた遠藤秀平にとっては、そのような力強い素材の存在が空間造形の上でも機能の上でも大きく寄与

したことは間違いない。柱と梁、あるいはフレームと間仕切りといった従来の建築の作法にのっとることなく、回転しながら連続する一枚の板によって人間の行為を保証する場ができあがるわけで、そのダイナミズムこそが彼の建築をひも解く鍵になることを知っていただきたい。

本題の「三木総合防災公園 屋内テニス場」を説明するのに、この公衆便所という小空間を引き合いに出したのは、遠藤秀平が小さな単位から始まって途切れることなく広がる連続空間の世界を求め続けてきたことを説明するためであった。建築家がめざすのは、人間と空間、そして素材感をともなう建築を相互に関係づけて、人間の空間体験を強く覚醒させるところにある。美しい建築、居心地の良い建築、心をときめかせる建築。いずれも人間が建築をどう感じどう使うかに関わっているが、遠藤の場合はやや突出していて、強いていえば認知心理学の実験を絵に描いたような建築であるといってもよい。屋内テニス場の場合は、そこで試合をするひとりひとりのプレーヤーから、周囲の千人規模の観衆を見越して空間のボリュームを分節させ、拡大していくのである。

遠藤秀平の建築に対しては、駐輪場や公衆便所が「Springtecture」や「Bubbletecture」といったこじつけまがいの命名を行っていてどこか劇画じみた印象を受ける人もいるようだが、その根幹にあるのはしごくまっとうな発想である。空間を施設や機能に対応づけて考えるのではなく、空間が自律的に展開し、それこそひとつの点から始まって、糸玉をほぐすようにどこまでも続く無限のスパイラルをつくる可能性を秘めていることを示唆しようとしている。ル・コルビュジエであれば「幾何学」や「黄金比」がそのパラメーターになっているのが、遠藤の場合は円環やスパイラルが空間の自律構造を導くのである。コルゲート鋼板を螺旋状に回転させてスプリング（ばね）のように展開することが、そのまま新たな建築の生成プロセスとなることを意味している。従来の建築の基本である柱梁のフレームでは体験することのできない連続して流れる空間が、この螺旋から生まれるといってもよい。彼の建築を理解するためには、ほとんどオブセッションのように彼をとらえて離さない「どこまでも流れて広がる空間」を読み取り、そのデザイン原理を知っておかなければならないのである。

巨大な草の被膜

もちろん、遠藤秀平は建築に要求される機能や社会性に対しては人一倍に敏感である。やみくもに「異形」の建築をつくっているので

はなく、ごく当たり前に社会の中で認知され、人々にとって使いやすい建築をめざしている点では、他の先進的な建築家やデザイナーと共通している。興味深いのは、集合住宅や社会施設といった領域よりも、従来の公共空間から取り残されてきた部分に着目し、人間と社会との結節点を丁寧にデザインしてきた実績があるということだ。防災施設という課題もその延長線上にあり、社会の遠藤秀平に対するまなざしには、新たな公共空間モデルを構築するという期待感が込められているのは間違いない。

大規模な施設を求められた三木総合防災公園では、当然ながらミニ空間とは異なった方法が必要になる。大空間をつくるにあたって、重量のあるコルゲート鋼板を用いることはできない。大地から自律して宙にスパイラルを描く鋼板に対して、屋内テニス場では逆に大地と連続して起伏する壮大な地表面を想定する。流れる空間の原型を自然地形に求め、さながら地上に置かれた巨大な繭が地下に埋まりつつあるようなイメージを喚起させている。建築の形態を規定する幾何学（ジオメトリー）という点からみると、回転体をずらして空間を構成する方法にのっとっていて、その意味では一連のコルゲート鋼板と同根である。しかし、建築を宙に浮かせるのではなく、大地に沈ませようとする姿勢は、今日の環境論の視点からみて正解であり、まさに建築のランドスケープ化にほかならない。大空間のボリュームを確保するために立体トラスによってスペースフレームを組み、無柱のスペースを生み出し、防災拠点としての要件をかなえる。このスペースフレームの上を一面ステンレス鋼板で覆うことになる。ただ、外観にステンレスの銀色の輝きを期待する向きには、それを裏切ることになる。

そのためこの屋内テニス場は新たな環境技術を駆使することになった。屋上緑化がその代表で、うねった曲面全体に杉・檜の樹皮を吹き付けてつくった人工土壌を被せ、緑化のための下地であるとともに断熱材として建築全体を包むことになった。その上に草を生やすのである。結果的に外断熱方式で、空調のコストパフォーマンスを相当下げることに寄与しているが、本来この緑化技術は土木の領域に数えられていた。そういえばコルゲート鋼板も土木で用いられてきたもので、やはり遠藤秀平の発想は、従来の建築に比べてスケールが大きい。あるいは、建築、土木、ランドスケープの境界がなくなりつつあるということでもある。遠くから眺めると巨大な草の被膜が姿を現し、もうひとつの地形が生み出されるのである。本来、我国には伝統的な草屋根たる「芝棟」といった緑化の歴史があり、草むした建築はきわめて身近なものだった。20世紀が、近代化のかけ声の下でそのような伝統技術を消し去っていった

のであり、環境の回復が叫ばれる昨今では、むしろ過去の技術やデザインが大きな意味をもつことがある。その極右に位置するのが藤森照信であるとすれば、遠藤秀平はむしろ逆で、特に過去を振り向いて仕事をするタイプではないが、結果的には我国が培ってきた環境の技術を巧みに取り入れることに成功したようだ。

環境時代の建築はつとめてパッシブな技術を求めなければならない。エネルギー消費をできるだけ抑え、環境に対する負荷を最小限にするということである。その意味で、屋内テニス場は多くのパッシブ技術を導入し、公共建築としてそのモデルを提供している。草屋根によって断熱効率を上げ、太陽電池を用い、換気も温度によって空気の重量が異なることを利用した自然換気システムを導入した。大空間であることを利用して、熱と空気の流れをコントロールするわけである。テニスコートを利用する人たちは、地表面に沿って設けられた出入口から入出場し、施設内のコートに散って行く。大空間の中の小空間としてロッカールームやシャワールームが設けられ、屋内のランドスケープができあがることになる。全体のデザインは華美を慎み、きわめてニュートラルである。

遠藤秀平は、この防災施設のデザインを通して、新たな公共建築の手がかりを示してみせた。本来は倉庫であってもよい防災拠点に日常の機能を与え、市民公園としての務めを果たす。しかし、ある確率で迎えることが予測される非常時の備えを確保し、その空間のあるべき姿を設計の基本に乗せたということである。望むらくは、この次には我国にはまだ存在しない核シェルターの計画と設計をぜひとも行ってもらいたい。

初出：BEANS DOME Slowtecture M Project 2007

3.11東日本大地震直後から救援物資の集配拠点として活用された（2011.3.24）

左：三宅理一氏、右：遠藤　京都にて（2022）

台湾国際コンペ

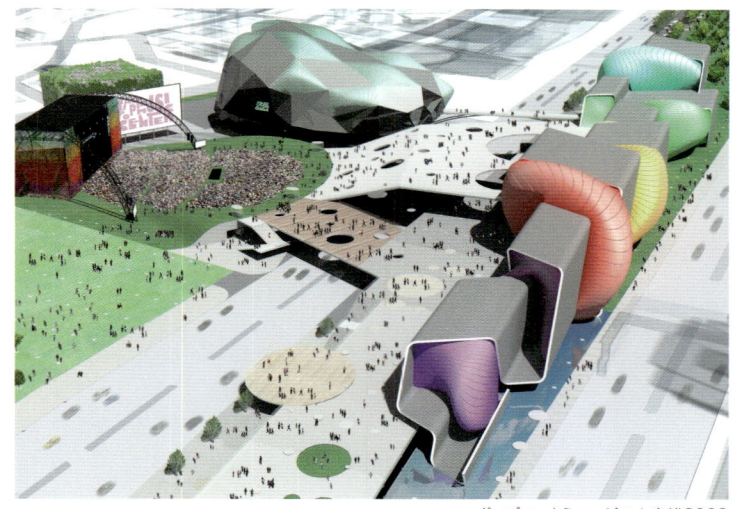

ポップアートミュージアム高雄2009

客家ミュージアム2004ファイナリスト

ミュージアム高雄2006

新竹防疫センター2008ファイナリスト

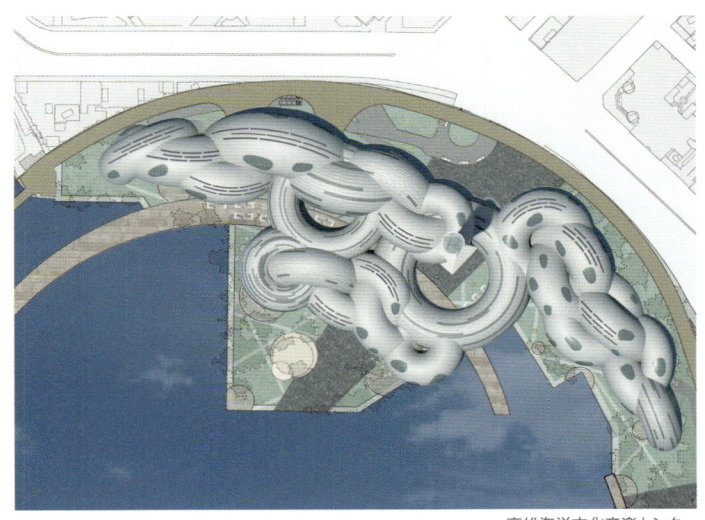

高雄海洋文化音楽センター

複合機能化された巨大屋内空間

この巨大な空間は、防災上の目的をもって計画された。災害時の救援活動に必要とされるもののひとつに、緊急時に起こる想定内外の活動を可能とする大きな空間がある。兵庫県においては阪神淡路大震災の経験からさまざまな災害に対する準備がなされてきた。この建築の敷地も災害時の緊急活動の拠点「兵庫県三木総合防災公園」として整備されている。また、日常において大きな屋外空間を有効に活用するために運動機能との複合化が図られており、屋内テニス場とすることが当初からの条件であった。

1,500席のセンターコートを含め、9面のテニスコートを覆う空間が一望に見渡せることが求められた。多くの客席を有する建築には法的にさまざまな制約が課せられることは周知であると思うが、空間全体を遮らないことには、多くの困難が立ちはだかることとなった。この制約を克服する策として、センターコートを地面下に下げることを手段とした。そして巨大な空間を確保するために、金属の立体トラスにより必要空間を覆った。日常はテニスコートであるが、災害非常時には輸送トラックなどが屋内を走り回り、救援物資や救援隊のためのテントが張られる。屋内空間ではあるが屋外としての規模と利用ができる。このため、トラックが出入り可能な大きな開口部を東西に4カ所、これ以外に鉄筋コンクリート構造との複合によるエントランスドームとバックヤードのための開口部を設定した。

外壁による室内環境コントロール

連続する屋根・壁にはスギ・ヒノキの樹皮を混合した人工土壌による緑化を設定している。最大傾斜で70度の傾斜壁面に10種ほどの植物の種子を混ぜた土壌を吹き付けている。吹き付け当初は真っ黒な土の状態であったが、半年を経て植物が生育する状態となっている。この緑化によって、大空間には合理性を欠く人工空調に代わり、利用者の活動領域に必要な断熱効果を与えている。南面では約20mの高さまで覆うが、直射日光の少ない北面では約4mに設定している。この植栽による断熱効果は大きく、未利用時ではあるが外気温40℃近くの盛夏に内気温は約30℃であった。また、大きな内部空間では日中においても人工照明を必要とするが、ここでは極力消費電力を抑えるために大きなトップライトを3カ所設定し、必要な明るさを確保している。当然直射日光による温度上昇があるため遮蔽シール貼りとし、トップライトの周囲に重力換気のためのガラリ開口部を設けている。

必要を具体化する

この建築は複合用途であるが、機能はきわめて単純であり、求められる必要を即物的に具体化することに努めた。敷地の一部が斜面の造成地であることによる構造的な安定性と、バックヤードの活動空地確保が求められることから、非対称の平面形状が必然的に選択された。そして、この非対称性を規則性の高いシステムトラスにより連続化させている。これらの選択は、建築を構想する時に陥りがちな歴史的憧れや理想を形にすることではなく、求められる必要を最大限に具体化すること、活動を妨げることのない自由度を求めることであり、この建築の動機である。また、地球環境の変化と自然の脅威に直面する現在の必然でもある。

初出：新建築 2007-11

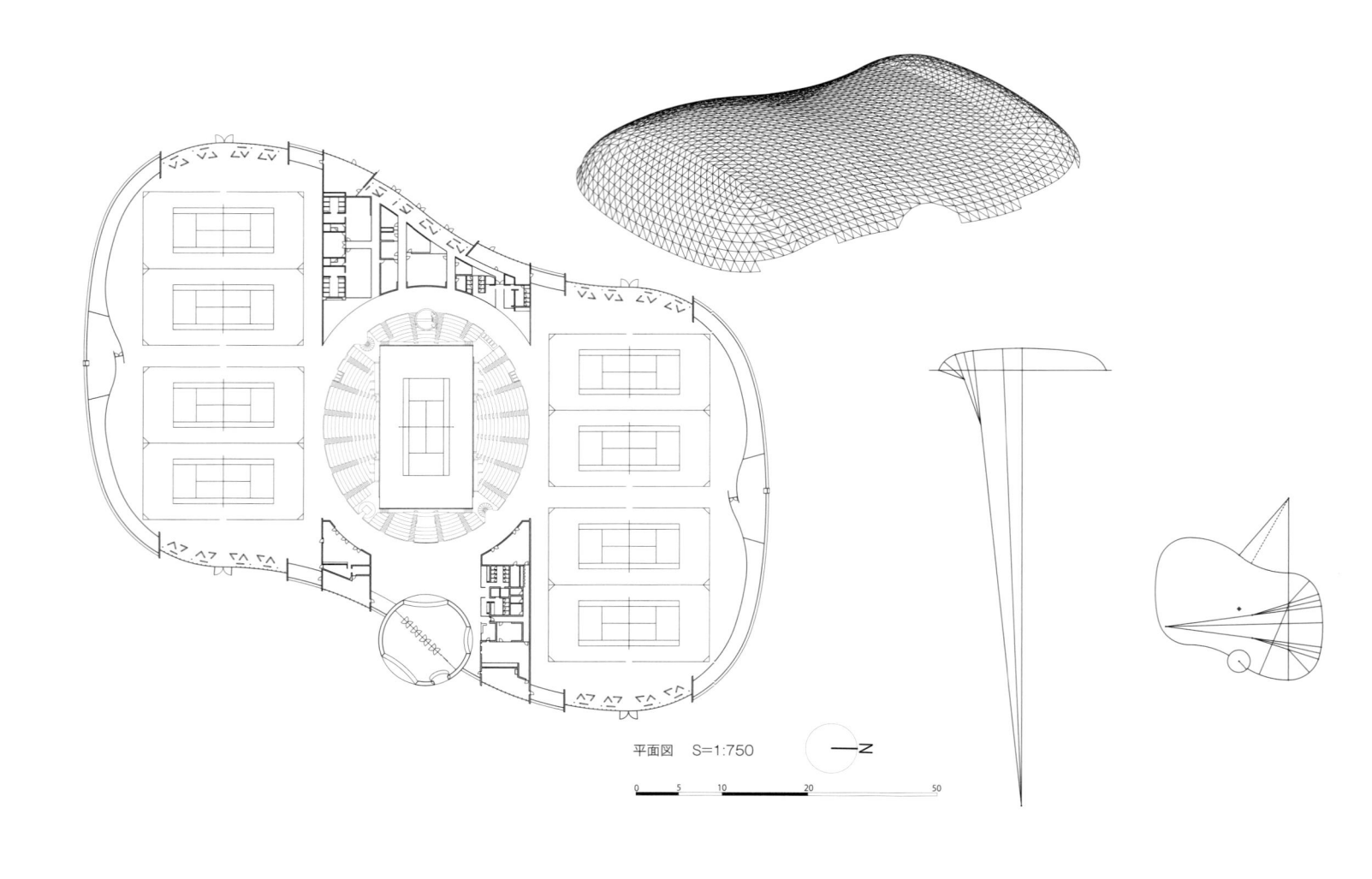

平面図　S=1:750

0　5　10　　20　　　　　　50

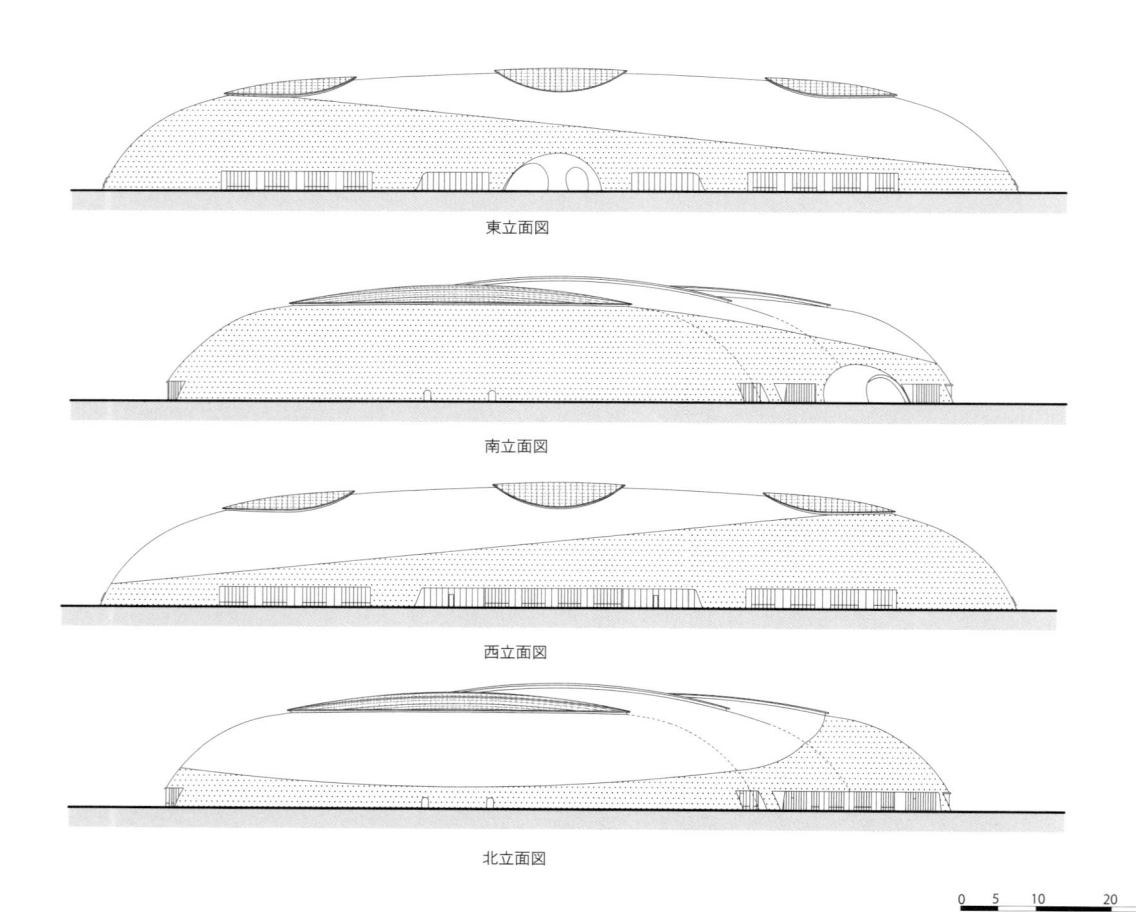

東立面図

南立面図

西立面図

北立面図

立面図　S=1:1000

0　5　10　　20　　　　　　50

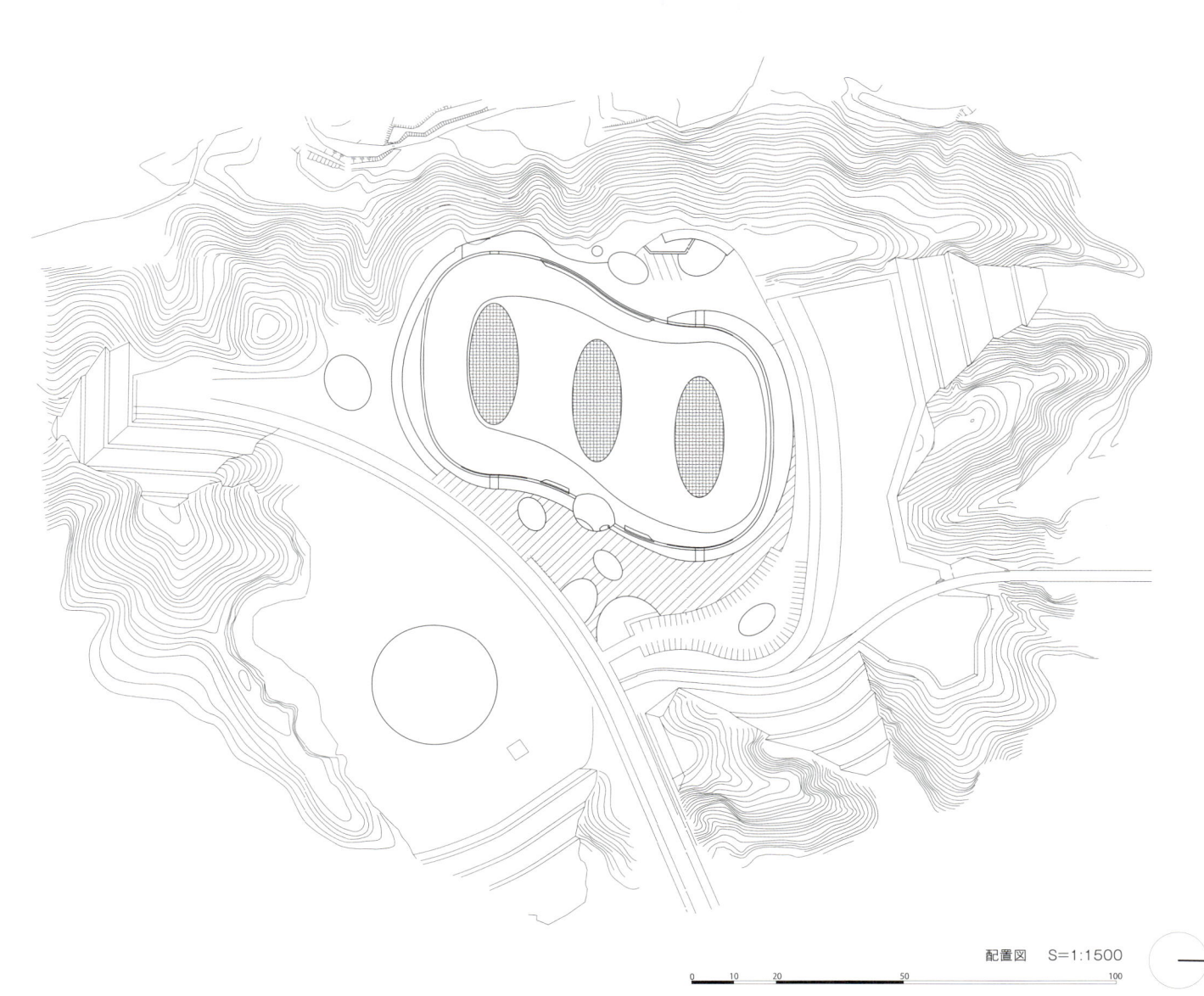

配置図　S=1:1500

0　10　20　　　50　　　　　　100

N

工事中写真

広島新球場 2006

広島市内に位置する球場を広島駅近くへ新設するコンペ応募案である。1次審査の結果5社がファイナリストとして指名され、公開プレゼンテーションを行った。計画では開放性が高く、ボールパークとしていつでも楽しく訪れることができる導線計画とした。

近接して走る新幹線からも球場内部の様子を感じられるようスタンドを低い設定とした。また、巨大な構造物で支えることになりがちなスタンドの中間層を開放することで上部のスタンドに浮遊感を設定した。

初出：5-1Design peak（EQUAL BOOKS）2023

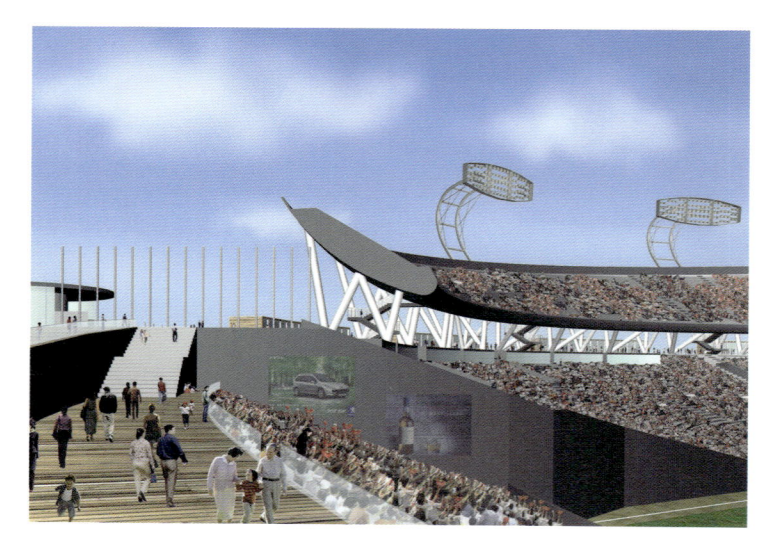

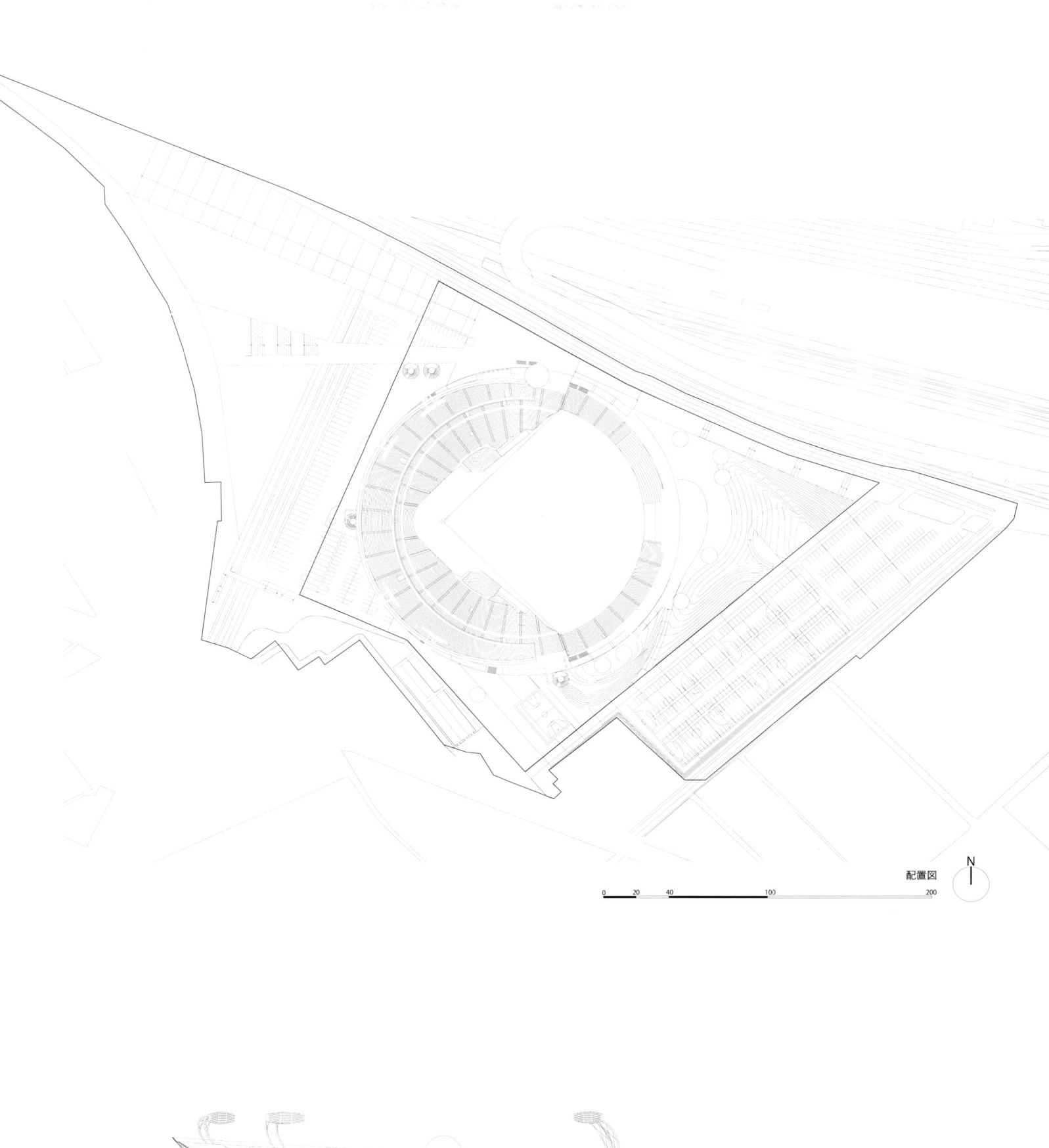

配置図

0 20 40 100 200

N

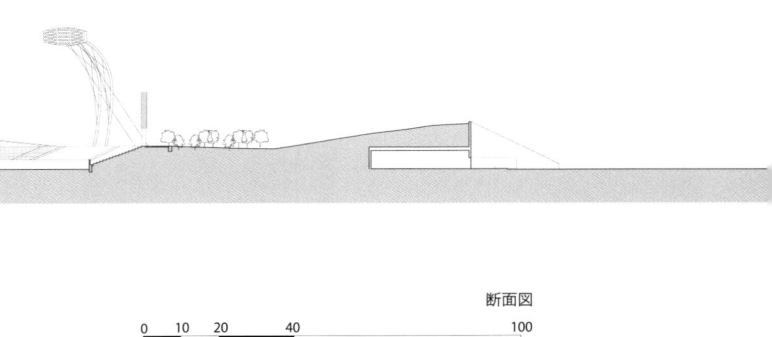

断面図

0 10 20 40 100

台中オペラハウス 2005

台湾の台中市に計画されたオペラハウスのコンペ応募案である。
1次審査の結果、5組（遠藤のほかは、ザハ・ハディド、クラウス＆カーン、リン、伊東豊雄、張乗均）がファイナリストに指名された。
計画では大ホールと中ホールを連続する屋根により一体化する設定とした。
大ホールを囲いとる大きな屋根を切り取り、その部分を反転することで

小ホールの空間と構造を包含させている。
台中市の中心部のあまり大きくはない敷地に対して、大中小からなる3つのホールを前提とする条件であったが、これらの必要なボリュームを設定しながら極力大きく感じさせないことを目的とした。

初出：Documenti di architettura 190 2013（Electa architettura）

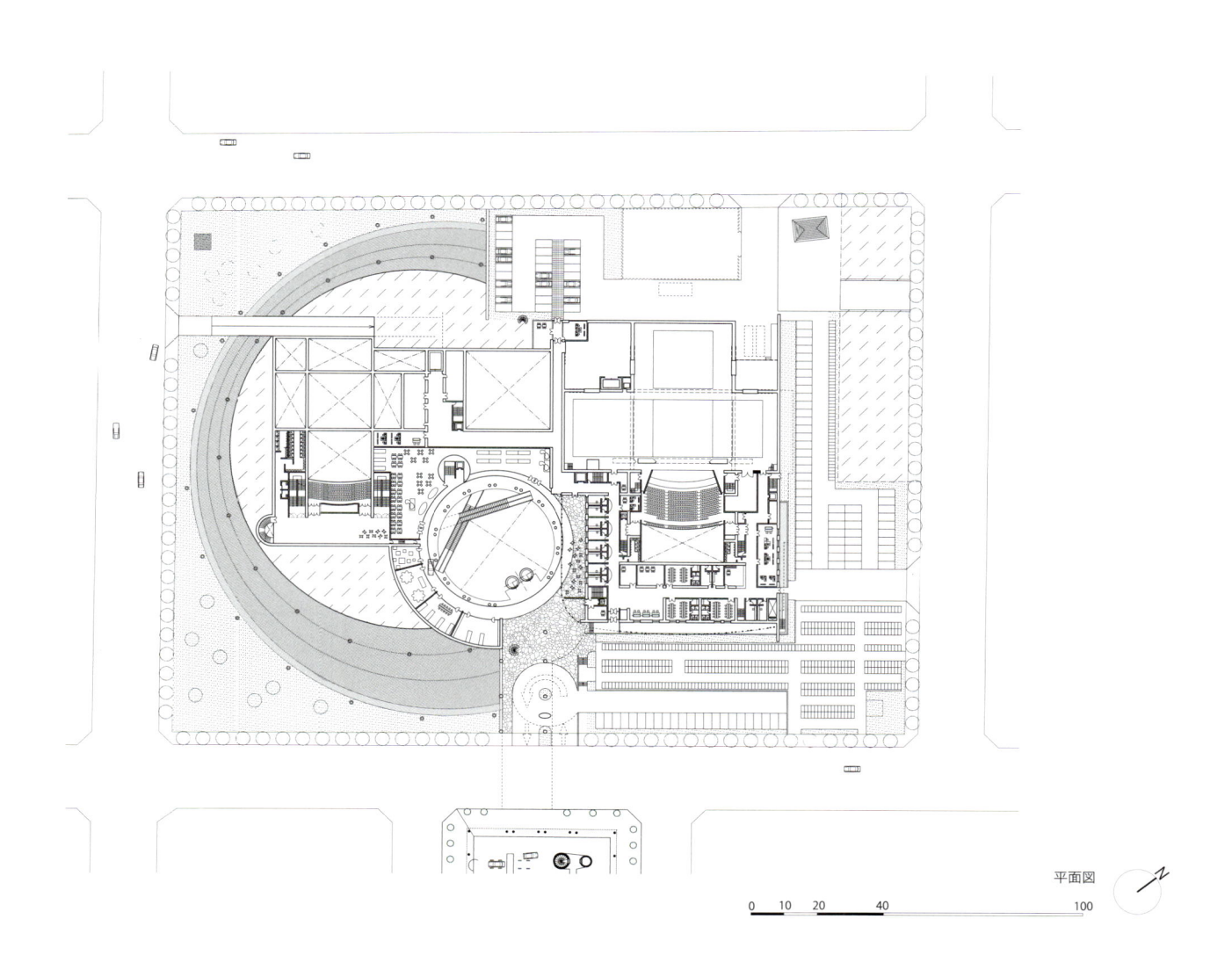

平面図

0　10　20　　40　　　　　　　　　　100

Adaptability to Architectural Volume

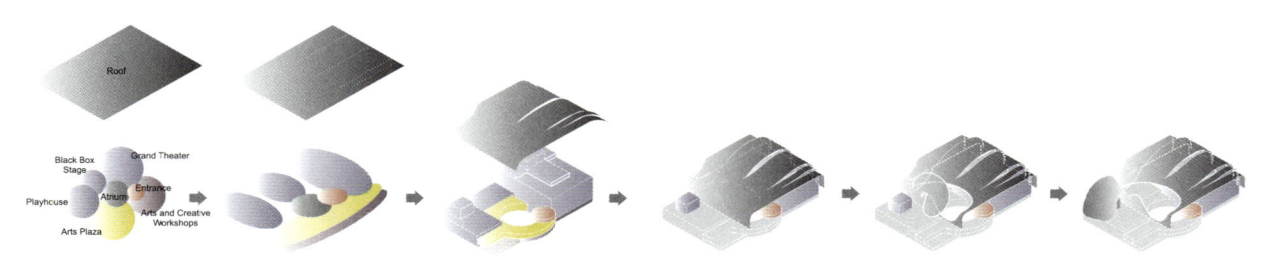

Roof

Black Box Stage　Grand Theater

Playhcuse　Atrium　Entrance

Arts Plaza　Arts and Creative Workshops

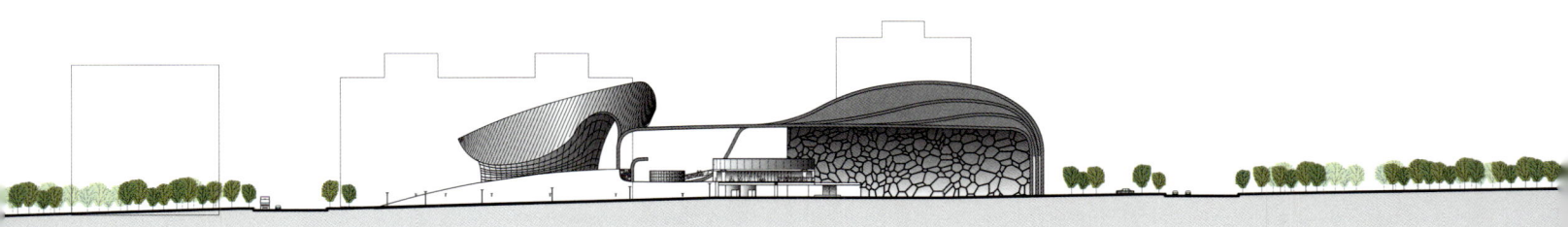

東立面図

0　10　20　　40　　　　　　　　　　100

対談

遠藤秀平 × フレデリック・ミゲルー

現状評価：遠藤秀平の位置

フレデリック・ミゲルー（以下F.M.）：私が遠藤さんの仕事を知るようになったのは1997年のことです。それまでに大きな2つのプロジェクトを実現されていたと思います。それからすでに10年の月日が流れました。日本の建築事情も多少は変化しましたし、国際状況は大きく進化したと言えます。探求と実績を積む段階にあった若き遠藤秀平が、今日では確固たる位置を確立した建築家になったわけです。今日の日本建築事情を踏まえて、遠藤秀平の日本における位置をどのように捉えられていますか。個人的にどのような考え・印象を抱いていらっしゃるでしょうか。安藤忠雄、構造ミニマリスト、メタボリストの流れに沿う建築家たち、黒川、磯崎など80年代の日本建築を代表していた人たちに比べて、今日の日本建築界において、どのような立場で建築美学を捉えていらっしゃるのでしょうか。若い世代の位置付けをお聞かせください。

遠藤秀平（以下S.E.）：安藤、黒川、磯崎といった人たちは一元的な世界観を信じてきた日本のバブル経済崩壊以前の世代の建築家です。日本は歴史的に中国やヨーロッパの建築を学び、それを導入してきました。それに対して現在の多元的世界観に生きるポストバブル世代の建築家は独自の立場をとっています。そのような日本において建築活動の場として仕事をしている世代でありそれらに属すると考えています。

F.M.：国際的な影響もあると思いますし、今日の方がより自由で独立していると考えてもよいでしょうか。

S.E.：今日ではより自由で歴史的価値観の拘束力の弱い場所として日本を活動の場として強く意識しています。これは文化の流入を文の側面だけに限定し活用してきた背景が大きく影響していると考えています。日本においては列島外の価値観の導入による多様化が2千年以上の長さで継続的に行われてきました。グローバリゼーションの現象をいち早く実現してきたと言えるかもしれません。

F.M.：日本の近代建築史上特記すべき時期を挙げるとすれば、ブルーノ・タウト（Bruno Taut）をはじめとする建築家に影響を受けた第一世代があり、戦後は完全にル・コルビュジエの建築影響下に入り、ブリュタリストの理解が広がり、丹下、竹山、坂倉らに大きな影響を与えました。大阪万博の後、日本建築はとくにメディアの影響を受け、ポスト・モダン、地方主義、ミニマリズムといった国際的運動へと具現化されていきます。遠藤さんが現在その中にいらっしゃる建築の流れはどのような時期と定義できるでしょうか。

S.E.：現在もル・コルビュジエ、ライト（Frank Lloyd Wright）、カーン（Louis. I. Kahn）の流れを受け継ぐ建築家がいて、彼らの作品を信奉し愛しています。

F.M.：今でも影響力があるのですか。

S.E.：建築の具体化ではなく政治的な意味において影響力があると言えます。でも我々の世代はそこからは遠く離れていると思います。またクールハースやジャン・ヌーヴェも当然大きな影響を持っていますが、モダニズムの建築家たちが日本に紹介された当時の状況とは関心の重要度が異なっています。また若い建築家達は多様な状況に翻弄され、当惑の果てに安心できるミニマリズムに身を浸し閉鎖的な快楽を楽しんでいる傾向もあります。しかし、現在の日本建築は再生の時期に来ていると思います。あらゆる傾向が混じりあった状況で、それらが多元的に存在し中心性やヒエラルキーを持たない関係のうちに成り立つ可能性を探し求めています。

F.M.：日本建築を語る上で見逃してならない時期があります。海外の現代建築家たちと関係を結んでいた人たちがいます。ル・コルビュジエと仕事をしていた坂倉がそうです。「アーキグラム」（Archigram）のようにメタボリストたちと関係を持っていた急進的建築家たち、あるいはポスト・モダンや新・地方主義の影響を受けていた建築たちです。私が遠藤さんと出会ったのは「アルシラブ」（Archilab／オルレアン）でした。国際的に活躍する若い世代の建築家たちと一緒でした。遠藤さんはこれまでとは違った建築生産のあり方を経済面から検討されており、それは別の若い建築家グループの関心事でもありました。レム・クールハース（Rem Koolhaas）に続いて、グローバリゼーションという視点から建築を実施することを課題にされていたと思います。言語の特異性の問題、地方文化・国民文化の特異性の問題が新たに問われていました。遠藤さんが鋼板を使用される理由は基本的に組み立てが簡単であることで、「ロー・テク」建築を肯定しているように思われます。言語を単純化する意図とあらゆる形式主義を否定することに対応しています。レム・クールハースだけでなく、フランスではドミニク・ペロー（Dominique Perrault）らに共通することだと思います。若いオランダ建築家グループ（West 8, NL architects）、スペインのActar、フランスでは Lacaton & Vassal などは同じ目的で集まったグループです。日本の建築家として、遠藤さんは国際的な環境と関係を持ち、独自の実践をされているのでしょうか。

S.E.：我々は今日グローバル社会に生き、情報も人も自由に行き来しています。国際交流は不可欠ですし、「アルシラブ」などを通して行うことができます。しかし、様々な交流がすべてを生み出すのではなく、そこに新たな可能性を追究する事が重要です。時代として同じ問題を共有することの確認と違いを認識する事です。私はローテクを肯定する目的で工業製品（コルゲート鋼板）を選択しているものではなく、権威主義に表される排除構造を逃れたいと考えているからです。しかし、モダニズムにより実験された多くのことを否定しようとは考えていません。そこには貴重な成果が多く実現されましたが、現在にいたる経緯のなかで狭小なカテゴリーに封じ込められてしまったと考えます。私はモダニズム、あるいは歴史的にも探求されてきた抽象化行為に重要性を見いだしています。この建築のムーブメントのなかで主要な取り組みとしてみることのできる形と空間の抽象化は、私が問題とする排除構造を克服するヒントをしています。このヒントとともに日本の背景を意識しながら新たな提案を模索してきました。そのことは関係の均質化、連続性による抽象化です。私の理解では身体的抽象化が日本の歴史的開放性が獲得した特質であり、西欧に深められてきた視覚的抽象化と身体的抽象化の融合が、排除構造を克服する建築の可能性を示すものです。そして、日本に特徴的にみられたこの抽象化現象はインターネットと人的交流によりグローバルな現象として世界的に広がりと認識をもたらしつつあると言えます。

F.M.：私が遠藤さんの仕事でとくに興味を持って、新世代の国際

的建築家にも共通していると思う点があります。それは、遠藤さんの建築は介入する建築であるということです。様々な企画に興味を持ち、再構成を試みていらっしゃいます。常に建築現場を再定義し、伝統体系を編集しようとされています。建設の面だけでなく、法的・行政的にも言えることです。新たな建築のあり方、現実実用主義ということを実践されているように思います。

S.E.：あらゆるレベルで介入あるいはオルタナティブとしての提案をせざるを得ません。法的解釈、社会システムへの提案、建築を取巻く人間関係や場所への関与があります。今日、こうした介入なしでの建築は考えられません。外界との関与は積極的に行うようにしています。状況に連続性を導入する事が新たな関係を生み出すものと考えています。これは必然的に様々な提案を生み出して行きます。提案が目的ではなく結果であるのです。

F.M.：遠藤さんは駐輪場のようにごく小さなプロジェクトにも着手されています。どのようなプロジェクトでも分け隔てなく取り組んでいるという意味で、介入、および現実実用主義として「プラグマティズム」の建築という言葉を使いました。

S.E.：私にとって建築は抽象的コンセプトや個人の審美感を表現する手段ではありません。プロジェクトを実現することによって、そこに生きる人々、利用する人々にひとつの解決策を提供し、変化を与えることができるのが建築だと考えています。この変化こそが新たな抽象化であると考えます。現代の建築の可能性は表現する事ではなく、変化を生み出す事です。

伝統と現代性

F.M.：現代西洋建築と日本文化の歴史的関係をどのように理解されていますか。日本文化は現代人の準拠であると同時に、現代建築家たちの提案を受け入れてきた器でもあります。国際建築は日本の伝統、とりわけ19世紀のジャポニスムを大いに活用してきました。ライト、マッキントッシュ、グロピウス、タウト、レイモンドたちは現代建築の源を日本文化に求めています。内と外の躍動的な関係に基づく開かれた構成を持ったモジュール割りの柔軟性ある建築、それが現代化が自らに適合した原則だったと言えます。歴史と現代性の間にあるこの緊張関係によって、日本は特殊な形で現代建築史のさまざまな側面を制御してきました。現代建築の設立においても、危機のときもです。テクノロジーはメタボリズムもポスト・モダニズムも、日本の伝統的建築に直接源を求めているように見えるミニマリズムも批判しています。日本の建築家はたえず海外の現代化と向かい合って自分のポジションをとっています。これに対して、一世紀以上前から国際建築は日本の伝統建築にたえず立ち戻ろうとしています。この相互関係を遠藤さんはどのように解釈されていますか。

S.E.：この質問で注意すべきは、ヨーロッパが日本文化を形式的源泉として利用したのは、そのことで現代建築を肯定するためでした。これに対して、日本人が西洋のモダニズムを利用したのはそこに新しいものを見出したからです。これはまったく異なる立場です。西洋の国際建築はその背後に古代エジプトや古代ローマから続く歴史的重圧を持っていました。この重圧に対する反発が国際建築のエネルギーの原点ですが、そこに補助エネルギーとして日本の伝統建築のイメージを挿入したのでしょう。しかし、意識化され

なくとも当時の西洋の建築家たちは日本の伝統空間が有する身体的抽象化がさししめす非排除性を感じていたのかもしれません。また、日本における明治以降の国際建築を導入した建築家の意識もまた、西洋の実験に開放性を感じ新たな可能性を信じたのでしょう。これら両者には抽象化と自由への希求が根底にあり、背景と地理的政治的状況を異にしながら共有していたと言えるでしょう。

F.M.：現代化と伝統の融合を象徴する建築家を挙げるとすれば、ブルーノ・タウトがおり「日本家屋と生活」（Houses and People from Japan 1937）を出版しています。また、吉田鉄郎の名前も挙げることができます。1935年に「日本住宅」（die Japanishe Wohnaus）を書いています。吉田の文章は1955年MoMaで開催された「日本家屋展」を企画したアーサー・ドレクスラーに大きな影響を与えました。日本建築の審美感を、カリフォルニアの家屋、リチャード・ノイトラ、ミース、フィリップ・ジョンソンのガラスの家屋と関連付ける試みが行われました。建築史においてこのような日本の特異性がさまざまな形で要求されてきたわけですが、遠藤さん自身はどのような立場をとられているのでしょうか。

S.E.：先にもふれた部分ですがこれら異なる文化における時代の共通点を認識する時がきたと思います。これまでは表層的な運用に関心が向いていましたが、現代の状況から当時の背後にある原因を理解することができます。そして、これらの延長上に現代があります。私が可能性を強く感じるのは抽象化行為をより理解する事です。建築において空間や形そして内部と外部の関係などにおける抽象化つまり排除構造の克服です。私は日常日本において活動し日本に建てるための建築に取り組んでいますが、関心は西洋やイスラムそしてインド等で取り組まれてきた抽象への営み、それと日本で発見する事のできる抽象行為との融合を試みたいと考えてます。そのためにはいつも日本やヨーロッパや他の国々に関心を持ち続けています。西洋のモダニズムの有効な点を取り入れて、日本伝統の肯定的な利点と融合できればと考えます。現在の日本建築史のなかで私がとても大切なことだと思っている点でもあります。

F.M.：日本建築の建設原理では、基本的に木造建築で、仕切り壁を兼ねる可動する紙が区切りの役割を果たしています。遠藤さんは区切りをなくすことを強調されていますが、空間の役割を再分担する帯状の連続体は移動する壁と対立しないでしょうか。

S.E.：これは対立するものではありません。なぜなら可動する壁が問題となるのは視覚的閉鎖性を有するからで、可動には身体的開放性が保証されます。ただし、その可動区切りのあり方は慎重に検討される必要があります。歴史的には日本建築は区切りを消すという特徴があり、空間における連続性という役割を強調していると思います。これに対して西洋の近代建築は空間を捉え、視覚化し、抽象化することに優れています。

F.M.：遠藤さんは伝統要素を利用されていますが、ほとんど構造主義的といえる理論に基づいているように思えます。意味論の要素という意味です。建築材という要素より、その利用目的と実践を定義する文化的価値観を優先させていらっしゃいます。遠藤さんが介入する状況に従って的確な要素を選んで仕事をされています。建築伝統の要素を構造主義的な視点で変形させていると言えないでしょうか。

S.E.：「日本の伝統の要素を構造化する」というのは、極めて西洋

的な表現です。要素を構造化するというよりは、関係付けています。新たな連続性の領域で相互関係を変えることを目指しています。関係性の抽象化と呼んでいるものです。

F.M.：ダイナミックな関係、遠藤さんの建築を利用する人たちによって原則が再起動されるのですね。例えば、隈研吾は伝統回帰を掲げる建築家ですが、形式的外観や建物の基準となる美意識よりは、日本建築における基本的精神性、真の精神体系に根ざしていると思います。

S.E.：日本全体に広がっているミニマリズム嗜好は往々にして表面的です。私の建築は、形式的に陥っている日本のミニマリズムよりはるかにミニマルで強度の高い建築だと考えています。

形式と概念

F.M.：遠藤さんは空間に対する2つの概念を対立させていらっしゃいます。形を抽象化することによる西洋的概念と総合的視覚化による東洋建築、そして躍動的な関係性の抽象化に整理される日本の建築概念です。私にとって遠藤さんの仕事は、ミニマリズムへの後退ではなく、建築における真の形式「還元化」作業のように見えます。あらゆる形式主義を超えて、建築概念の体系を変えるものであり、さまざまな違いや対立を緩和した単純化されたプリミティブな要素への回帰ともいえると思いますが、どのようにこの回帰を理解したらよいのでしょうか。あえて言うなら「要素還元化」を無効化したい。

S.E.：西洋建築と東洋建築の2つはいつも考慮しています。私にとって西洋建築は抽象化つまり視覚的抽象化に代表され、日本建築は連続性のつまり身体的抽象化が特質です（という概念肯定を意味します）。私はたえずこの2つの交点を探ることで自分の建築を考えています。

F.M.：遠藤さんのこれまでの展開は、建築のあらゆる要素を単純化し同質化する意図で進められてきたと思います。つまり、伝統的な建築が要求していた床―天井、開口部―閉鎖部といった対立です。こうした対立要素や差異を消すということをどのように理解していらっしゃいますか。

S.E.：対立が強くなればなるほど要素は具象化します。対立は個人間のみならず、民族や国家間の衝突を生む危険性があります。他を排除する要素を消し去ることです。しかし、それは一つの価値観を押し付けることではありません。私の理想は多様性を受け入れる調和を確立することであり、二律背反する対立要素を排除したいと思います。

F.M.：つまり、関係性の建築、相互関連の建築ということですね。

S.E.：そうです。私は取り込む可能性を持った建築、関係付ける建築、交換のダイナミズムを喚起する建築を具体化したいと考えています。

F.M.：遠藤さんの建築は土地に結びついていること、強い位相空間を持っていることが一目見ただけですぐに分かります。遠藤さんの建設物は帯状に広がり、地面に放射し、一体となるように見えます。先ほど強調されていた連続性の動きやイメージによる建築がはっきりと目に見える形で表現されています。動きと流出に価値をあたえるあなたの建築は、土地に名前を刻み、創立を刻むという伝統的考えに属するのではないでしょうか。自由な空間、「自由なプラン」を押し付けようとした現代人の「タビュラ・ラサ（tabula

rasa）」や日本建築空間の可動性の代わりに、対話型で絶えず変更可能な再評価できる空間を採用されています。

S.E.：建築は一見自然と対極にあるように見えますが、日本においては自然と応答関係に価値を持つ人間の行為でもあると思います。西洋建築は形式によって直接的にアプローチできます。容量測定、容器、形を必要とし、抽象化を絶えず前提としています。西洋建築は空間・次元の広がりに価値を極めて有効な形で開拓してきました。日本の近代建築家たちは西洋建築を学び、利用しました。往々にして日本の価値観とは対立するものではありますが、西洋建築の価値を受け入れてきました。建築はしたがって非常に人工的なもの、自然と対立するものに見えました。しかしながら、日本という枠内にあっては、こうした自然と建築の関係を更新することはできると考えます。建築家としての私の同一性はこの相互関係にこそあります。空間の絶えざる両面性こそが、駐輪場や帯状の公衆トイレなど私の建築活動の指針となってきたものに他なりません。

F.M.：遠藤さんの「連続性」という考えは観念的であると同時に具体的・物質的な価値を持っています。視覚的に明白で、帯状に絡み合った建設要素が建築空間を物理的に管理しています。一般の人にとっても、利用者にとっても明白な建築によって開かれたダイナミックな建築という考えが生まれ、別の状況へと広がり、繋がっていくと思います。非常に小さなプログラム、公衆トイレやガレージ、住居に限定された空間、大規模の都市計画など最終的にプロジェクトの規模には一切区別をされていません。形式が内容と成り得ない遠藤さんの建築において、どのような限界または限定があるのでしょうか。

S.E.：確かにプロジェクトが大きくなればなるほど、帯状の一つの単純な構造体だけではさまざまな問題を解決することはできなくなります。その意味では各プロジェクトの周辺を取り巻く外的条件を考えなければなりません。

F.M.：限定・制限を受けるのは、社会的、経済的あるいは政治的規制ですか。

S.E.：いいえ。それだけではありません。まず機能性の問題があります。プロジェクトが大きくなるにつれて、多様性、特別な機能性といった要求が強くなります。帯状の構造体だけではそうした需要に応えることができません。プロジェクトによって仕事の枠組みが決まります。大きなプログラムで帯状の構造体を前提としていますが、連続性の原理を中断せざるを得ないこともあり、その場合、別の構造体として泡状の構造体を設定しています。

F.M.：遠藤さんは「漂白による連続性」という表現を使われています。これは「何かを消す」という考えに基づいていると思います。遠藤さんにとって消し去るべき要素とは何でしょうか。建築言語のうえで過剰と思われるものはどんな要素でしょうか。また、還元作業である「漂白」は遠藤さんにとってどのような目的をもっているのでしょうか。

S.E.：私が「漂白」という言葉を使ったのは、建築の流派によってあらかじめ用意されている今日の建築傾向を批判する目的です。原理・原則や抽象化から生まれた価値観によって建築を定義するのではなく、統辞的・原理的価値観は消したいと思っています。単に「形式の漂白化」を先験的に拒否しようというのではありません。絶対無二という一義性を拒否しているだけなのです。建築における価値の多様性を取り戻し、取り込んでいきたいと考えています。

ひとつの絶対的な形式を押し付けようとすると排除の原理が生まれ、他の論理や他の位相を排除し、排他的なひとつの流派や「…主義」に陥ってしまう危険性があります。私が「漂白」したいと思ったのはこの排他の要素です。あらゆる独断論を回避するために形式の前提を撤去したいと考えました。

F.M. ：とはいえ、ポスト・モダンの人々にとって、日本の都市は異質性・複雑性の象徴であり、複雑に絡み合った歴史のイメージを備えています。多くの歴史家にとって、絶えざる変化と様式の異質性は、グローバル化された世界を代表するポスト・モダンの街の象徴として日本都市の典型を形成していると判断されています。こうした状況の中で、連続性、単純化、均質化を進める遠藤さんの建築はどのように位置付け、同化されると考えられるでしょうか。批判的役割があるのでしょうか。

S.E. ：さきほど「形式と概念」の話をしましたが、私にとって形式は結果であり、決して公準ではありません。日本の都市は単にポスト・モダンだけではないと思います。抽象的なグローバル計画によってできた都市ではありません。三形割引の結果としてできた街です。結果だけが都市の生体内体系としてプロジェクトを支えているのです。西洋の都市に比べると順序が逆転しています。あらかじめ与えられた結果が支配しています。こうした日本文化の只中にあって、私は建築家として進化する開かれた形式、建築の状況に応じて変化する形式を定義しようとしています。

F.M. ：遠藤さんが「連続性」の決定的な働きを主張されるとき、そこには同化という価値観、異なる要素を排除し均質化する許容能力を与えられています。とはいえ、帯状のイメージで表現されている連続性は他方で区切ることと配置することの効果を生み出しています。帯状の構造体は空間を区切り、配置を組織し、方向を定め、規定します。帯は壁ではありませんが、配置と構成の役割を絶えず果たしています。この矛盾をどのように理解したらよいでしょうか。

S.E. ：もちろん機能性の必要から独立した要素、区切られた要素はあります。連続性の理論だけで100％空間を定めることはできませんが、連続性が絶えず主導的論理であることに変わりはありません。

F.M. ：遠藤さんは日本が列島であるという特殊性を海洋文化による多元的に決定された空間理解に重ねて言及されることがよくあります。遠藤さんの建築は開かれた建築として認められていますが、多様性の変化という体系をどのように評価されますか。

S.E. ：私にとって多様性と変化は決定的な前提と言えます。私の建築は内的形態形成の許容と絶えず変化する形を持った、変化と多様性の建築でありたいと思っています。そして、それ以上に開かれた文化の建築、他の価値観も取り入れることのできる建築、特異性を常に再構成する建築でありたいと考えます。先ほど申し上げましたように、日本はそれぞれの時代を通して海外のさまざまな情報を受け入れ、それを日本のアイデンティティとして糧にしました。日本の特異性を語るときこの歴史を抜きにしては語れませんし、私の建築もこの開化のダイナミズムに属していると思います。

建設原理

F.M. ：近代建築は建築言語を柱、梁、仕切り壁といった単純な要素に還元し、建設技術をより合理的にしました。遠藤さんもそれに類した道に従っていらっしゃるように見えます。もちろんそれはコル

ゲート鋼板といった建築生産コストと手段の選択においてという意味です。コストを抑えるという選択は遠藤さんの仕事上の原則を肯定していると考えてもよいでしょうか。

S.E. ：建築家としての私の仕事は、概念形成全体の一致、つまり構成と構造の一致を探求することに基づいています。構成は概念であり、諸要素を秩序立て、プロジェクトをあらかじめシミュレーションすることを可能にします。これに対して物理的構造のみが建築を具体化します。構成と構造の2つを切り離して考えることはできませんし、その中で構成の選択を具体化する統合技術によって、コルゲート鋼板といった建材の選択が一つの指針を与えてくれます。私にとって構造が構成と一致していることはとても重要なことです。これに対して、例えばフランク・ゲーリーの建築は私の建築の対極にあると言えます。彼の建築はまず形式的構成があり、次に全体の形を描く建材で空間全体の役割分配を行っているのです。

F.M. ：遠藤さんの建築の基礎となっているこの構造は、工業的戦略や生産の手段によく表れていると思います。

S.E. ：工業製品を建材に導入したのは、それらが建築サイズの体系に対応しているからです。公衆トイレや駐輪場といった小さなプロジェクトの場合、それが100年残る必要はありません。この種の建築に多額の投資をする必要はないと思いますし、材料の選択は用途やプログラムの社会的役割に対応した合理的なものでなければなりません。その理由でコルゲート鋼板を選びました。プロジェクトの規模によって、あるいは経済的な点から、私が適当だと判断すればコンクリートやプラスチックを選ぶこともあります。

F.M. ：抽象的な言語に対して距離をとることによって、遠藤さんの建築材料生産と技術という生産手段をよりよく統御されているように思います。遠藤さん専用に材料を用意する工場があって、組み立ての特殊な方法を調整されているのですか。

S.E. ：でも特殊なオーダーではありません。コルゲート鋼板はいたるところで製品化されています。標準は四角ですが、それをひし形にすることもありました。最終的な形をつくる際のねじりを考慮してのことです。コスト的には安い。建築材料としてはごくありふれたものを使っています。これらの工業製品に創造性を与えるのが、私の設定と建物の最終的外観と空間と言えます。

F.M. ：ここで「ローテク」の話に移ってもいいですか。

S.E. ：コルゲート鋼板の使用は確かに「ローテク」建築に見えるかもしれません。しかし、建築構造の分析、概念形成、それに続く組み立て方、全体像のデジタル化においては「ハイテク」の領域に属しています。私にとってこの2つを区別することにあまり意味はありません。大切なのは、安い材料の外観というのではなく、統合という意味で建設のグローバルな体系をつくることです。

F.M. ：遠藤さんの位相理解と建築空間には一種の対立があるのではないでしょうか。デジタル表現や工学計算の使用と、最終的に簡潔な組み立てによる作品の単純化にある対立点です。

S.E. ：ある意味で私の建築はその対立的二面性を意識的に企てています。

F.M. ：遠藤さんは永遠性とか永続性、さらには建築自体の真髄と結びついている建築のモニュメント化を拒否されているように見えます。遠藤さんの建物は時代の移り行く人間的広がりを持っていると思います。時間と歴史のなかで遠藤さん自身の建築をどのように

とらえられていらっしゃいますか。

S.E. ：私は自分の建築が永遠でモニュメント化されることを願ってはいません。大切なのは私の仕事が時代の証人として後世に残ることです。かつては廃墟への崇拝があり、時の流れの中で建築の進展の証言をしてきました。今日の建築においてはそれはもう意味を持たないと思います。

遠藤秀平の文法

F.M. ：日本建築は空間の大きさを決める基本的要素を配置するという配置の建築で、これに対して西洋建築は構成の建築として生成されてきたと思います。建築は一つの言語体系で、統辞による構成であるという考えは西洋文化の特徴です。それを示しているのがウィトルウィウス（Vitruve）、アルベルティ（Alberti）デュラン（Durand）、ジュール・ガッド（Jules Guad）、オーギュスト・シュワジー（Auguste Choisy）の著書です。遠藤さんはコード化・秩序・命題に基づく建築言語という考えには批判的立場をとっていらっしゃると思います。しかし、遠藤さん自身も建築の秩序化、体系化の定義をされ、少なくとも6つの語彙を確立されています。「Springtecture」「Bubbletecture」「Rooftecture」「Halftecture」「Slowtecture」「Growtecture」がそうです。

S.E. ：日本建築が配置の建築で西洋建築が構成の建築であるという表現には私も同感です。私はこの2つの建築世界の欠点をよりよく理解すると同時に利点を引き出したいと考えています。理想は2つの建築の有効な点だけを抽出することです。確かにこの2つの建築は対極にありますが、対立する基本的要素をより理解したいと思っています。

F.M. ：遠藤さんのプロジェクトにおける範疇分けの必然性はどのように生まれたのですか。

S.E. ：鍵となる言葉は「パラモダン」です。プロジェクトを重ねるに従って、それを範疇化する考えが自然に浮かびました。屋根がプロジェクトを決定する要因となったときに「Rooftecture」という用語を創りました。内と外の連続性がもっとも重要な要素で、帯状の螺旋構造体を用いたときに「Springtecture」と名付けました。いくつかの異なる空間をひとつにまとめなければならなかったとき、泡状の構造体諸要素を関連付ける役目を果たしてくれるので、その全体を「Bubbletecture」と呼びました。ただし、どの場合にもまず最初に建築状況が要求する必要性がありました。それぞれの状況でプロジェクトが規定する条件や必要性から形を決め、その結果として用語が後をついてきました。

F.M. ：今日の時点では6つの範疇ですが、今後遠藤さんの仕事が進むにつれて範疇も進化し、数も増えていくのでしょうか。

S.E. ：今の段階ではまだ想像できません。もちろん範疇が拡がって私の建築言語が豊かになることを期待しています。

F.M. ：形式的な組織化ではなく、活動の発展に伴って、内的必要性によって決まるということですね。

S.E. ：はい、そのとおりです。

F.M. ：これと並行して、遠藤さんは日本建築の伝統的位相にも言及されています。伊勢神宮、依代、舟屋などについて言及されています。これらは、遠藤さんが求められている原則に対応する建築対象というよりは、ダイナミックで開かれた位相を歴史的に永続する例だと考えてよいでしょうか。

S.E. ：そうですね。これらは外界を排除せず、隔離をもたらさない建築・建設の歴史を示しています。私にとっては建築を考える上での公準であり、出発点なのです。先ほど「配置の建築」ということを話されましたが、それに近い概念だと思います。

F.M. ：ほぼ構造主義的なヴィジョンですね。この伝統文化への依拠の中で、例えば舟屋は複製すべき様式・原型ではありません。遠藤さんが直接的に惹かれているのは、基本的な機能性に対する空間構成の仕方にあるように思います。

S.E. ：そうですね。確かにそこには構造主義の原理、建設言語の基礎に横たわる内的理論、意味論の追究を見てとることができます。私が興味を持っているのは、舟屋の図面や外観よりも、能動的に舟屋を考えることを可能にしているダイナミックな内的要素なのです。つまり、社会的に共有された文化価値の超歴史的永続性をそこに見ることができるのです。

F.M. ：生きた論理、内的論理のダイナミズムを歴史的文化に見るということですね。

S.E. ：建築の「連続性」の源、あらゆるロマンチスムを超えた永続性をそこに見出すことができます。ポスト・モダンは硬直した歴史の形式に依拠し、能動的な伝統という考え方は過去への喚起として表されていません。状況を定義するパラメーターを最良の形で関連付ける内的構造、つまり建築プロジェクトを実現するための枠組みを再発見することが重要だと思います。この意味で、歴史的日本建築は私にとって原型となる実践スキームを提供してくれます。

F.M. ：意思と概念形成の間で方向付けられるこの緊張とこの喚起がプロジェクトをコントロールし、連綿体という日中書道に参照されるように一気にプロジェクトの空間構成を定義しています。建築概念を概念的な意思と形式的動作の単位との間の緊張関係として考えてよいでしょうか。遠藤さんの建築のエクリチュールをこのように理解してもよいでしょうか。

S.E. ：ですが他を排除する形ではありません。建築の動作から外れた純粋制御への回帰ではありません。私の仕事は沸騰している現実世界の只中で行われています。そこで参照すべきことは異なる質を備え複雑に絡み合ったものです。日本の現実とは、街の至るところに自動販売機があり、子供たちは「ポケモン」に熱中しています。私が伝統や過去の例に立ち戻るのは、私の建築実践を正当化するためではありません。これらが大切なのは、それが他を排除しないという考え方を図式化しているからです。それらが日本文化に対応しているからで、現代社会の複雑さと不自然さを排除しないからです。伝統的書道も自動販売機も現代に属しており、一緒に同化しなければならないと思います。さまざまに異なり相反する要素が共存している今日の日本を引き受け、仕事をしたいと思っています。

テクノロジーと実用主義

F.M. ：遠藤さんの建築は直接的な文脈からは離れたところで介入されているように思えます。「連続性」と「同化」という価値観をしっかりと肯定する位相言語という定言を有しています。反面、遠藤さんのプロジェクトは非常に実用主義的側面があります。非常に単純ですぐに受入れられる位相を持っています。この対立をどのように関連付けていらっしゃいますか。

S.E.：建築を語るとき、そのプロジェクトのグローバルな一貫性に注目する評論家や建築家がいます。しかし優先順位として、その建築物に住まい、機能性を日々利用している住人がいます。言い換えれば概念形成と経験です。私の建築はこの2つを表現しています。

F.M.：遠藤さんは、建築がそれ自身の言語内省領域に閉ざされてしまうことを否認されているように思います。建築のメタファー的側面を拒否されていらっしゃいます。

S.E.：私にとって建築は何かを表現するためのものではありません。社会的・経済的必然性があって、その要請に応えるものです。

F.M.：遠藤さんの仕事の仕方を見ていると、一種のレアリスム、戦後イタリア全土に起こった「hanˈste」の流れに近いものが刻印されているように思います。材料の使い方が直接的に用途や需要を決めるという社会的傾向で、「Team X」やアルド・ファン・アイクに近いレアリスムです。

S.E.：質問の答えになるかどうか分かりませんが、私にとって建築は現実とのかかわりによって成り立つものです。必要、物理的条件、予算、空間の大きさ、土地の広さ、社会的状況があります。建築はそれらを問うものではなく、要求に対して有効に応える道具であり、現実性のある解決策をもたらす道具だと考えます。

F.M.：有効な実用主義へ向けられた建築の肯定は遠藤さんが「パラモダン」とよばれていることに対応しているのでしょうか。

S.E.：「パラモダン」とは現実的・実用主義的建築であると同時に、バリエーションや様式の固まったエクリチュールを排除する許容性を持った建築です。一言でいえば、内的可変性ということです。

F.M.：遠藤さんの建築についての記事を読んだことがあります。グレッグ・リン（Greg Lynn）の位相形式への言及を通して、遠藤さんの建築にはビオモルフィック（生物体に似た）な新しい現われがあり、柔軟性のある建築を設置しているという内容です。ソフトウェアを使った概念化は、形をつくり、空間形成をし、建設実践法を変えるにはとても適していると思いますが、それが一種の抽象的形式をもたらすことはないでしょうか。こうした図法を使うことによって、より明確な社会的実践内容・具体性を与えようとされているように思います。

S.E.：モダニズムの源泉が抽象的概念化に基づいているとすれば、今日の状況は違ったと思います。非常に雑多な文化的文脈のなかで国際的様式を発信することに対して、今日では世界のグローバル化を対置することができます。西洋と東洋は非常に近いところで融合しており、テクノロジーやコミュニケーション・システムの利用は共有されています。私の建築はこうした共有の土台の上に立って、固有文化や社会・文化の文脈が定義する特殊性を形成し、それと同時に地震に対する耐震度といった物理的制限、コンピュータ上では見ることができない要素も含めて形成されています。建築におけるこうしたすべての可能性に対して開かれていることが肝心だと思います。

F.M.：もっと広い範囲で、遠藤さんの実践をそうした枠内で定義したとして、建築家としての遠藤さんご自身の役割をどのようにとらえられていますか。現代建築がその力を発揮できるのはどの分野でしょうか。どのような仕事の仕方を考えられていらっしゃいますか。開かれた社会的なプログラムに注目をされていますか。ミクロ・マクロ建築、大規模な都市計画も同時に考えていらっしゃるのでしょうか。

S.E.：今日の建築の役割はだんだんと制限を受けつつあります。ですが一番大切な建築の役目は、住む人に空間の連続性と変化を保証することだと思います。利用者の立場に近づき、ともに機能するものとして、建築はまだ社会において非常に重要な役割を果たすことができると考えます。一人一人の建築家が独自の建築見地からそれぞれ異なる提案をすること、つまり多種多様性を保証することが建築家の存在理由だと思います。多様性を生成すること、細かく分岐するプロジェクトの源泉と管理に注意を払うこと、それが建築家の一番基本的な役割だと考えます。

F.M.：異質な要素でできた街の物質性をあるがままに受け入れ、極めて変化に富む複数の工業製品を自由に使うその手法は、レム・クールハース以後、建築美学や造形の理解を拒否する流れを思い起こします。街の物理的外観や機能的複雑さがどうであれ、能率性と現実性を主とした「質のない」建築を生み出すこと、それが遠藤さんのプロジェクトに反映している原則だと思います。このベースに立ちながらも、これまでの世代の建築とはまったく違った非常に独創的な作品を建てていらっしゃいます。伊東豊雄のように、建築対象を消し去るための消失の美学や計算されたテクノロジーの肯定にみられるミニマリズム形式とはある一定の距離を保っておられるように見えます。肯定された物質性への回帰は妹島和世とも区別しています。都市の物理的な真の姿を肯定すべく材料として都市をとらえる遠藤さんは、意思主義であると同時に実用主義の建築だといえないでしょうか。

S.E.：そうですね。ミゲルーさんの解釈に同意したいと思います。建築は人類に向けられた極めて人間的な試みで、極めて日常的ですが、根本的で重要な願望に応え、文化や特異性を超えるものです。ある意味では、ブルーノ・タウトのような表現主義の建築であるプレモダンの建築家たちは、この「住む」というほぼ形而上学的といえる問題を解決する策を知っていました。ガラスの街の抽象的な精神性、肯定された社会的関心事、簡略化された形と肯定された色使いによる生きた住宅の建設です。このことは西洋のモダニズムが今日でもなお源泉となりうる可能性があると考えさせてくれます。私の建築を培っている「パラモダン」という考え方は、基本的に様々な領域をつくり出す人為の源泉を取り込むものであり、日本の伝統建築を含め現代的に再定義するものです。私の建築が実用主義であるとすれば、それは列島文化の多様性を取り入れたいからであり、プロジェクトの源であり基本となる生きた能動的都市を今ある建築として取り入れたいからなのです。（2005年 6月13日 ポンピドゥセンター）

初出：Paramodern manifesto 2006（c12editions）

左：遠藤、右：フレデリック・ミゲルー氏　2015年パリでの展覧会会場

大阪城公園GRAVITECTURE 2006

この3つの小さな建築は大阪市中心部の大阪城公園内に位置し、観光客のために設けられた小さな公共施設である。

「大阪城公園レストハウス」
これは、観光客の休息スペースとして設けられたカフェとトイレを併設した建築である。歴史ある大阪城公園の中で、360度からの観光客のアクセスや通り抜けを想定して平面を円形とし、中央に屋根を開放したテラスを配した。また建物の高さを抑え屋根を薄い鋼板の構造とすることによって来訪者の視界を遮ることをさけ、視覚的な重量感を抑えて周囲の樹木とのバランスをとった。屋根には19mmの耐候性鋼板を用い、70mmΦの傾斜したパイプ3本で1ユニットとなった構造柱によって鉛直荷重を負担している。水平荷重に対しては、柱の傾斜によってあらゆる方向からくる力に対して抵抗する設定としている。カフェは、天守閣や堀の方向への視界を開くために全面をガラスとし、付属するトイレの外壁は白色のホーロー鋼板としている。19mmの鋼板

屋根は3本の柱の支点のみで支えられているが、それ以外の部分は重力を受け、その強弱によりさまざまなたわみとなっている。屋根面はそれぞれの柱の間隔によるたわみと共に中央へ傾斜させ雨水を集めている。自然の作用の基本である重力を受け入れ、その結果の変形を矯正せず、必然的な状態の建築として具体化した。

「大阪城公園大手前トイレ」と「大阪城公園城南トイレ」
このふたつの建築は開放された外部環境としてのトイレである。鋼板による構造形式は視覚的遮蔽物にならないことを目的として設定し、外部は鉄の即物的状態として耐候性鋼板のサビの表情を選択した。大手前では水平な状態の16mmの鋼板による屋根材を設定し、25mmの鋼板による両端の壁に載せ、重力による変形を受けた後に溶接により接合している。この左右の壁の上辺は相互に前後反対方向に傾斜しており、ここに接合することで重力を受け前後左右でねじれたたわみ状態で固定されている。

城南では、長方形の鋼板を斜辺で折った状態で接合し19mmの屋根材をつくっている。さらに、その折られた状態を上部から左右にある36mmの壁にのせ、重力を受けることで若干たわんだ状態の後、溶接している。三角棟状の折り曲げた架構として強度を持たせている。直線の構成にこだわらず重力により軒先共にたわんだ状態で固定している。軒先に直線のラインを想定すれば約10cmたわんでいる。

重力を視覚化する

この3つの建築の敷地は歴史的痕跡を色濃く残す城跡である。時の経過を示すものは巨大な石垣と堀である。過去の建築様式を彷彿とさせる模造された天守閣を遠望する場所にあり、受容/許容とは何かを考えさせられた。歴史はある意味で自然の経過に対する人為の抵抗と受容の記録でもある。われわれは時の経過から逃れることは不可能であり、建築も重力の制約から解放されることはない。むしろこの制約のおかげで建築は成立しているとも言え

る。この拘束であり動機である外部環境との調停が、建築の歴史であったのではないか。人知はこの調停から自立するために抽象的造形を積み重ね、われわれには外来の技術ではあるが、その有効性を信じ運用してきた。この外来の抽象化は自立的で優れた再現性により、われわれを導いてきたが多分に視覚的均質性、連続性を正とする嗜好に牽引されている。自己完結するために外部環境を排除した秩序により抽象化され魅力的な容姿として一般化している。しかし、今回の敷地と向き合う時、自然の摂理を排除する姿勢とは異なる可能性/魅力を感じた。それが重力である。大きなそして巨大な重量の石垣を目前にして、時の経緯と巨大な重力こそが身体的リアリティとして感じられた。この事実を隠蔽せず、また排除/抵抗もなく即物的に受け入れる関係性（身体的連続性）を試みた。

これらのプロジェクトは建築の基本的形式を問いただすものとして、構造と空間形式とが重力といかに関係するのかを具体化している。自然の要素である重力を排除するのではなく、建築に受け入れることの可能性を考えた。

初出：GA JAPAN 2006-7

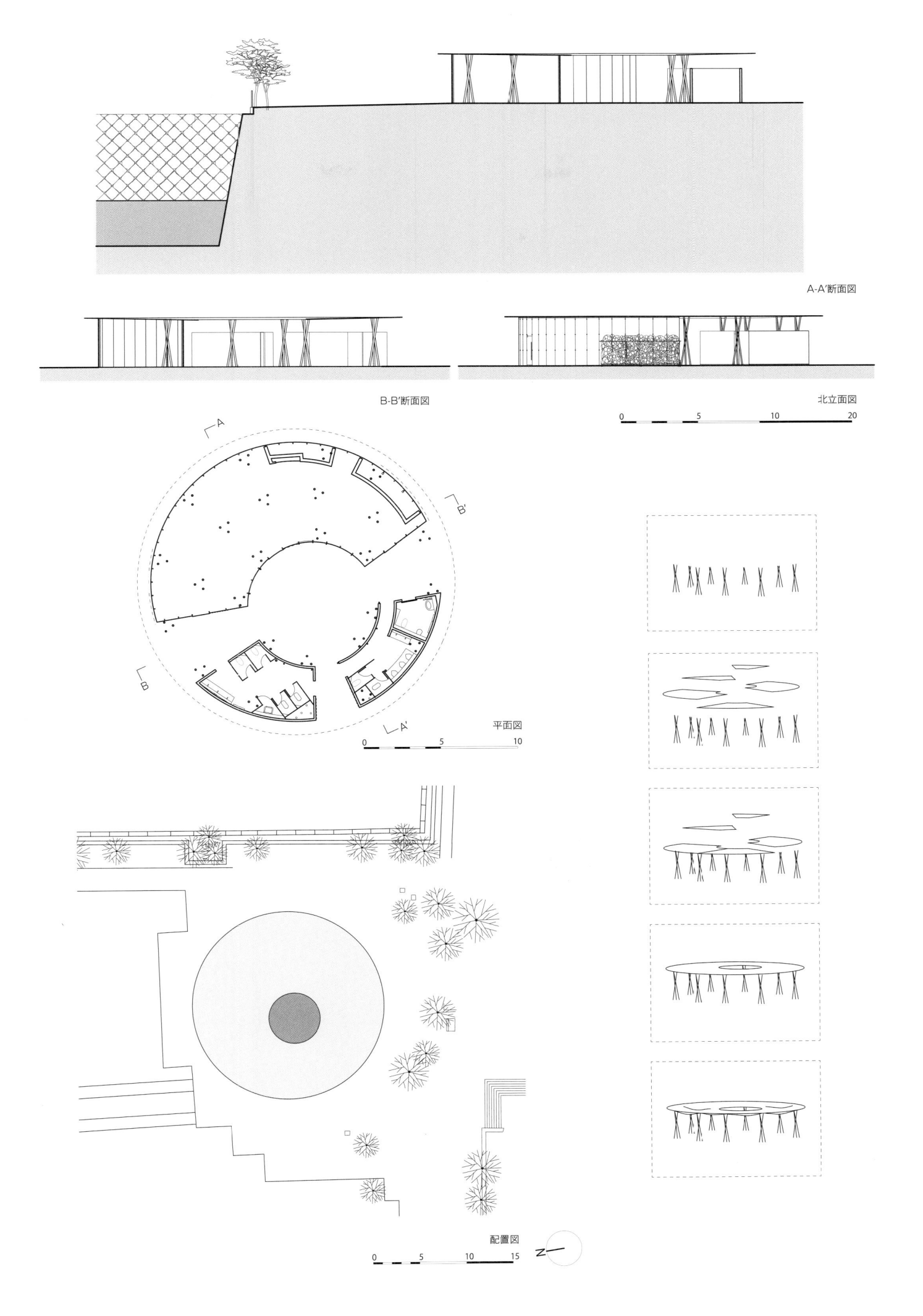

A-A'断面図

B-B'断面図

北立面図

0　　　　5　　　　10　　　　20

平面図

0　　　5　　　10

配置図

0　　5　　10　　15

遠藤秀平論：地球を計測するジオメトリー
五十嵐太郎／建築史家・東北大学大学院教授

内部と外部を巻き込む建築

2006年の春、ちょうど花見のシーズンに大阪城公園を訪れた。大勢の花見客でにぎわう公園のなかで、3つのHalftectureは、ごく自然にまわりの風景と溶け込んでいた。錆のかもしだす表情は、新築であるにもかかわらず、ずっと以前からそこに建っていたかのような存在感をかもしだしている。ゆるやかに湾曲した屋根は、木々から吊られた大きなスチールのハンモックのようだ。白い直方体のヴォリュームは、赤茶けた鋼板と鮮やかな対比を示しつつ、その隙間から見える大阪城の白い壁と共振しあう。大勢の人が行列で並んでいる公衆トイレとカフェ。いずれも機能的な制約が少ないパヴィリオンであり、それゆえコンセプトがはっきりと形態に結びついている。彼の駐輪場である「Cyclestation米原」*013や、無人駅の「京福電鉄大関駅」*020と同様、いかに空間をおおうか、というもっとも根源的な建築の行為がむきだしになっているからだ。

これまで遠藤秀平は、コルゲート鋼板を用いた一連の作品によって、建築の新しい地平を切り開いてきた。もっとも、彼が最初に土木用の材料を住宅に導入したわけではない。そこで同じ素材を住宅に使う、川合健二の自邸（1966）、石山修武の幻庵（1975）、そしてやはりセルフビルドでつくられたゲストハウスである「Springtecture びわ」*070を比較することで、彼の特徴を確認しよう。いずれもコルゲート鋼板がまわり込むことで、屋根、壁、床が連続している。だが、日本の現代建築の歴史においてよく知られたこれらの作品を並べると、古典主義における様式の推移とパラレルに解釈できるのではないか。すなわち、ルネサンスとしての川合邸、マニエリスムとしての幻庵、そしてバロックとしての遠藤の建築である。

どういうことか。川合は、美にこだわる建築家というよりは、むしろバックミンスター・フラーのごとき技術屋として、工業素材による新しい形式を創造した。閉ざされた完結した形態。それはブルネレスキのようなテクノロジーによる建築の革新を想起させる。一方、石山の幻庵は、同じ形式を継承しながらも、驚くべき密度をもつ装飾的な細部によって豊饒な空間を生みだした。それは数寄屋のようでもあるし、どこか核戦争後のシェルターのごとき、終わりの感覚をまとう。そして遠藤のSpringtectureは、閉ざされたコルゲート鋼板のリングを切り開き、大きくウェーブしながら、内部と外部の空間を巻き込む。激しい凹凸による内部と外部の相互貫入は、バロックの特徴だった。とはいえ、それがあくまでも平面のレベルにおいてデザインされたのに対し、遠藤の作品では、立面、あるいは断面において空間が展開することで、建築と環境を融合させたことが衝撃的だった。新しい空間の形式を発明し、それを隠すことなく、明快に表現している。ゆえに、一度見たら忘れられない造形をもつ。

ポスト第二機械時代の微妙な曲線

遠藤の建築では、屋根のデザインが特徴的である。そもそも屋根は、しばしば地域性のシンボルとしてみなされてきた。実際、日射や降雨など、天候の条件が各地域の屋根の造形に大きな影響を与えるわけだから、ゆえなきことではない。だからこそ、国際的な様式であることを望んだモダニズムは、屋根というアイコンを排除した。日本のモダニズム建築も、伝統的な建築の特徴的なシルエットをつくる屋根を消去し、フラットな陸屋根を指向した。屋根の代わりに、屋上というもうひとつの床をのせたのである。一方、遠藤は、屋根を復活させたが、ポストモダニストのように、伝統的な屋根の直接的な引用を行うわけではない。屋根を機軸として壁など他の部材との関係を再編成する。

「大阪城公園大手前トイレ」*084、「大阪城公園城南トイレ」*083、そして「大阪城公園レストハウス」*103は、いずれも屋根に大きな特徴があることでは、やはり遠藤の特徴を継承しているが、一方で彼の作品の系譜において新機軸を打ちだした。

18世紀の画家、ウィリアム・ホガースは、さまざまな線のタイプを以下のように分類している。直線は長さの違いしかない。一方、曲線は長さと曲率の組み合わせによって決定される。曲線は、植物のように、反曲点をもつ。そして蛇状線は、動物の身体に認められる円錐状の螺旋だという。とくに彼は、複雑な波状線と蛇状線を高級で美しいと評価した。これは建築論ではないのだが、遠藤の作品に照らしあわせれば、これらの線を包括的に用いている。「東洋医療総合研究所」*015は、異なる半径の円による幾つもの曲率を組み合わせ、さらに反曲点を有する。立岩二郎は著作『てりむくり』（2000）において、凹凸が滑らかに連続する反転曲面をもつ「照り起り屋根」を日本建築の特徴とみなし、混乱を抱え込んで鎮める、周辺を活性化する、異質なものを結びつける、際限なく生みだすなどの意図をもつという。また「Springtecture 播磨」*029は、螺旋状に展開する。しかし、大阪城公園のプロジェクトでは、異なる論理による微妙な曲線を使う。それは重力の影響を受けたラインである。

レイナー・バンハムによれば、20世紀前半の第一機械時代は自動車と映画に対応し、「幾何学的に単純なデザインだけが安価に大量生産できる」という考えが登場した。例えば、未来派のマリネッティは、「幾何学的、機械的驚異の宣言」において、新時代は単純な幾何学が支配し、「事務所は真四角、机も四角で立方体で、その上のものもみな直角である」と述べていた。またル・コルビュジエは、光と影をきわだたせる原初的な形態として、立方体、円錐、球体、円柱、角錐を推奨している。前述した川合邸も、この時代の幾何学をラディカルに追求したものだ。バンハムによれば、20世紀後半の第二機械時代を象徴するものは、テレビや掃除機など小型の家電製品と、合成化学製品である。建築では、強い幾何学よりも、装飾や地域性などの要素が注目された。ポストモダンの時代である。とすれば、21世紀初頭の現在は、すでに第三機械時代に突入している。いや機械という表現はもうふさわしくない。コンピュータや遺伝子操作に代表されるポスト第二機械時代、あるいは情報時代とでも呼ぶべきだろう。そして幾何学のあり方も変容している。

遠藤の「米原市立米原幼稚園」*068は、木造のドームが連鎖する建築だが、同じジョイントがなく、284カ所のすべてが異なる形状になっている。これはコンピュータ制御による加工のテクノロジーによって実現されたものだ。機械の時代には、同じ部品の反復が求められていた。かつての幾何学は、建築に明快な秩序を与えるものだった。しかし、現在は、コンピュータの性能が飛躍的に向上したことで、複雑な構造計算が可能になったり、生産に変化をもたらしている。そして大阪城公園のプロジェクトは、これまでの遠藤の作品がさまざまな円や直線を組み合わせたのに対し、いったん幾何学的に定義された造形が自重によってたわみ、変化するプロセスを伴う。異なる大きさの円の一部をつなげることで、実現される曲線ではない。つまり、古典主義時代の理念的な円や正方形、あるいは円形の歯車やシリンダーを機能主義的な造形とみなすマシーンの幾何学とは、決定的に違う。

素材と重力を引き受けるジオメトリー

そもそも幾何学、すなわちジオメトリー（GEOMETORY）とは、大地、あるいは地球（GEO）を計測（METRY）することを意味している。
このように考えると、遠藤の大阪城公園のプロジェクトは、まさに地球を計測するジオメトリーを内包していると言えるのではないか。重力とはモノと地球のあいだに生じる引力の関係である。とく

に「大阪城公園大手前トイレ」*084において顕著だが、その曲線は人工的な力を加えて実現したものではない。大きな鋼板と地球の重量の相互関係を反映させた造形である（万有引力を発見したニュートンに捧げられたブレーによる記念堂のプロジェクトは、地球をイメージさせる球体建築だった）。「大阪城公園レストハウス」*103でも、重力にあらがうのではなく、柔道のようにそれを自然に受け入れ、わずかなたわみを積極的に肯定し、傾斜によって雨水の処理に役立てている。

「大阪城公園大手前トイレ」*084は、地域性の表現になりがちな屋根を重視しながら、特定の場所に縛られることがない。地球上に存在するという条件が、この形態を決定しているからだ（ただし、自転による遠心力も働くので、緯度によって微妙な偏差が生じる）。逆に言えば、別の惑星であれば、異なる曲線が生まれるだろう。重力を受けて変形するというアイデアは、SANAA出身の若手建築家、石上純也の設計した「レストランのためのテーブル」（2003）でも試みられている。しかし、この場合は、あらかじめたわませておくことで、自重によりフラットな面に修正されるように構造計算がなされている。筆者の企画した展覧会のために制作した彼の「テーブル」（2005）を触ると、ゆらゆら揺れ、無重力の空間に大きな薄い面が浮遊しているかのようだった。つまり、重力を活用しながらも、重力の存在を否定する空間を生む。そうした意味において、軽い建築をめざしたモダニズムの延長といえる。ル・コルビュジエのピロティのあるサヴォア邸も空中浮遊するイメージをもつ。ゴシックの大聖堂も重厚な石造でありながら、それを感じさせず、非物質化された空間だった。建築にとって、重量感を消失させることは究極の夢である。一方、遠藤の作品は、大地がひっぱっていることを表現している。

自然の重力から導いた形態としては、両端を固定した糸をたらして得られる懸垂線も有名である。すでに17世紀に数学者はその反転形が力学的に安定したアーチになると主張しており、ガウディもこうした発想を構造デザインに用いたことはよく知られていよう。もうひとつの近代の系譜としてカテナリーのカーブは存在していた。だが、遠藤のプロジェクトは、上下をひっくり返して、重力への抵抗を強調するわけではない。

むしろ、もの派のアーティスト、吉田克朗の作品「Cut-off No.2」（1969）に近いだろう。これは寝かせた太い角材に4枚の鉄板を並べてのせるのだが、厚みの違いによって、しなるものからピンと張ったものまで異なる状態が生まれる。鉄というモノの重力が導く造形。とはいえ、それはダリの描いたどろりと溶けた時計のようでも

あり、非物質化への志向も伴う。石上のテーブルも、素材の特性を
いかしながら、突板を貼ることで、その雰囲気を消去していく。ゆえ
に、遠藤の大阪城公園のプロジェクトは、鉄が鉄であること、また
それが地球との万有引力によって変形することの両方を引き受け
たことに大きな特徴をもつ作品だといえるだろう。

オルタナティブ・モダンの建築

遠藤は、モダニズムの別の可能性を探る概念として「パラモダン」を
提唱している。筆者も、2004年にTNプローブの連続シンポウムを
企画した際、伊東豊雄、青木淳、西沢立衛、藤本壮介を招き、現代
建築における重要な動向として「オルタナティブ・モダン」という
概念を論じたが、やはり重なりあう部分が大きい。ポストモダンの
建築が、形態の修辞的な操作、あるいは記号論や地域性に注目
したのに対し、「オルタナティブ・モダン」は、建築の形式を根源から
組み立てなおす。遠藤のデザインも壁や屋根などの要素を再定義
した。とりわけ、幾何学のレベルに遡行していく姿勢は「パラモ
ダン」と共通している。理念的な幾何学から脱却し、新しい幾何学を
組み立てているのだ。それゆえ、筆者は、KPOキリンプラザ大阪に
おいて「ニュージオメトリーの建築〜もうひとつの近代をめざし
て〜」展（2006）を企画し、遠藤秀平に焦点をあてた。
建築とは、幾何学的な形式によって空間を秩序づける芸術である。
20世紀のモダニズムは、抽象的な形式性に依拠しつつも、直線や
直角、グリッドや平行配置を主な方法として用い、結局は箱型の
ビルに収斂した。しかし、ポスト第二機械時代においては、コン
ピュータの導入により、新しい幾何学の建築が増えている。例えば、
90年代のヴァーチャル・アーキテクチャーにおいて興隆したぐにゃ
ぐにゃのデザインは、本来、表現主義など、多様な展開をした近代
の建築運動でも試みられていた。しかし、主流となったインターナ
ショナル・スタイルからは抑圧されたものである。ゆえに、オルタ
ナティブ・モダンは、定型化されたモダニズムの外部を再導入する。
近代のフォルマリズムは、すべての可能性を発見したわけでは
ない。そうした意味で、ありえたかもしれないモダニズムは、モダニ
ズムを内部から食い破るものだ。遠藤もそうした建築家のひとり
である。

初出：GRAVITECTURE 2006-9（いちい書房）

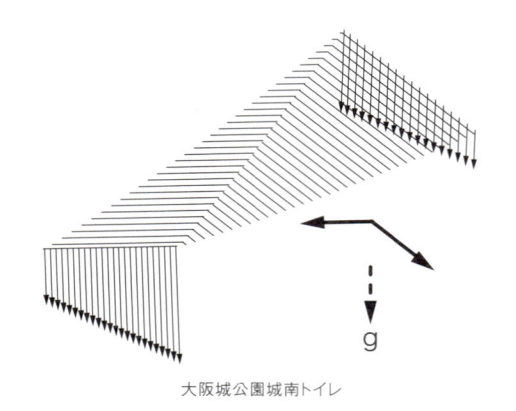

大阪城公園城南トイレ

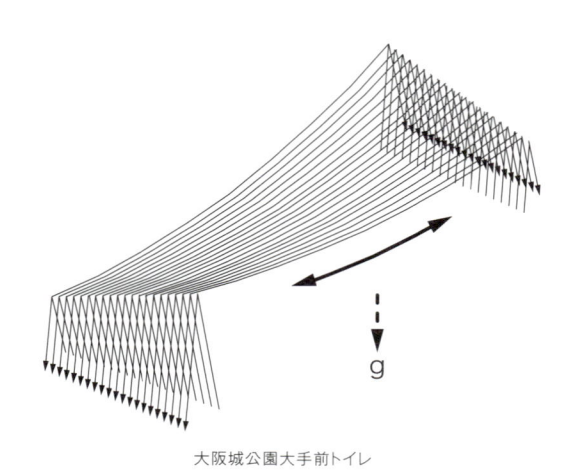

大阪城公園大手前トイレ

五十嵐太郎プロデュースによる
「ニュージオメトリーの建築〜もうひとつのモダニズムをめざして〜」展
KPOキリンプラザ大阪／2006年

工事中写真

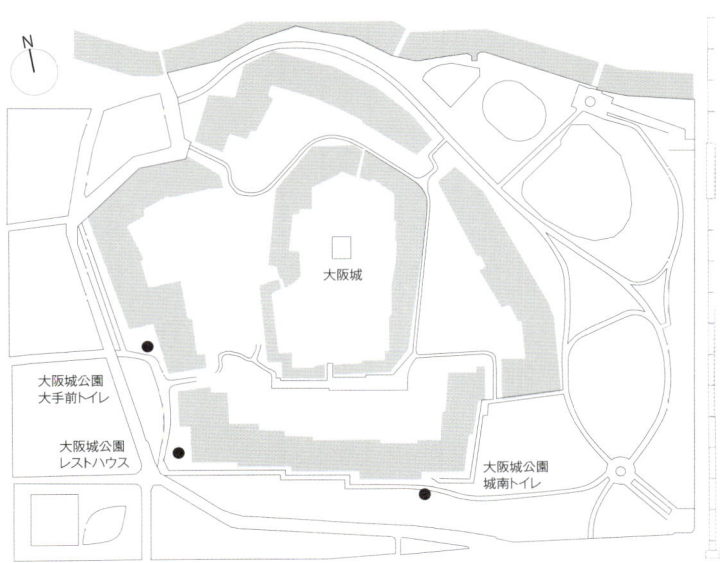

大阪城

大阪城公園
大手前トイレ

大阪城公園
レストハウス

大阪城公園
城南トイレ

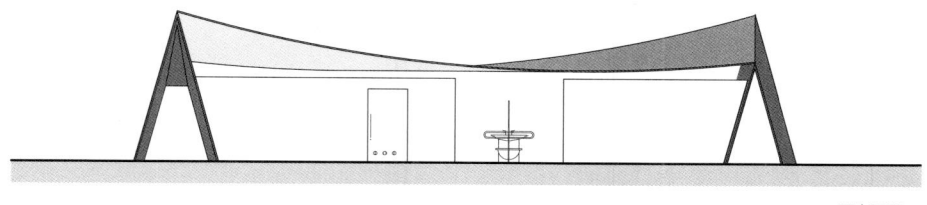

西立面図

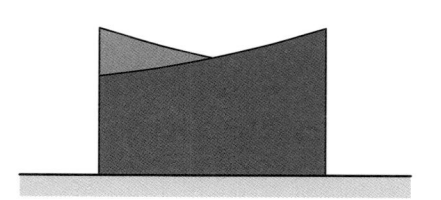

南立面図

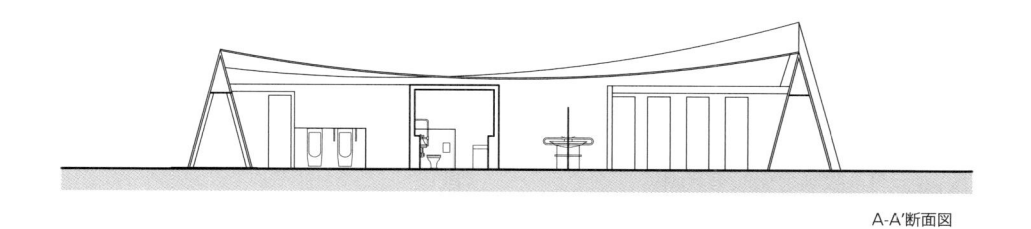

A-A'断面図

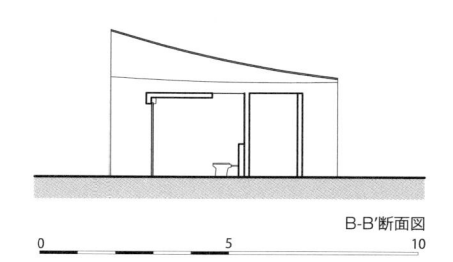

B-B'断面図

0　　　　　　5　　　　　　10

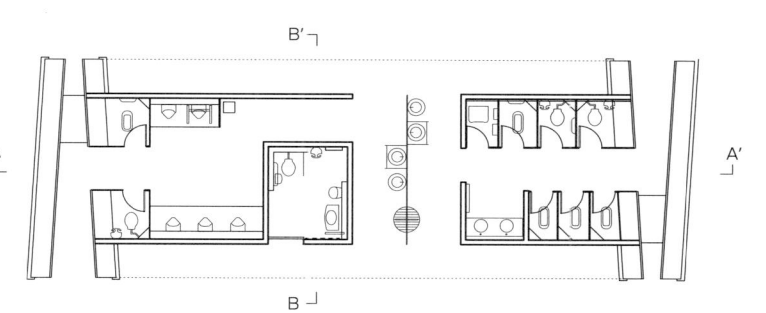

大手前平面図

0　　　　　　5　　　　　　10

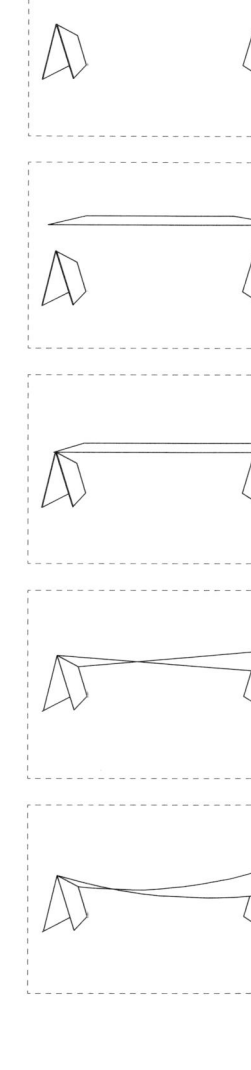

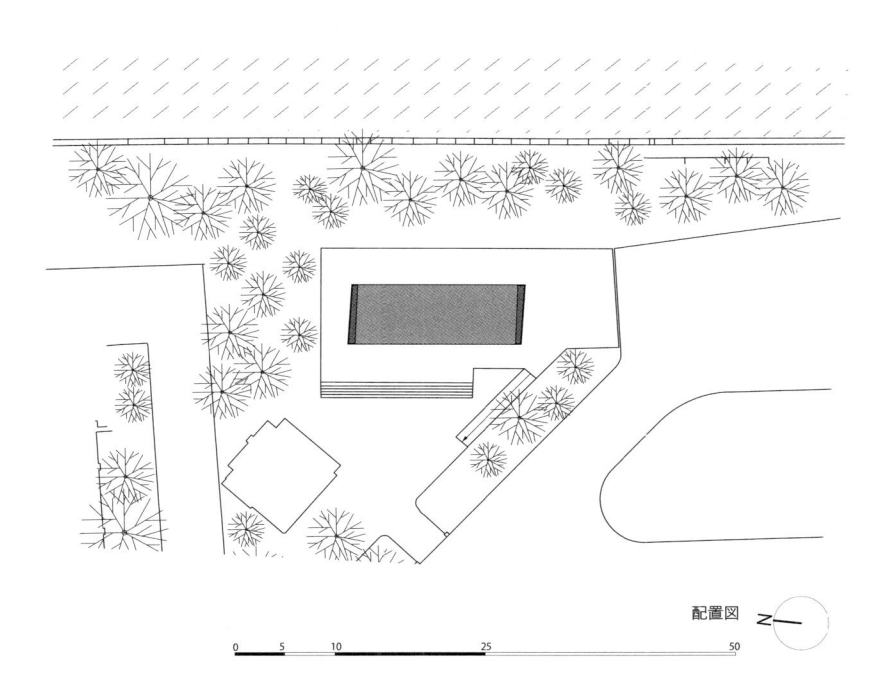

配置図　N

0　5　10　　　　25　　　　　　　50

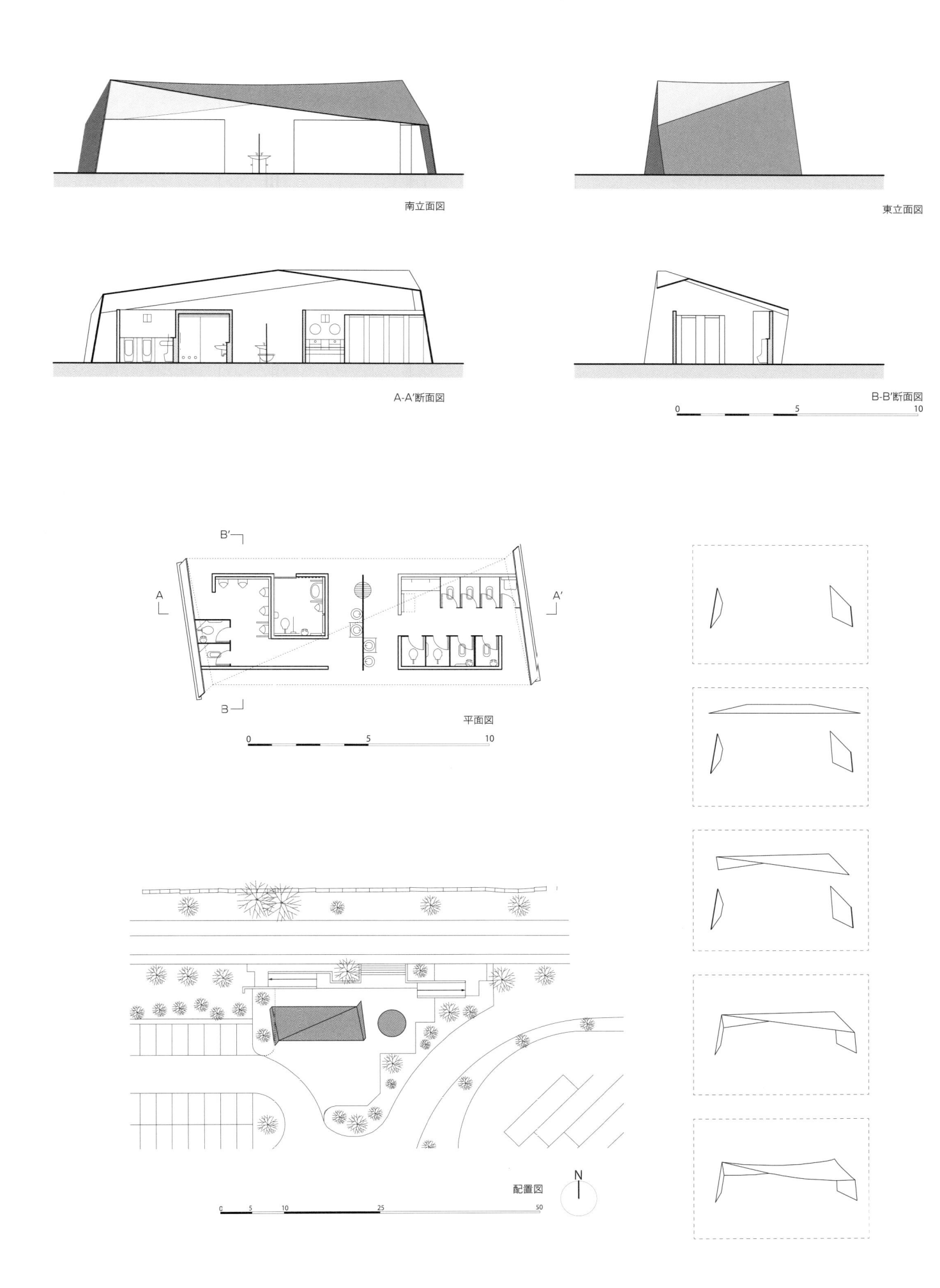

南立面図

東立面図

A-A'断面図

B-B'断面図

0　　　　　　5　　　　　　10

平面図

0　　　　　　5　　　　　　10

配置図

0　5　10　　　25　　　　　　50

N

普遍性と独自性の両立 ─ 遠藤秀平の建築
鈴木博之／建築史家・東京大学大学院教授

遠藤秀平は、軽やかに鉄を用いた建築によって、ひとびとに解放感を与える。そこには、遠藤にとっての建築の現在がある。彼の建築における鉄の軽やかさと、そこに漂う解放感の秘密を探ることがこの論文のテーマとなる。

建築家は、自己の表現を素材を通じて実現するが、好みとする素材は建築家によってそれぞれ異なる。現代の建築家の多くは、ガラスの透明性と半透明性を複合的に用いることで、現代を表現しようとしている。また、別の建築家たちはコンクリートの表現を中心にして、自分たちの建築を作り上げている。それに対して遠藤は明らかに鉄の建築家なのである。たしかに鉄とガラスとコンクリートは、近代建築を作り上げた3大素材である。

その意味で、遠藤の素材は現代的である。だが、彼の用いる鉄の表現は、これまでの鉄と建築の関係を単に継承するものではない。遠藤と鉄の関係を知るためには、鉄と近代建築の歴史を振り返っておく必要がある。現代は鉄の建築の時代だと考えられるけれど、建築にとって、鉄の時代はむしろ19世紀だった。鉄とガラスの建築のパイオニアであるクリスタル・パレスは1851年の最初のロンドン万国博覧会のために作られたものだし、パリのエッフェル塔もギマールのデザインによる地下鉄入口も、みな19世紀のものである。建築の内部に鉄の梁を用いることも、すでに19世紀には当たり前のことだったし、外装に鉄を剥き出しにした建築も数多く建てられていた。工業製品としての鉄の勃興期は、あきらかに19世紀なのである。それに対して20世紀初頭の近代建築の黎明期は、鉄よりもコンクリートによって切り開かれたようなところがある。初期近代建築の多く、バウハウスの校舎、ル・コルビュジエのサヴォア邸、そしてそれらに先立つオーギュスト・ペレの作品群は基本的にコンクリート建築である。コンクリートの建築を通じて、それまでの建築の保守本流であった古典主義の造形が非装飾的な近代建築に生まれ変わったのだった。残念ながら鉄の建築はそうした流れにはなかなか乗りにくい。鉄はそれまでの石やレンガの構造に比べて明らかに細い部材から出来上がるので、プロポーションがまったく異なったものになってしまうのである。鉄は古典主義の造形に連なることが出来ず、近代デザインの成立期に少々仲間外れになってしまうのである。だが、そうした事実のなかに、現代における鉄と近代建築との関係が見えてくる。

20世紀初頭に成立した近代デザインの建築は、あきらかに前近代の建築的伝統のなかでは、古典主義の造形の尾を引いている。オーギュスト・ペレの建築は、古典主義建築のプロポーションをコンクリートに置き換えることによって、近代建築の基本形を作り上げ

たものだった。彼は近代建築のプロポーション感覚を決定的に定めた。その点では、ペレはル・コルビュジエよりもずっと幅広く、そして無意識的なレベルにまで浸透した影響力を及ぼしている。彼はコンクリートの造形感覚と比例感覚を決定しただけでなく、1923年のル・ランシーの教会でコンクリート打ち放しの外壁を試み、以後のコンクリートの表現に大きな可能性を与えた。それが20世紀の建築に占める意味は想像以上に大きい。それでは鉄は19世紀以後、どのような運命をたどっていったのだろうか。それを考えるためには、まず、なぜ19世紀が鉄の建築の時代だったのかを考え直してみる必要がある。19世紀になって、はじめて鉄が工業製品として大量に生み出されるようになったことが、鉄の建築を生み出した最大の理由である。だが、それが建築として認知されるためには美意識に適ったものである必要がある。先にも述べたとおり、鉄は細い部材で構造を作れるので、それまでの建築とは異なったプロポーションの構造物が出来上がってしまう。このことが鉄の建築が市民権を認められるためには大きな障害だった。あれは建築ではないという声が、ラスキンなどの美術批評家たちから聞こえてきた。しかし、19世紀は建築の歴史上ゴシック様式の復興の時代だった。ゴシックは古典主義の建築と並ぶ、大きな様式的遺産である。それは古典主義の造形とは対照的に、尖った線的な形の建築である。そのことが鉄の建築が市民権を得る糸口になった。鉄の造形は古典主義にはなじまないが、ゴシック的な造形には近づける。実際、鉄によってゴシック建築を作る試みはなされている。19世紀のゴシック理論の大家であり、多くのゴシック建築の修復も手がけたフランスのヴィオレ・ル・デュクは、ゴシックの部材を鉄に置き換えた図面を描いているし、オックスフォード大学の博物館は鉄材によるゴシック建築として建設された。このときには、あのラスキンも支援してる。つまり鉄はゴシック的なプロポーションには応用できるが、古典主義的なプロポーションには応用しにくかったのである。

20世紀になって、近代建築が古典主義的比例感覚によって洗練されて行くようになると、鉄をいかにして古典主義的な比例感覚に応用するかが、鉄と近代建築の関係を決定する要因となった。それに成功したものが、鉄による近代建築の道を切り開くことになるのである。最初の試みはドイツのペーター・ベーレンスによってなされた。1909年につくられたベルリンの電機会社AEG社のタービン工場がそれである。この建物は鉄骨でつくられた大きな切り妻形の工場である。そして全体のプロポーションはギリシア神殿を思わせるものだったのである。建築史上この建築が有名なのは、ここに鉄と古典主義的なプロポーションとの融合が始まるからなの

である。しかしそれ以後の歴史は決して平坦なものではなかった。鉄と古典主義のプロポーションの融合は思うほど容易なものではなかったのである。鉄を利用した建築の表現は、まず別のところから突破口を開いた。それは鉄とガラスを利用したカーテンウォールの実現である。1918年にサンフランシスコに建てられたハリディー・ビルがその第一号になった。これはＷ・Ｊ・ポークという建築家が設計したもので、ビルの名前のハリディーとは、有名なサンフランシスコのケーブルカーの設計者の名前である。ハリディー・ビルはガラス張りの壁面がビルの全面を覆っていて、今見てもなかなか刺激的である。これによって建築の外装に鉄の出番が生まれてきた。そしてこれらふたつの流れを合流させ、本当の意味での鉄による近代建築を完成させるのがミース・ファン・デル・ローエなのである。ドイツからアメリカに亡命した彼は、シカゴのアーマー工科大学（現在のイリノイ工科大学）に招かれ、そのキャンパス設計を行なう。そこで彼は鉄骨構造による校舎群を生み出す。それらは平らな屋根をもった建築で、その比例感覚は古典主義的なものだった。彼によってはじめて鉄は古典主義的な比例と結び付いたのである。20世紀初頭の近代建築において、コンクリートと古典主義を結び付けたのがオーギュスト・ペレであるように、鉄と古典主義を結び付けたのはミース・ファン・デル・ローエだった。

鉄と現代建築の関係は、しかしながら、ミース・ファン・デル・ローエの登場によって結論がでたわけではなかった。例えばハイテクと呼ばれるスタイルは、鉄を古典主義的に用いるわけではない。ハイテク建築の表現は、むしろ鉄をゴシック的に用いる系譜に連なっている。ハイテク建築の流れが、ゴシック・リヴァイヴァルの伝統を強く持っていたイギリスにおいて顕著であるのは、歴史的必然であるといえよう。ノーマン・フォスター、リチャード・ロジャース、マイケル・ホプキンズらの建築は、明らかにゴシック・リヴァイヴァルの国の産物である。ここには鉄がゴシックの伝統と結び付いている。鉄と現代建築の関係は、それではこれで全てであろうか。答えは、否である。そしてここにこそ、遠藤秀平の建築が存在する。遠藤の用いる鉄は、古典主義の伝統とも、ゴシックの伝統とも、距離を保っている。それは西欧建築の伝統とは別個の、自由な表現の軽やかさをもっている。それが、「軽やかに鉄を用いた建築によって、ひとびとに解放感を与える」という、この論文の冒頭の言葉につながる。コルゲート板とよばれる工業用材料を、自由な形態に構成することによって、スプリングテクチャーと名付けられた遠藤の建築は成立している。コルゲート板は工業用材料といっても、建築素材ではなく、むしろ土木用の材料である。土木用の擁壁や潅漑用の水路・トン

ネルの材料として、コルゲート板は重要である。耐久性が高く、性能が安定しており、安価である。だが、それは建築とは無縁の材料であり、コルゲート板を用いるかぎり、それは古典主義の建築とも、ゴシック・リヴァイヴァルの伝統とも無縁の建築しか生じない。コルゲート板による建築は、西欧建築の伝統を踏み外した構成しか生みだし得ない。西欧建築の問題構成からは外れかねないテーマによって建築をつくること、これは建築を設計するものにとって、大きな決断を迫られる選択である。しかしながら日本の建築家にとっては、西欧建築の課題をそのまま継続することは現実感のある選択ではない。日本の建築家たちはもっと大きな自由を前提にして建築を創造し得るのである。結果として、遠藤は西欧建築の伝統に新しい可能性を加える表現を獲得したのである。

もともとアジア諸国の建築における近代化の歴史は、固有性と普遍性とのあいだで表現を模索する歴史だった。わが国の建築が西欧のそれと本格的に接触するのは、1868年の明治維新以降のことである（これを、西欧人が言うように、ペリーが来航した1853年以降といっても、日米和親条約が締結された1854年といっても、事情はまったく同じである）。当時の西欧の建築は、歴史的様式をリヴァイヴァルするものであったから、日本はそのリヴァイヴァリズムを学んだ。日本が直接建築を学んだのは英国からであったから、19世紀後半には、日本にも多くのヴィクトリアン・ゴシック風の建物が建てられた。明治維新以降、建築家を養成するための高等教育機関として、工部大学校が設立されたが、そこで教えられる建築教育は、西欧建築を設計し、建設するものでありこそすれ、伝統的な日本建築を技術的に学び直すものではなかった。西欧建築を学び、日本にも西欧諸国と同じような都市を造り上げるのが、この時期の日本の国家的目標だったのである。やがて20世紀になって、西欧に近代建築運動がおきると、日本もその影響を受けるようになる。ル・コルビュジエ、フランク・ロイド・ライトらの建築は、日本の建築家によって真剣に学ばれたし、それ以前から、アール・ヌーヴォー、ゼツェシオン、表現主義なども、日本には紹介され、実践されてきていた。そうした紹介の歴史を調べ、西欧の近代運動、前衛運動が日本にも存在したことを証明する作業は、確かに意義あることではあるが、その結果、日本にも前衛が存在したということまで結論づけることはできない。何故なら、前衛運動とは紹介され学ばれるものではなく、自ら発見的に創造されるものだからである。ここでは、前衛という言葉を、できるだけその言葉本来の意味において捉え、日本における前衛建築の独自性を考えてみたい。そして、その特殊性が世界の建築の動きに、いつドッキングしてゆくのかを考えてみたい。それが日本の西洋

化と近代化とのあいだにある、微妙な差異をおしえてくれるように思われるからである。その意味では、わが国の文化的アイデンティティの表現に関わる動きが、むしろ日本の主体性を示すものであった。第二次世界大戦後の日本建築は、インターナショナリズムを求めて、あるいは新しいナショナル・アイデンティティを求めて、多くの試みを生み出してゆくが、そのすべてを通底するものがあるとすれば、それは、やはり新しい信頼できる材料と技術であった。すでに感性の域に達した材料や技術が存在していたという意味ではない。そうした材料や技術への信頼が存在していたと言いたいのである。前衛の成立に不可欠な技術水準が、いまや確保されはじめているという予感が、建築家たちを希望のなかに包みこんでいた。戦前のインターナショナルな表現が、形の実現のためには、木造でコンクリート造かとみまごうばかりの工法を採らざるをえなかった時代はすぎ、曲がりなりにも表現が意図した材料が用いられるようになってきたのである。同じように、ナショナル・アイデンティティの表現にも、コンクリートや鉄骨がその造形の前提となり始めていた。前川國男の建築が、この作家の体質にもっとも適している壁を主体とした表現や、耐力壁の構造を中心に据えた建築から見たときに、柱を軸に据えた構成に一番近くまで接近したのが、この時期であった。それはこのインターナショナルな建築家が、戦後50年代の時期にもっともナショナルな表現に近づいたからではなかったか。神奈川県立音楽堂（1954年）には、その時期の彼が、時代の証言となる建物を結晶させた姿が見られる。ナショナルという概念が、一番警戒心を抱かずに語りえたのがこの時代だったように思うからである。正統なる近代主義とは、何を前提とするものであっただろうか。結果的に1950年代には、建築家たちのすべての精神的状況が、工業水準によりかかっていたと考えられる。ナショナルな表現の緊張感は解け、装飾的造形の余裕はなく、構造安全性を確保するぎりぎりの表現しか可能ではなかった時代に、構造と材料の基盤であった工業水準に、建築家たちはかつてなかった期待を寄せた。そして結果的に、それは近代社会の先駆的状況であった。

この時代の日本の建築のなかに、コルゲート板を用いた作品がすでに現れた。エンジニアである川合健二が、1966年に建設した自邸がその例である。彼は丹下健三に協力したボイラー技師であり、建築の効率と資源のリサイクルをテーマとして自邸を建設した。そこに出現したのはコルゲート板による巨大な楕円形のチューブであり、そのなかを2階に仕切って自邸の各室が構成されたのであった。コルゲート板のチューブは、地面にごろりと置かれただけであった。

そこには基礎もなければ、柱もなかった。それは建築ではなく、巨大な物体として置かれたのである。川合健二自邸は、現在もなお、建築におけるもっとも極限的な実験として歴史上に残っている。この川合健二自邸に触発された建築が、石山修武によって1975年に設計された別荘建築「幻庵」である。石山は川合自邸を訪れ、強烈なショックを受ける。その体験をもとに、「幻庵」は設計される。この建築もまたコルゲート板によるチューブ状の建築である。ここでは、断面は楕円形ではなくゆるやかな3角形を描く。チューブの両端には鉄板による装飾的仕上げが施されて、川合健二自邸に見られた実験的建築から、石山独自の前衛表現へと変貌している。川合と石山によって、日本におけるコルゲート板建築はひとつの表現上の伝統を築いた。それはコルゲート板という土木用材料を建築に転用し、建築に新しい可能性をもたらしたのである。川合や石山よりもさらに若い世代に属する遠藤秀平は、それではどのような所からコルゲート板の建築に辿り着き、どのような表現の可能性を切り開いたのであろうか。遠藤は工場建築を若いころに手掛けている。それは近代建築の主要なテーマを彼が継承していることを示す。工業化と建築の関係に意識を集中するならば、工業素材の可能性に気付くのは当然であろう。工業素材を建築に用いるのは、安定した性能と経済的なコスト面での有利さに基づくことが多い。20世紀の建築が目指したものは、工業化された社会の産物によって、その社会を表現することだった。遠藤の素材選択もまた、そのような実際的、歴史的理由によるのであろう。だが、彼の場合はそれだけの理由で材料を選択したのではない。彼はそうした均質な工業素材を用いて、自己の建築を「開いて」いった。彼が自分の建築に、Skintecture, Springtecture, Rooftectureなどの名称を与えているのは、それまでの空間を閉じた建築ではなく、場所を覆い、場所が開かれながら展開してゆくことを目指すからに外ならない。近代建築が鉄を素材として、19世紀以来切り開いてきた歴史は、鉄を西欧建築の歴史のなかに取り込む歴史であった。しかしながら遠藤は、西欧建築を前提とするのではなく、鉄と、それによって形成される場所の関係を、もっと自由に生みだすのである。彼によって建築は、空間を作るというよりも、場所を覆い、場所に生命を与えるものとして、形成される。だから彼の建築は閉じていない。リンゴの皮を剥いたように回転しながら展開するコルゲート板、花びらのように折り重なりながら建築を包み込むコルゲート板、重なりながら互いにずれてゆくコルゲートの被膜など、彼の建築はそこに閉じた空間を生みだすのではなく、開かれた場所の可能性を作り出す。それは建築を自由にし、軽やかなものにする。

それでは、彼の建築の軽やかさを生む「開かれた」建築は、どこから生まれたのであろうか。その理由のなかに、彼の建築の普遍性と文化的独自性の両面を見ることができるだろう。

工業素材を用いた建築は、表現に現代性と世界共通の均質な信頼感をもたらす。遠藤の建築も、20世紀から21世紀を迎えた建築表現に満ちている。その意味では、遠藤の建築は現代の普遍性を備えた建築である。しかしながらそこには独自性もある。彼は工業素材を、工業社会の直接的表現として用いるわけではない。彼は工業素材を、工業化された社会とは異なる次元の社会を目指して用いる。それは自然と交流し、自然のなかに溶け込むような建築である。彼は工業化社会を、単純に理想の社会とは考えていないのだ。工業化社会の産物を利用するけれど、それは工業化社会へオマージュを捧げるためではないのだ。彼はもっと自由に素材を用いており、たまたまそれが工業素材だったと考えたほうがよいくらいなのだ。彼は現代世界を覆い尽くしている均質な建築空間を作り上げようとして工業素材を用いているわけではないのである。彼は現代建築のなかに場所の固有性をもたらそうとしているのである。そこに、彼の建築が普遍性を基盤としながら、独自性をもつ理由がある。それは彼の建築があくまでも「開かれて」いるからにほかならない。そこで次に考えなければならないのは、彼が作り上げる建築の「開かれ方」である。開かれた建築の伝統は、日本建築の伝統である。木造の平屋建築が日本の建築の伝統であり、そこでは建築と庭園がモザイクのように相互貫入しながら建築群を構成していた。日本の伝統的建築は庭園と組み合わされることによって、はじめて建築になるのである。主要な部屋は必ず庭園に面して設けられ、部屋の空間は庭園に向かって開かれる。日本には、閉じて完結した空間は存在しなかった。日本の建築空間は必ず「開いて」いたのである。遠藤秀平の建築には、工業的で現代的な表現にもかかわらず、日本的な建築の発想が流れているように思われる。それが彼の建築に独自性を与えている。具体的に彼の建築の作り方を見てみるならば、それが一枚の皮が丸められ、折り重ねられて建築になっていることに気付くだろう。空間を構成する水平と垂直の要素を組み合わせるのではなく、一枚の皮膜から建築が発想されているように見えるのである。ここで思い起こされるのが、デザイナーの三宅一生の発想である。彼は服を「一枚の布」から発想した。布をカットして立体的な服にしてゆくのではなく、一枚の布を折り、重ね、垂らすことによって服にしてゆくという、非西欧的、非近代的手法をファッションに持ち込んだのが三宅一生であった。彼の発想に、日本のキモノの伝統があったことは疑う余地がない。同じ

ように、遠藤秀平の建築にも、一枚の被覆から発想される構成が見られる。それが彼の建築の「開かれ」方であり、独自性である。グローバル化した世界は、普遍性の名のもとに無個性化した建築を氾濫させた。しかしながら独自性だけを追究する建築は、広がりをもたない時代錯誤しか生みださなかった。普遍性と独自性を合わせもつ方法をわれわれは必要としている。その可能性は決して一つではないだろうし、今後さらに多くの試みがなされるであろうが、遠藤秀平が行ってきた手法が、そうした普遍性と独自性を両立させる可能性に満ちていることは事実である。建築は人間の生活の多様性に応じた適応をつづけることによって、存在を持続できる。文化には単純な「進歩」はないけれど、同時に単純に「成熟化」して停滞してしまうこともない。文化の本質は多様性にあるのであり、さまざまな文化圏がそれぞれの固有の文化を持ちつづけることによって、われわれの世界は豊かになる。建築はそうした人類の文化に寄与する可能性を常にもちつづけているのである。人間の社会の持続可能性が問題となってきている昨今、建築は技術的側面の発展によってのみ持続可能性を確保するのではなく、その文化的側面の重視によって持続可能な社会に寄与する道を考える必要がある。

初出：Documenti di architettura 144 2002 (Electa architettura)

Springtecture びわ CG

川合健二自邸

瀬戸内海が前面に広がる急斜面に貼り付くように建つ、夫婦のための小さな住宅である。斜面を雛壇造成した比較的古い宅地が並ぶ山裾のY字路に挟まれた環境に位置する。東西方向に20ｍと長く、奥行きは1.5ｍから4.0ｍと細長い三角形の敷地である。北側背面には間知石の擁壁が立ち上がり、地盤と北側のアプローチ道路とのレベル差は5ｍから8ｍもの落差がある。

斜面と建築という古風な命題がやはりここでの主なテーマとなった。背後の間知石擁壁と造成地盤というあらかじめ用意された質を最大限引き出すこと。つまり新たに人工的要素を付加することで生まれる、斜面と建築との共有関係によりこの環境的特質の拡張を求めた。付加された建築要素は、5本の杭により持ち上げられた人工地盤と、空間を囲い取る屋根と壁である。

2階部分では北側テラスへと連続する人工地盤である床面と屋根が間知石擁壁を内的壁面として視覚的に取り込み、ダイニングスペースでは間知石擁壁と壁によって西側の風景を切り取っている。

屋根／壁の展開は一枚の長方形状の金属折板であり、斜面と三角地が有する必然的な空間性を、折り曲げ・傾けることにより確保している。斜面との相互作用の中で生まれる開放と閉鎖の状態がこの住宅の空間的特質となっている。

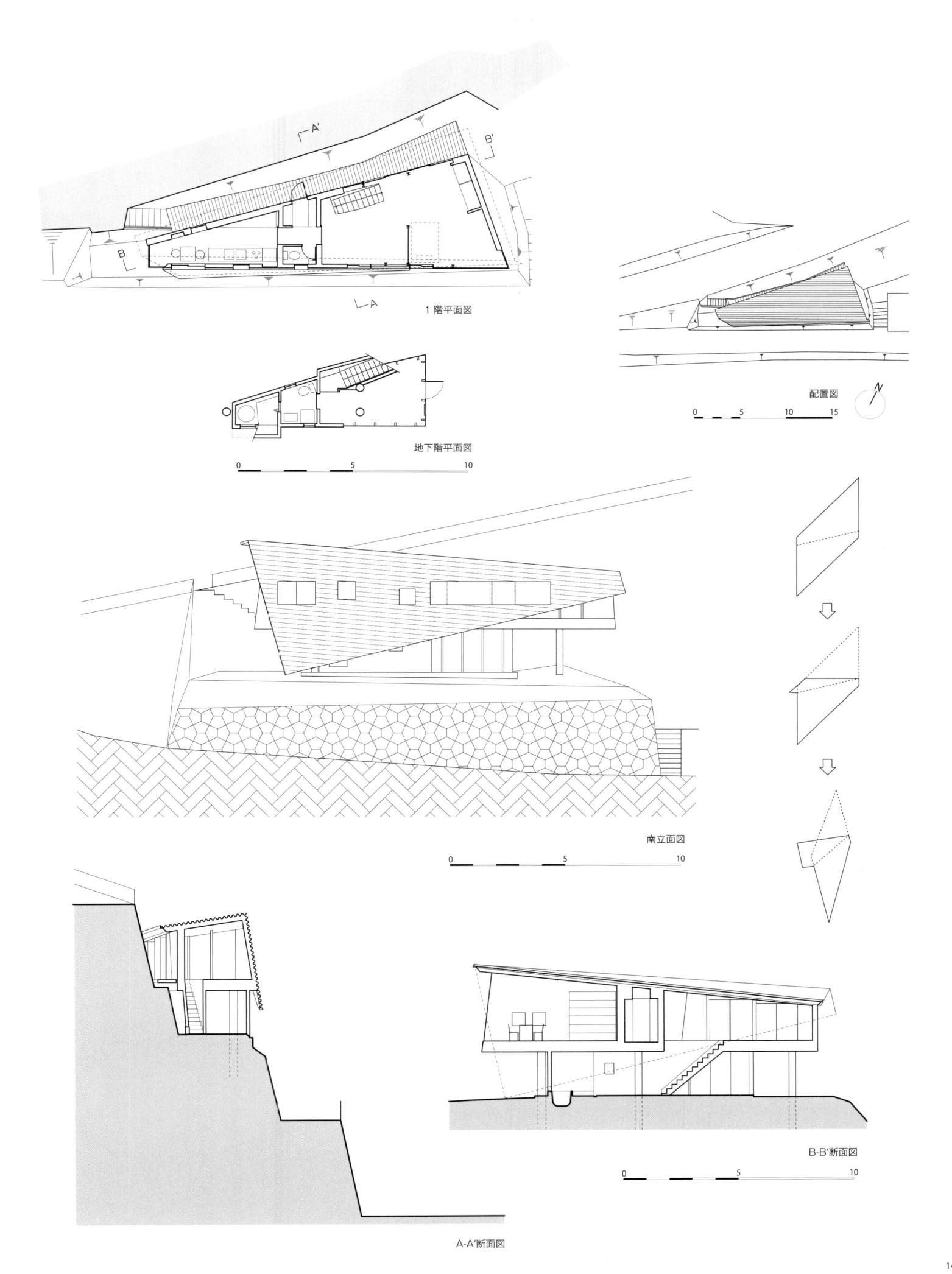

1階平面図

地下階平面図

0   5   10

配置図

0   5   10   15

N

南立面図

0   5   10

B-B′断面図

0   5   10

A-A′断面図

Springtecture Orléans 2001

この建築はフランスのオルレアン市で行われたARCHILAB展からの要請により計画したものである。限定された期間における一時的／仮設的建築であり、外部から区画された明確な内部空間をもたない半建築である。コルゲート鋼板により構造的に自立するが、連続帯が有する展開力は円弧状の軌跡を描きながら無限に連続することにある。これは立体的な都市空間への可能性を有しており、ユークリッド幾何学が支配する均質な現代の都市空間に差異を発生させるためのモデル化である。

初出：PARAMODERN 2002（アムズ・アーツ・プレス）

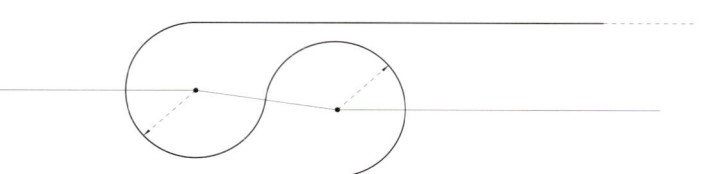

Springtecture Olreans

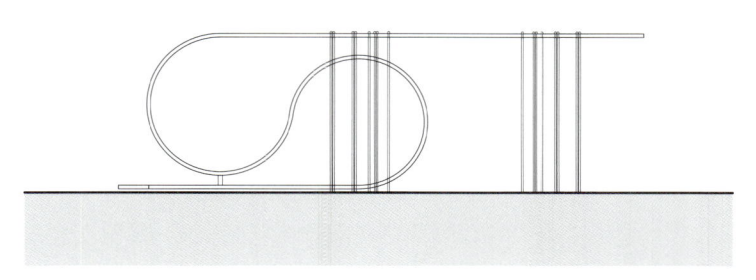

立面図

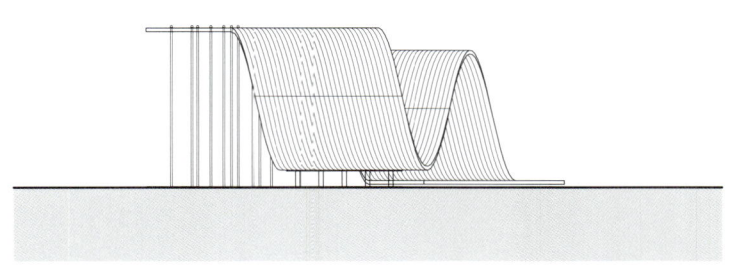

立面図

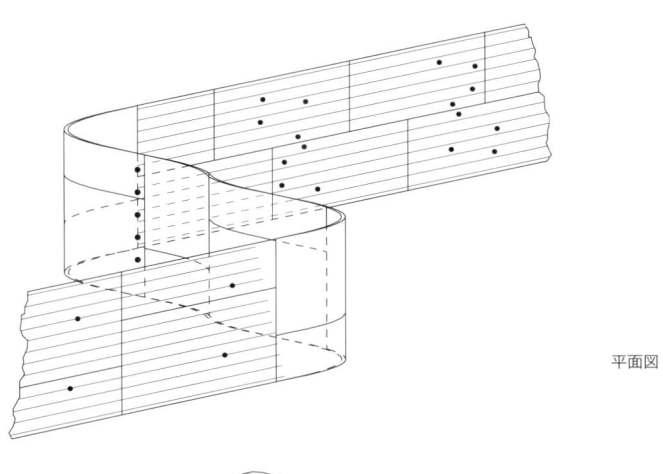

平面図

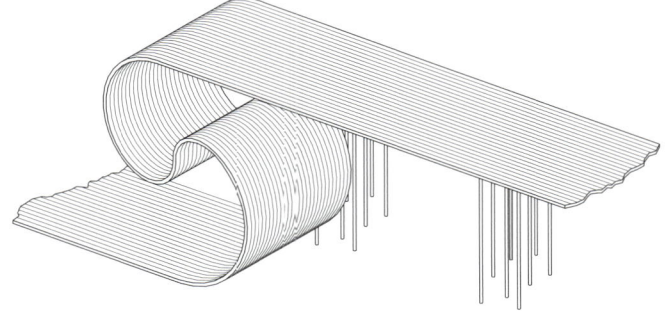

アクソメパース

0 ⸻ 5

建築物の死
アアロン・ベツキー Aaron Betsky／建築評論家・オランダ建築博物館（NAi）館長

建築物は「死」んでいる。建築物はもはやこれ以上成長することのない材料の無機的集合物である。石は風化の一途を辿り、スチールは錆びて、化粧漆喰はボロボロに崩れていき、それでもその材料はそこにそのまま変わらず存在し続ける。建物は生の営みを内包するが、その構成物は変化しない。建物は内包し、手助けする「囲い」となり得るが、それ自体は動かない。このような建物は実際には建築物ではないと言うこともできる。なぜなら、このような建物は建築家とその顧客の夢と不安を含んだ建築物の墓標にすぎないからである。かつて建築家が模範的で啓示的な建物として思い描いたものが、財政、規約、そして建築工事のあらゆる側面を左右する様々な団体からの無数の要求などとの妥協が繰り返され、最終的に、酷評に値する生気のない遺跡と言ってもよいほど、満足のいかない結果になってしまうのである。

さらに、建築術が「死」んでいるということも事実である。一つの技術として、すなわち建物を作成・思考・描写・分析しそれを全て最終結果の建物において表現する方法として、我々は昔から引き継いできた色々な伝統的方法に則って、建築材料を組み立て、用地に対応させ、タイプや計画を表現する方法を確立してきた。今や創造といわれるものは各要素の並べ替えに過ぎず、その結果、同じ材料を同じように使用して同じストーリーを語るか、あるいは、建築工事・シェルター・要塞・居住に関する基本的価値を表現するために新しい材料を使用することぐらいである。今我々にできることは、この昔から引き継いできた伝統的方法を組替えることだけである。

この「死」こそが、建築にとってのテーマであり生命である。建物の骨組みや構成から発せられる無言のメッセージを理解すれば、建物が象徴しているのは我々人間ではなく、より大きな不変で完全なものであることがわかる。この考えは、建築物が何世紀にもわたり生き続けている存在であることを建築物自身が正当化する時の中核となってきた考えである。Adolf Loos氏が、唯一の真の建築物は森の中にある追悼記念碑であると主張しているほどである。最初のmastaba（エジプトの墓）やピラミッドが建設された時のように、建築物といえば墓標であり、富、権力、その仕事を委託した人物の人格などを示す記念碑である。そして、その人物（女性である場合は非常にまれである）は時代を越えて生き続けることができ、実際に石の中に納められていることも多い。さらに墓標が建築家の考えを表す場合もあり、単なる建物ではなく、何かもっと完全なものがそこに存在するという建築家の信念を形にしている。建築はその

幾何学的様式（配置・配列）、土地・地形との調和や関係をもって物事の条理を表現している。地球との基本的な繋がり、あるいは宇宙の心象地図ともいうべきこのような永遠の真理を、建築は石、スチール、レンガ、プラスチックの中に追跡するのである。

それ故、建築物は「死の警告」、つまり我々が死すべき存在であることを思い起こさせる標章であり、墓標を象徴している。現代において我々はこの墓標の任務を、建築物へ転化させ、建築物は活動的な媒体である我々自身が消滅している空っぽの象徴となっている。ミース・ファン・デル・ローエ氏設計のバルセロナにプールと並んで立つバルセロナ・パビリオンやリチャード・ノイトラ氏設計の太平洋の水際に立つ建築物などの純粋な有形性を剥き出しにした象徴を除いて、高度な現代建築における純粋な抽象概念は人間を受け入れなかった。現在の建築物においては、人間はさらに姿を消しており、幾何学的な固体の中にも窓ガラスの反射の中にも人間の手の跡さえ残していない。その代わりに利用しているのが、蛍光灯に照らされた空虚さ、片もち梁を受け入れない論理、または人間が造るものとは全く異質のくずれた不明物体のような形状である。コンピュータという機械が、建築物をついに葬り去ってしまったのである。

皮肉なことに、今もなお我々に語りかけてくるのは遺跡である。ここは建物が崩壊し、もはや使用されておらず、もしくは単に空っぽである。このような建築物にこそ、生命の可能性が息づきはじめている。人間として作ることのできるものを超えた世界を建造し想像する力の存在に我々が気付くのは、建築物がその真の任務と向かい合う場所、追悼記念碑においてである。我々の虚栄心、そして人間を人間たらしめているものは何かという疑問に向かい合うのは、この表現できないものを表現する時である。そして、このような物理的な建物と美的な仕組みをもつ遺跡において、新しい建造物のための建築用ブロックを見出すことができるのである。最後に、建築物と人間に関して過去からの遺物と非現実的な考えの中に残されている伝統の力から、我々はどのように建造すべきかについての手がかりを見つけることができる。

18世紀の啓蒙運動末期における理想主義者の建築家が描いた偉大なモニュメントは、大統領や国王の大規模な墓や記念碑である。ワシントン、ジェファーソン、そしてVittorio Emanuele 2世のモニュメント、Jozef Plecnik氏等による繊細な構成を持つ

墓地、Edward Lutyens氏が第一次大戦後に考案した石に刻んだ風変わりな哀歌のデフォルメなどがある。特にグユナーアスプルンド氏の森の斎場は、20世紀に建造された中でも、形と景観とのバランスが最も完璧なものである。これらのモニュメントは、人生の詩を呼び起こす「死」の場所がいかなる建造物よりも力を持っていることを立証している。

遠藤秀平が設計した姫路市郊外の小さな町にある斎場*058も同様である。これは建築に何が成し遂げられるかを無言のうちに気付かせるものであり、死について静かに考えることのできる場所である。日本人の葬儀の伝統に則っているため、「死」が真実ですぐ隣にあるものと感じられるほど「死」について深く考えることができる一方で、我々に残された人生そして日常の世界と向かい合える。それ故、この建築は日常的で自然な景観の一部となっている。

日本の伝統では、故人を急いで葬りはしない。多くの伝統的文化でみられるように、故人を家に置いておき、その遺体を静かに見守り、家族や友人が集う。故人は葬式の間もそのまま家に残っている。火葬された後も、故人の灰で満たされた骨壺はすぐに埋葬されはしない。自宅に持ち帰って、再び日常生活の一部となるのである。そのため、斎場は非常に象徴的な場所であり、かつ、悲しみの真ん中にあっても機能的な行動を行う場所でもある。ここは「死」の重々しさと、それに結び付けて我々に人生の全てを示す場所である。それだけでなく、日常の習慣的行為とも結び付いている。なぜなら、この「死」という中断があっても日常生活は継続しているからである。

遠藤の斎場の場合、建物は西欧でよくみられる斎場のように、パビリオンを囲む低い引っ込んだ壁の建物ではなく、弧を描く石の記念碑として谷間を見渡す丘の上に立っている。何か重要なものを守っている城壁のようにも見えるが、ピラミッド、石碑、墓など伝統的追悼モニュメントのような階級的な重要性はもっていない。これは完璧なアーチのほんの一部分である。ファサードは荒削りの石と滑らかな石の組み合わせによる格子状となっていて、軍隊や葬式の伝統のような重苦しさを連想させない。また、最高の葬儀用建築物を思い起こさせるこの建物は、この閉鎖的なファサードの後ろにそびえ立つ丘の曲線を映し出すことにより、周辺の景観との間に遮るもののない明確な関係を確立している。その関係は、ひっくり返した船体のように、石壁の背後から持ち上がっている金属で覆われた弓形の屋根によって、より強調されている。

遠藤は金属に跳ぶような動きを与えることにより、この古風に見える壮大さを中断している。玄関ポーチは浮いている跳ね橋のように、入口の通路を弾んで越えていく。これは彼のレパートリーでもよく知られたもので、彼の「Springtecture」の一つである曲線的な作品である。これによって構成全体が現実に引き戻され、ここが霊柩車の入口となる。葬送者は西に向かって小さな開口部からそっと入って来る。ここでは壁が前庭へと開き、続いて二つの平行に並ぶ待合室のどちらかへ入るようになっている。そのスペースは囲まれた空間であり、世の中の有形物全てに手が入れられて洗練されている。そして完璧な均衡が生みだされている。葬送者は最初の部屋の暗闇へと入る。ここは、家族が集まって「炉前ホール」に入る心構えをする場所である。「炉前ホール」は石のテーブルが3台あるだけの大きな空っぽのスペースである。このスペースにおける建物の建築は、素朴で純粋かつ劇的である。滑らかな石と荒削りの石の戯れは、交互の帯状の形状で壁と床に続き、それは剥き出しのコンクリート天井の存在によって強調される。光は壁を流れ落ち、壁の背後では火葬が行われている。その規模は生命よりも大きく、人は「死」の存在を感じる。

この劇的な対面の後で変化するのは、建物の色調ではなく規模である。人は「死」の壁から向きを変えて逆方向に行き、生命の方向へと逆に動く。故人の遺骨を形見として受取る「収骨室」の一つへと移動するためである。ここからは、建物の壮大さが弱まっていき、瞑想的なものになっていく。その規模は人間の身体と同じ程度になり、壁は外部の世界で見られるような造りになっている。石の代わりにレンガが使用され、自然光が採光窓の代わりに窓から入り始める。葬送者は実際に火葬が行われている間、ロビーや待合室へと進む。そして丘の縁部に位置する狭い庭に面した簡素で調度品がほとんど置かれていないスペースに腰を下ろす。自然そして生命が再び存在しはじめるが、その存在は完全に制御・制限されたものである。低い擁壁と真っ直ぐに植えられた木々の織り成す層が、秩序ある現実を物語る。葬送者は灰を受け取った後で、湾曲したレンガ積みの廊下を戻って光の中へ、そして駐車場へと向かう。同じ幾何学模様が建物の内外にループ状に続き、葬送者を帰路へと導く。

従って、この斎場は休止点と言える。ここの巨大な壁は現実の世界の予期せぬ変化や浮き沈みを寄せ付けず、ほとんど完全に停止

させるほど人の速度を落とさせ、生命の身体的存在を終わらせる。残されたものは「無」であり、人は瞑想しながら待ち、死と喪失そして生命の持続性について思いを巡らせる。故人にとっては、確かに、終わりの後に新しい始まりがある。これら全ての背後"形式的なループと湾曲した壁との間または建物と丘との間に残されたスペース"に、この斎場を機械的に機能させるスペースがある。また、最愛のペットのための火葬空間も存在している。

この斎場はこれまで遠藤秀平が設計した中で、最も規模の大きな最も注目すべき構造物であり、この建物に関して多数の名誉を受けている。これは、軽量の材料を用いた躍動感のある構造の学校・家庭・レストラン・バーなどを美しく飾っている、湾曲した活気ある建設物という彼の別の作品とは異なっているように見える。しかし、これがいかに彼のキャリアにおける中継点となっているかを理解することができる。この中継点で、彼は、建築物の最終地点、基本的要素と直面する。ここには、屋根に付けられたスプリングから待合室の繊細な配置に至るまで、他の建物に用いられている細々としたものも使われている。それらがこの最終地点、瞑想場所

では、休息をもたらすために使用されている。ここは遠藤秀平が多大な精力と生命を注いだ彼の建築物、墓である。ここからあの「建築術」が息を吹き返すことのできる、建築物の墓である。

初出:Crematorium Shuhei ENDO 2006 (c12 éditons)

筑紫の丘斎場/芸術選奨文部科学大臣新人賞
受賞記念講演会(大阪市中之島中央公会堂)へ招聘 2004年
左:遠藤、右:アアロン・ベツキイ氏

筑紫の丘斎場 2003

祈りと奥行

この斎場は、老朽化した揖保川、御津、太子町3町の合同の火葬場と隣接した龍野市の火葬場を統合し新設したものである。一般的に斎場は市街地ではなく人家から離れた場所に多いが、既設の敷地は比較的街中といえる環境に位置していた。新設にあたり敷地は、これまでも使われていた合同の火葬場を拡張する方向での建て替えが選択された。この敷地は、特徴として人家に近いことに加え、大きな構造物である国道2号線の大きなコンクリート製の橋脚が隣接している一方で、「佐用丘」と呼ばれ周辺の地面よりも若干高く、比較的広い範囲から眺めることができる場所でもある。と同時にこの丘は、古来より祈りの対象であり、古墳や墓地が集まっていた。さらに「筑紫大道」と呼ばれる鎌倉時代の古道が敷地の中を通過する歴史的記憶の多い丘でもある。ここから筑紫大道の通る佐用丘にある施設として、この名称も生まれた。

アプローチは地形の傾斜に沿って緩やかな勾配を有し、敷地中央のエントランスに向う。エントランスは、長さ130mの御影石でできた壁の中央の隙間に位置し、内部と外部を区切っている。エントランスからは告別室に

それぞれ直接進入し、そこから6基の炉をもつホールへと向う。この炉前ホールが故人との別れの場であり、その後はここからは引き返し待合へと至る。葬送者の地域により待合で1時間30分ほど待つ場合と、近隣の人たちは大きく湾曲する内部の壁面に沿って一旦帰る場合もある。そのために内部には、一時滞留するための2つのホールと4つの個室が用意されている。外壁はコンクリートの躯体に3つの表情の異なる御影石を貼っている。この3つの違いは石材が岩盤から剥がされるとき、さらにドリルで割られるとき、ダイヤモンドの歯で加工されるとき、それぞれの段階の痕跡である。この痕跡をそのまま残し、残材をできるだけ少なくすることを目的とした。内部ではコンクリート壁の型枠としてリブラスを使い、天井ではエキスパンドメタルを使用した。これらは再生可能な鉄製品であり、コンクリートの固化における膨張収縮の歪みと残留応力を少なくする効果もある。さらに壁面の打設後には剥離のために洗いを行っているが、コンクリート内部の骨材があらわになり、地場産の骨材がそのまま見え、地域性のある表情になった。内部空間はこれらの非均質なコンクリートに囲まれ、その中に配置されている諸室の

壁は磁器質タイルが貼られている。これらの部屋は、西側に面する山の斜面に向って開かれ大きな開放感を実現している。この開放性は屋根面の鉛直荷重を受けるためにのみ設定されたステンレスφ114.3mmの柱36本によって獲得されている。

葬送の儀式は奥行きを必要としている。それは、誰かを探し求めて、和室の襖を開いても同じ部屋がくり返されるシーンに近いものか。地中に故人を見送る欧米の人の意識とは異なり、私たちの意識の中では、同一面上で生者と死者が同居していると考えるからだろう。歴史的には火葬を行うこと、また建物内において火葬することなど、きわめて新しいことであるにもかかわらず、厳然とした儀式が成立している。ここでは導入位置から告別室、炉前ホールと進み、最後の見送り後は引き返し、再度戻る状態で収骨室に向かい引き返す行為を設定した。故人を思い祈る気持ちは誰にも共通であると思うが、別れがたい思いを薄めるためにも必要な一連の奥行き空間なのかもしれない。

初出：GA JAPAN 2003-7

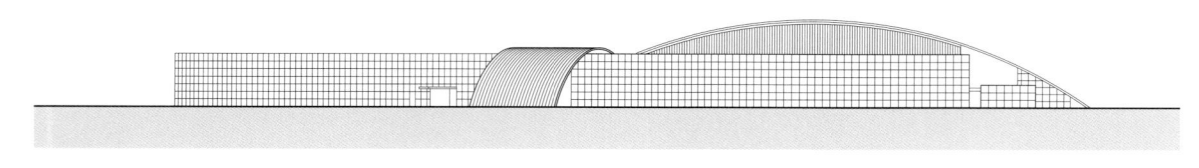

東立面図

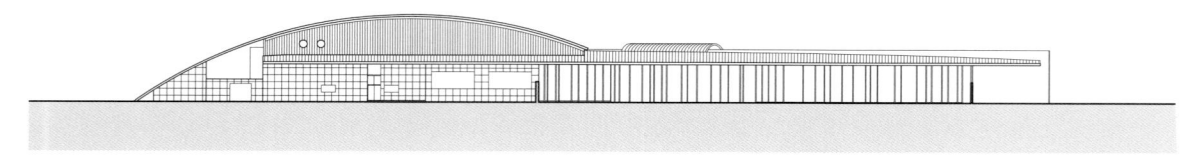

西立面図

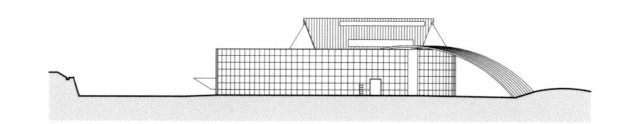

南立面図

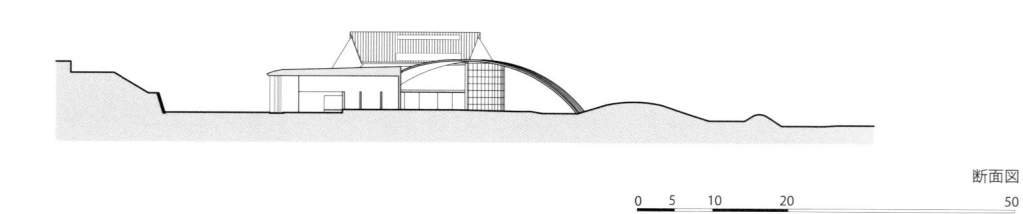

断面図

0 5 10 20 50

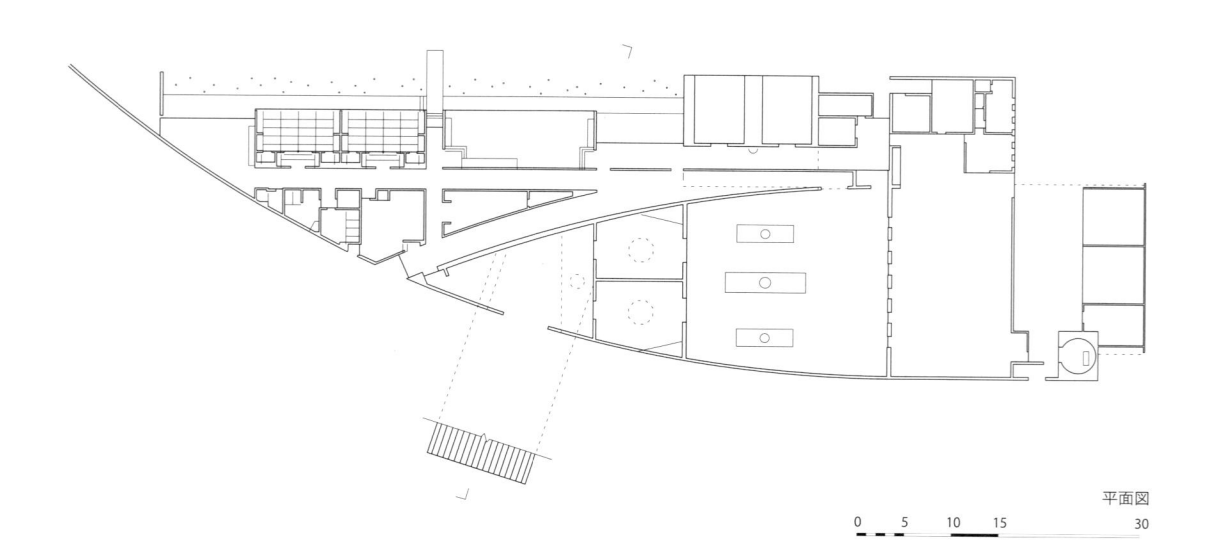

平面図

0 5 10 15 30

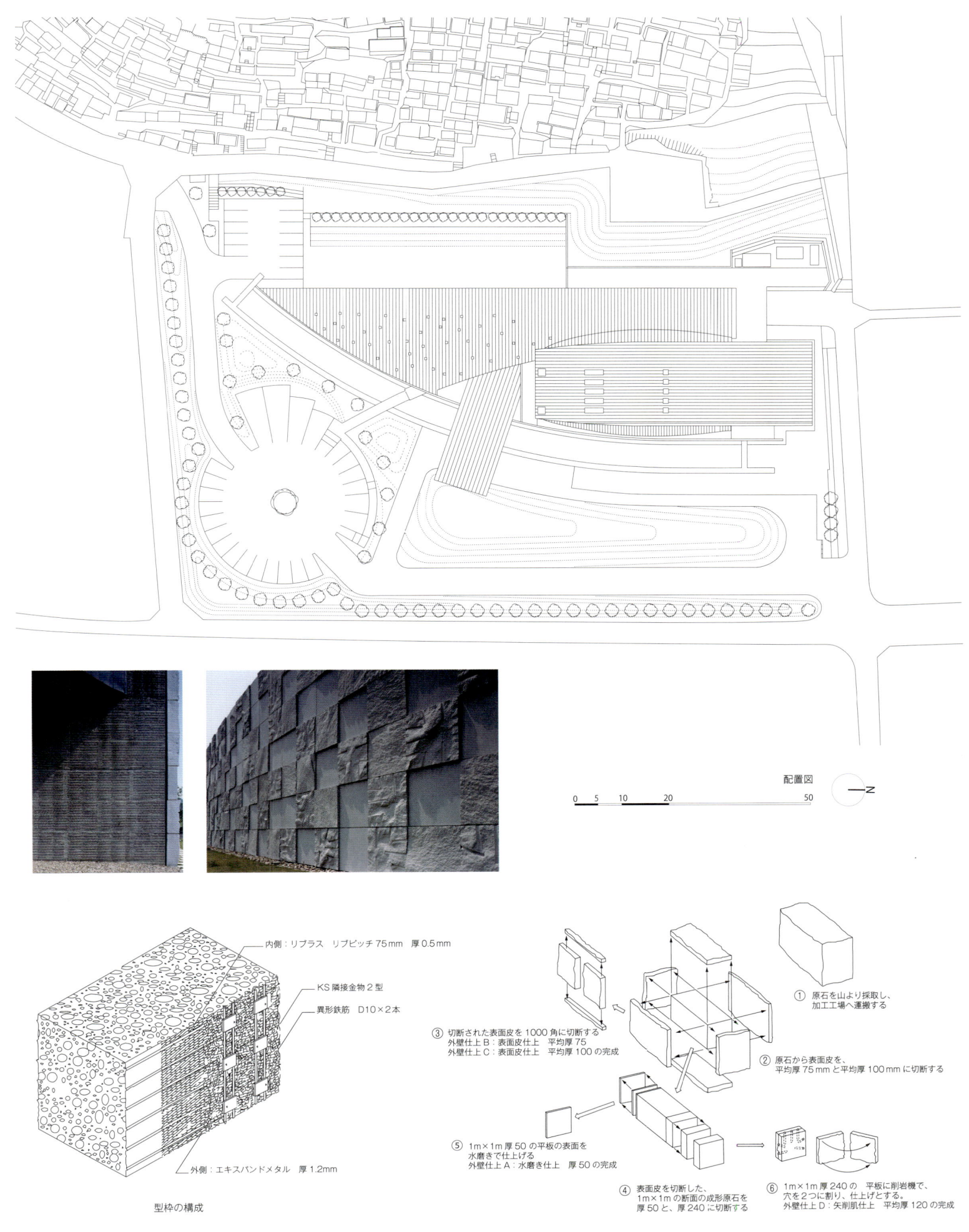

内側：リブラス　リブピッチ 75mm　厚 0.5mm

KS 隣接金物 2 型

異形鉄筋　D10×2本

外側：エキスパンドメタル　厚 1.2mm

型枠の構成

① 原石を山より採取し、
加工工場へ運搬する

② 原石から表面皮を、
平均厚 75 mm と平均厚 100mm に切断する

③ 切断された表面皮を 1000 角に切断する
外壁仕上 B：表面皮仕上　平均厚 75
外壁仕上 C：表面皮仕上　平均厚 100 の完成

④ 表面皮を切断した、
1m×1m の断面の成形原石を
厚 50 と、厚 240 に切断する

⑤ 1m×1m 厚 50 の平板の表面を
水磨きで仕上げる
外壁仕上 A：水磨き仕上　厚 50 の完成

⑥ 1m×1m 厚 240 の　平板に削岩機で、
穴を 2 つに割り、仕上げとする。
外壁仕上 D：矢削肌仕上　平均厚 120 の完成

石の加工方法

配置図

0　5　10　　20　　　　　　　50

N

ゼムパーの影 ── 遠藤秀平とその書的な空間

ケネス・フランプトン Kenneth Frampton／建築史家・コロンビア大学教授

パラモダン（もう一つのモダニズム）の可能性を探る手がかりとして、差異と弱構成を示す日本的背景を眺めてみたい。まず、パラモダンの可能性を生み出す差異として、日本的特質を示す表象の中から連綿体に注目してみたい。連綿体とは日本や中国にある毛筆を使う書道の一方法を示す言葉である。連続して筆が紙を離れることなく書かれ、文字の線が続く技法であり、文字と文字の間も連続させ一文を切れ目なく綴る書法である。このような連続する書法は日本にのみ存在する特徴的な方法ではなく、アラビア文字やローマ字の筆記体にもおなじ方法が存在するが、一言語に留まらず一文を連続する点においては毛筆を使用する文化の特色であると言える。···この特徴は文字（漢字）が有する記号としての部分つまり、へんやつくりとよばれる構成上の役割の差異を消去し、構成された全体像を分解することなく連続（弱構成化）することにある。この連続は文字の部分と部分が共有関係になっていることで成り立っている。この関係を「分有」（部分共有）と位置付けている。

遠藤秀平
「パラモダン・アーキテクチュア」2002

ゴットフリード・ゼムパーは、1851年の著作「建築の四要素」において、民族学および建築学（ethnographic/ architectonic）に関する根源的な理論的モデルを提示している。これはゼムパーの大きな功績であり、その後150年を経て現在に至っても、彼の説は建築文化全般を論ずるにあたって重要な概念となっている。ゼムパーはここで、「原始の小屋」の由来を、4つの基本的建築部位に分類している。それは（1）屋根構造（屋根面と小屋組みを含む）、（2）基礎・基壇、（3）室内界壁ないし外皮としての被膜（これには織物も加えられる）、（4）暖炉（原始的住まいにおける社会・政治的な結節点として）、以上の4部位である。この考え方を日本の伝統的家屋に適用する場合、ゼムパーの言う小屋の原形態における4要素をそのまま見いだすことはさして難しくないが、ただし基壇だけは、地表から持ち上げられた木組みの根太へと多少姿をかえている。いうまでもなく、軽積石造（light-weight lithic）を好む文化から対象を移した時点で、ゼムパーの理論的モデルの適用は限定されるが、しかしながらその存在の妥当性を失いはしない。実際、建造するという行為は、「重さ」と「軽さ」の間で、常に普遍的な意味において対になる事象を生じるものであるから、たとえばカリブ圏の建築の重厚な基壇は、日本においては軽量の根太組の基壇へと姿を変えるのである。伝統的な中東圏の建築においては、引張材をもちいることは稀であり、粘土ブロック造の壁構造がすまいの空間をとりかこみ、時にはヴォールト屋根や敷地境界の壁にまで粘土ブロックが用いられる。これらはもはや重厚な存在であることを免れない。ところでヨーン・ウッツォンは、この粘土ブロック構造建築がその終末状態において大地に還る姿を見て、この建造方法にエコロジーの可能性が備わっていることに気づいている。そのほとんどが木造であった日本の都市の構造物は、第二次世界大戦において徹底的に破壊された。特にこの戦後に顕著に見られる傾向だが、現在の日本の建築文化は、扱う素材こそ違えども必然的に単一素材からなる構造体へと惹きつけられていく。たとえば丹下、前川、篠原、安藤などは耐震・防火性能のある鉄筋コンクリートを、そして妹島や隈の場合はガラスを嗜好する。そして最近の建築家ら

の作品においては木造が散見される。より新しい例では、石山修武につづき、とりわけ遠藤秀平がその繊細な建築作品において、コルゲート波板を好んで用いている。この素材は、しばしば驚くほど連綿とつづく形態に加工され、そこからは内外の空間が入れ替わりたちかわり現れてくる。遠藤が彼自身の好む形態の様式（modus）を、書体との類似性に強く根拠づけており、しかもその類似性は意味論的であると同時に建築的であるという事実は、実に意味深長である。この類似性とはつまり、とぎれなく連続する連綿体という書体のフォルムが有する形の遷移のプロセスの性格が、遠藤の作品においても同様にあらわれていることの類似性である。彼の作品では、コルゲート板が断絶することなく床から屋根へ連続し、表皮が連続して湾曲することでさらにそれが繰り返されてゆくのである。またもうひとつ彼の熱望する理想として、無限に展開する、クラインの壺的連続形態がある。これは言い換えれば、あいまいな「共有された」空間の、ながれるような連続性である。この連続性は、日本特有のすまいの中にも、たとえば障子というスライド壁によって、隣接する空間群がひとつの空間へと変容するといった事象に見いだすことができる。もっとも当然のことながら、遠藤の「共有された」空間においては、変容は障子のようなスライド操作によって行われるのではない。むしろそれとは対照的に、クラインの壺の数学モデルのように、断定的に定義された形態的逆説にもとづく空間である。その理想的形においては、内部の表面は境界をもたずに屋外へと連続し、とんぼ返りのようにさらに継続してゆく。たとえば彼の「Springtecture 播磨」[029]は、無限に途切れることなく回転を続け、そしてこの作品がたまたま置かれた公園において、建築とともにゆるやかな起伏をえがくその地形へと吸収されてゆく。このコルゲート波板による、スポーツ的デモンストレーションともいえる空間は、Y字形の通路によって男女洗面所および管理室の三つの部屋に分割される。ここには遊び心がみられ、彼はこれら三つの空間に回転角度を考慮して目盛りをふり、ダンスの振付けのごとく記号化されている。ここで建築家遠藤は、印象的な現象学的・幾何学的効果を呈示し、その動的な出力情報に注目させて、このゲームを分析する作業に我々を引き込みさえする。ここでは、中性的で抽象的な平面が、「非回転」の状態から出発して、一連の転回のプロセスを経て、再度もとの平面の状態へともどってゆく。その全体は、法規上の理由で設けられた軽快なパイプの柱と薄いフィーレンデール梁で補強された、連続するスパイラルの形をとる。ここでもう一度ゼムパーの屋根と小屋組み構造に関する理論的モデルにもどると、遠藤の手腕によれば、この合成物はその回転プロセスの中で、一度ならず二度までも基礎構造へと姿を変えることになる。「Springtecture 播磨」[029]は同時に、遠藤によってハーフテクチャーの根源的コンセプトの例証であるとされている。なぜなら、その結果としての形態は、開くと同時に閉じているからである。ここで遠藤は、螺旋形空間の理想形の実現により近づいているといえる。ただし、こうした空間は、必然的に建築の実用上の制限を免れないのではあるが。遠藤は、この初期の（曲面のみから構成される）コンセプトを実践する一方、地方で三階建てのオフィスである「AWEオフィス」[037]においては、連続するコルゲート板を平面と曲面の間で変化させることで、「回転」という文法にも取り組んで

いる。この小さめの建物は、平面上は各階ともほぼ矩形の平面であるが、三次元的観点からみれば、平らなコルゲート板および曲面コルゲート板の組み合わせと接合で構成されている。このうち3枚はまっすぐ地面に差し込まれ、残り1枚は建物の一階と二階部分から片持ち梁で張り出した、二重のスチールパネルからなる曲面形かつ垂直形の袖壁となっている。このフーガを奏でるような形態の連続は、1枚の大きなコルゲート面でひとつにまとめられる。この面は建物の全幅で垂直に立ち上がり、頂部でつつみこむように折れ曲がり、ゆるやかに傾いた屋根となる。他の三枚のコルゲート面のうち、二枚は一層分立ち上がり、残りの一枚は二層分立ち上がり、いわば対照的に「対立旋律」をなしながら大きなアーチをえがく屋根壁となる。結果として生じる三層の容積は、上記のコルゲート面以外の部位では、フレームのないフルハイトのガラス窓で覆われているが、一階部分は屋根付きの駐車場とするため開放されている。ここには実用的な要求に対する解決をもたらす直接的なシンプルさがみられるが、このシンプルさを説明するには遠藤の簡潔な説明を引用するのが適切であろう。「...玄関（ないし廊下）は完全に透明であり、スチール製の格子の踏板を設けた直線階段は、外部から見通すことができる。二階部分にはスタッフ10名分のオフィスがある。三階は広い屋根のもと、会議室と社長室が設けられている。...」と彼は説明している。遠藤はこの折れ曲がる屋根が全体を覆うという主題に後に再度取り組み、間口の狭い二層のいわゆる「メガロン形式（megaron：間口が狭く奥行きが広いギリシア式建築様式）」の住居に適用している。ここでは閉じた縦長の外壁側面が、急峻な角度の屋根へと連続してゆく。この「坂井の家K」[*056]は、総ガラスの壁と、金属板に穿たれた窓を通して光を導き入れる。木製縦下見板張りの内部界壁の連続によって、ここでは幾分かの暖かみが得られている。遠藤によるこうした地面と段差の無いコンクリート製の基壇は、ゼムパーにおける原始の小屋と同じく、独立した要素として仕上げられている。この限りにおいては、初期コンセプトに見られた彼の「内―外」の連続性への希求は、抑えられているようだ。続く遠藤による「佐世保フェリーターミナル」[*055]は、「Springtecture」のテーマの好例となる、彼にとってひとつの突破口となったようだ。というのは、要求された空間を包む一枚の曲面状の外皮において、同じ素材でつくられた「壁」と「屋根」の部位は同様に傾いているからである。これは見方によっては、さまざまな幅と回転方向の長さをともなうスパイラル形状の空間を、複雑な折り重なるチューブが絶妙につつみこむ、メガロン形式コンセプトの伸長版と見なすこともできるだろう。この非常に野心的なデザインの基本原則は、「Springtecture びわ」[*070]において、住居のスケールで最終的に実現された。この建築に関する以下の遠藤の簡潔な描写が、彼の建築哲学の水面下によこたわる、微妙でとらえがたい思考を、部分的であれ明確にするだろう。「その構造は、一枚の連続する表皮の、螺旋形の連続として定義される。そしてこの表皮は、屋根・壁・床を形成し、不連続性の連関からなる『springtecture』を創成する。ここでは、構造が一連のアーチと直線を描きながら連続して発展する一方で、それはアクティブなごく普通の表皮を、拡大する建築的空間へと結びつける。分岐した空間群はそのエッジ（内／外／前／後）を形成し、外部から内部あるいは背後から外部へと、部分を共有する『分有体』の建築的構築の中で、不連続的に移動する、

生産的な連鎖をつくりだす。」佐世保ターミナル設計案では、連続して層をなすコルゲート板の螺旋は、天井から床へと動的に連続しているが、ここ（Springtecture びわ）では傾いた壁はごく例外的にしか見られない。概念的な「内―外」の空間的連続性とそれらの交互の表出はひきつづき維持されているものの、遠藤は独立した挿入要素としての「基壇」を導入せざるを得なくなっている。これはたとえば、家への主入口を形成する床面スラブや、コルゲート板の上に設けられた畳空間の3×3の正方形に分割された木製の床など要素である。これらの半独立平面は直接地表面に置かれているか、ないしは壁から天井そしてさらにその先へ...と理論上無限に続く螺旋形の転移をつづける連続する形状に沿いながら埋め込まれている。これらの積層する付加物は、地上からうきあがり、コンクリートスラブをともない、プールや砂場からほのかな自然光の反射によって、住宅に「蜃気楼」のような性格をあたえる。時代を経た美しさをもつ日本庭園の伝統にみられるような、多くの特徴がここでは引用されているが、それは抽象的にではあるにせよ、類まれな繊細さをもって多義的な地表面を形成している。この住宅に厳格なステータスを付与する、その他の要素としては、軽快な管からなる鉄製の支柱があげられる。これはコルゲート板の屋根の構造的安定性を補強するのに不可欠なものであるようだ。「Springtecture 播磨」[*029]のシェル構造を支える、多少不格好にみえる柱や弱い補強支柱とは違って、これらの傾いた小さめの支柱（レム・コール・ハースによる、ヴィラ・ダラヴァの「ピロティ」を思わせる）は、デ・マテリアライズ（非物質化）された無梁の支持要素となっている。おそらく才能ある構造エンジニアとの、素晴らしい協働作業が生み出したものだろう。遠藤はこの数学的トポロジーによる形態操作に熱心に取り組んでいるが、そこではスチールの外皮のもとで片持ちの床スラブをささえたりするような用法だけでなくより表現的に、建築全体包むことができる薄いスラブ構造を主張させるような建築的挑戦もおこなっているからであろう。こうした手法はとりわけ「東郷親水公園」[*025]、「睦月神事会館」[*026]および「ＡＷＥオフィス」[*037]に顕著であるが、ここでの篠原一男の「凶暴性」的な感覚が、不意に彼の思考にも影響をあたえたようだ。これは福井市外の街並みの中に突如挿入された、準公共的領域を創出する「東郷親水路」[*032]においても顕著である。おそらく、この計画以前には、はっきりとした社会的アイデンティティーといったものはこの地域には存在しなかったのではないだろうか。さて、ここで遠藤のイメージの本質部分でもある数学的形態に戻るが、もはや「共有された空間」の考え方はすっかり我々の視野から外れてしまった感がある。ともかく、この数学的形態は、90年代後半の福井県のローカル線駅における小さな駅舎「福井鉄道ハーモニーホール駅」[*024]にてふたたび呼び覚まされる。次に「東郷親水公園」[*025]をみてみよう。光を反射するプールの要素を除けば、この作品はよりフォルム的に厳格な建築的提案である。この建築は、台形のプールをその凹部にとりこみ、小面積に案分された無梁のコンクリートスラブによる、L字形の列柱廊の形をとっている。ここでは、屋根を支える一群のA-B-Aのインターバルを有する複数の柱の配置に、擬古典的ともいえる西洋の参照が明らかにみられる。ただし、柱は屋根かプールのまわりを旋回するにともない、単調なリズムをなす位置から四方八方へとランダムに離散している。文化センターである「睦月神事会館」[*026]に関しては、そのモニュメンタルな

玄関の柱構えを別にすれば、その他に古典的部分はほとんどみられない。鉄骨造の柱状のスーパーストラクチュアもこの作品にとって不可欠な要素であるが、最も主要な役割を担うのはやはり金属板である。この金属板は、北側へ向けて下るゆるやかな曲線を描き、また矩形平面の建物の四方の側面を覆う壁へと連続する屋根面を構成する。ある箇所では、床から天井までの細長いスリット窓がみられるように、荒々しく調和を拒絶するような窓割りがなされている。これは篠原的な対立の美学を再び思い起こさせるが、同様のことが、その近傍に立てられることになる作品「びわ町産地形成促進施設」*038にも見られる。つきつめるところ、遠藤の原点は、巨大なコルゲート処理されたスチール管を使用することの可能性を日本において最初に実験した、一連の先駆的な住宅建築作品にある。このスチール管は川合健二による1975年の住宅、あるいは石山修武の住宅「幻庵」(1975)においてはじめて発見された使用法とされている。ともあれ、遠藤の一連のスパイラルを描くメビウス的作品のユニークな空間言語は、彼の中に古典的部分として明確な地位を形成したといえる。しかし、以上見てきたように、それは彼の作品制作の全体像などでは決してない、そして彼がよりモンタージュ的な方法でデザインを行うことに関していえば、彼は篠原や伊東の流派を連想させる繊細さを示している。ともあれ、遠藤にとって螺旋形をえがくコルゲート板を使用することは、遠藤のいう「パラモダン」的創作態度に際しての他に類を見ない試金石であるし、そして成果物が建築文化と抽象芸術の間を行き来し、そしてそこに内在する「アポリア」(総体としてとらえたときの難題)を再強調するという点では、現代における前衛主義であるだろう。ここで思い起こされるのは、ヘリット・トーマス・リートフェルトによる、シュレーダー邸(1924、オランダ、ユトレヒト)である。遠藤による規範的な住宅「Springtecture びわ」*070は、この歴史的建築と比較するに値するであろう。リートフェルトが20世紀なかばのごくわずかな期間に呈示したことは、控えめに見ても前例の無い革命的な建築言語であるといえる。そして彼の建築は、遠藤の「Springtecture びわ」*070と同じく、世界でひとつの独立住宅にこそ相応しい、時代をへて創造的偉業と呼ばれるに値する作品であった。さてここにいたって、彼の思想の根底に流れるコスモロジカル(宇宙論的)、イデオロジカル(観念論的)、生産論的そして統語論的な帰結としての建築は、今後は従来以上に個別の作品ごとに差異を呈することはありえないようだ。しかし(拡散する差異が収束したとはいえ)、「回転する螺旋形」という手法を日本以外の国での直線的な建築のプログラムに適用することは、その表現のもつ性格と機能的適用範囲の両面において困難である。そして、それぞれの事例において建築物全体が示す抽象性の自己完結的な性格も、同様にそれを困難たらしめている。遠藤のSpringtecture びわにおける螺旋状の数学的形態は、確かにシュレーダー邸にみられる「共有された空間」の遠心力をともなう回転的様式とは別のものであると言えよう。しかし、リートフェルトがこのテーマを一度構築してから後は、それをほとんど顧みなかったという事実を考慮するとき、限界性という点では彼と遠藤との間に非常に大きな類似性がみられる。なぜなら、遠藤のプログラマティックかつ簡潔な手法は、適用に困難が生ずる状況において、その理想を放棄することを拒む理念をその内面に備えているはずであるわけだが、しかしその困難に直面したとき、遠藤は「パラモダン」の理想から離脱することを、リートフェルト同様に余儀

なくされているからである。遠藤が「パラモダン建築」という語において意図することを理解するには、おそらく彼自身の評論に目を向けるべきであろう。特に以下の文章にその意図が現れている。「···また、今日では驚きを目的とする形態操作やミニマルな空間の禁欲的美しさの中でしか建築を考えられなくなっている. 形態操作はコンピューターを使ったシミュレーションゲームであり、ミニマリズムとは意味の消去を求める呪縛である。···建築が実現する抽象化は空間の漂白作業であり···それは、ニュートラルな抽象化に成功したように見えるが、ここには多様性を排除する別の強迫観念が生まれる。白くて四角い建築以外を許さない。···私は「パラモダン」を私自身の建築へのアプローチの表現として用いている(ただしモダニズムに帰することのできる高次の価値を示唆しようとはしていない)。この言葉で、日本的コンテクスト(文脈)との関係において私がデザインする空間の性質を定義することを意図している。···」
この批評的アプローチには高潔な倫理観がみられる。しかし遠藤が、ほんのすこし曲げ加工されたコルゲート板を用いて、常に変化し続ける「メビウス的」空間を展開し、そのことで表現しようとしている明確な差異とは、つまるところ明らかに、以下の連関する2つの表出様式(signifying)をベースにした彼の出発点なのである。その様式のひとつとは、連綿体にみられる二次元的な「弱構築」における、その形が有する三次元的空間を喚起する作用に由来する、記号論的形態論であり、他方は、直交するXYZ軸という古典的な空間の上に重ねられた数学的な旋回形態が喚起する、文化的「学問性」(mathesis)の捉え難い理想である。これらのことは、佐世保ターミナル計画と厳格なSpringtecture びわにおいて、旋回する空間的広がりにおけるサインカーブ・コサインカーブのかたちで、もっとも完全な例示として表現されているだろう。現代においてしばしば恣意的なデジタルの氾濫によってもたらされる、根拠無くスペクタクルな建築の美辞麗句や、あるいはミースの帰結である「レス イズ モア―」からのがれようとした結果、遠藤は最も高尚な意図において、系統発生学的フォルムへと突き進み、そこへ到達した自分に気づいた。彼が到達したその系統発生的フォルムとは、ある特定の産業技術的再生産性の形態に依存する形、すなわち計算されて曲げ加工されたコルゲート板の集積に依存する形態である。書と数学の双方をベースにした「architecture degree zero」が独創性を有することは間違いないが、それが広い適用性をもっているとは言い難い。以上のような批評的考察をおこなうとき、誰もが以下のように不思議に思わざるを得ない。気候、素材の多様性、そしてとりわけ土地の景観そのものは、いずれも複雑なその母胎の内部に、秩序を持った別の表現の種をかくもはらんでいたのか、と。そしてその種から、技術的にわずかに差をつけることによって、永続的に新鮮かつ抜きんでた建築をつくりだすことができるのか、と。このことは、私にとっては、遠藤のランドスケープ作品に隠された未完の可能性であるように思える。そしてこの「基壇」が、より領域を広げて彼の建築を侵食し触発するのであれば、その推移が楽しみである。

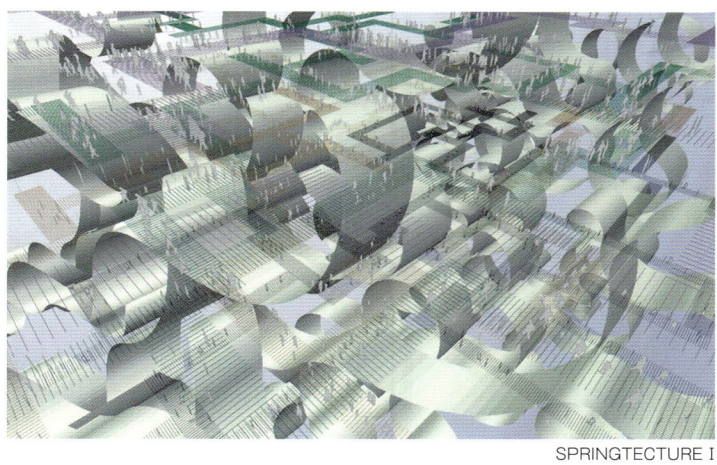

SPRINGTECTURE I

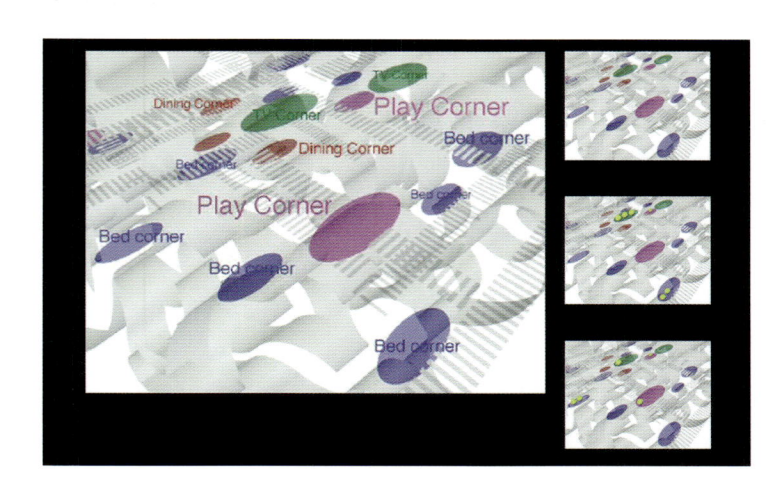

ベネチアビエンナーレ2000サードミレニアムコンペ金獅子賞

佐世保フェリーターミナル設計競技案

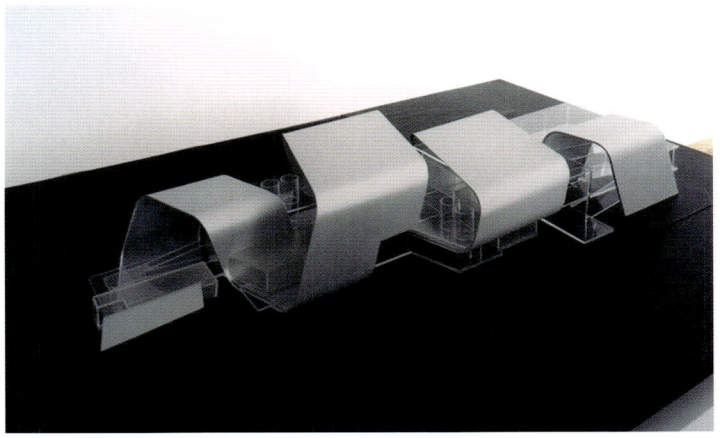

佐世保フェリーターミナル設計競技案模型

環太平洋文化建築デザイン賞展（ハワイ／2003）
ケネス・フランプトンが審査委員の1人

SPRINGTECTURE II

Springtecture びわ 2002

イレギュラーへの試み

不特定多数の人びとが集う場

敷地は、市街地から車で10分ほどの郊外に位置し、住宅が建ち並ぶ典型的な景観の中にある。この建築は、同じ敷地内にある木造住宅に隣接するゲストハウスとして、また、交流の場ともなるよう、実験的な試みとして計画されたものである。

主なスペースとしては、ギャラリー、談話スペース、ダイニングキッチン、ゲストルームなどがあり、外部にはパーキングとテラスが設けられている。これらのスペースには便宜的に名称を設定しているが、それぞれ固定された機能を前提としたものではない。それは、この建築が、不特定の人びとが利用する多様なギャラリーのようなスペースを想定したものであり、工事途中にもあった近隣の人びととの参加を、完成後も持続する場所としているからである。

1枚の帯が生み出すスペース

全体を覆う1枚の帯状の「連続帯」は、全長90m、幅5m、厚さ2.7mmのコルゲート鋼板により構成され、螺旋状に進展しながら部分的に反転し、諸スペースを確保している。この連続帯は平面状のパーツと曲面加工されたパーツにより形成され、山型・谷型の2種類のボルトのみで接合されている。また、冬期の積雪を想定して、パーキングスペースやスパンの大きなところには、たわみを補強するパイプを補助的に立てている。

外部からの視覚的遮蔽物として、螺旋状の進展方向と平行に自立するレンガの壁を数力所立て、それらとの直交方向である東西面を、採光と通風のための開口としている。外部には3カ所のテラスを設け、内外にも連続する状態を形成している。

内部では、連続するコルゲート鋼板が表裏反転連続し、それぞれの空間が緩やかなまとまりをもち、不可分に連続する状態をつくり出している。ゲスト

スペースにおいては、断熱性能を向上させるためにコルゲート鋼板面に断熱塗装を施している。また、開口部にはペアガラスを用い、建物全域には温水による床暖房を設定している。

イレギュラーの選択

この建築は通常の建設とは異なるプロセスを経て実現している。比較的自由になる土地があり、そこでの未知なる空間体験への試みに複数の人びとが賛同して、計画が進行した。

具体的には、土地の所有者、鉄骨施工者、鋼板加工会社、左官、レンガ会社、設備会社、近隣住人、事務所スタッフなど多くの人びとが施工にも参加することによって実現している。通常の建築とは異なる表情を有し、周辺の景観に対し不規則や乱れを感じさせるものであるが、これを可能にした背景のひとつとして、建設過程でのイレギュラーさもある。

最近、ある建築家の講演会で、「建築行為とは形質と構造の抽出である」という話を聞いた。安直な抽象化と記号的形態操作が蔓延する今こそ、この「形質」という言葉が脳裏から離れない。「形質」とはその背後に多様な現れを含むものであると思う。建築に多様な形質が出現するときに、安定しすぎた日常に麻痺しているためか、その形質はイレギュラーとして受け止められるが、これは脆弱な体質を露出しているようにも見える。

この「Springtecture びわ」によって形成された状況も、民家の集合に対するイレギュラーのひとつに違いない。レギュラーとは一定の時間の推移と集積の末に生じるものであり、必然的にこの状況に対する価値もやがては固定されるであろう。しかし、建築を成立させる場面に立ち会うとき、日常を取り巻いているレギュラーな状況を取り込み、それをいい換える振舞いを行うより、イレギュラーの選択に可能性を見たい。

初出：新建築 2004-2

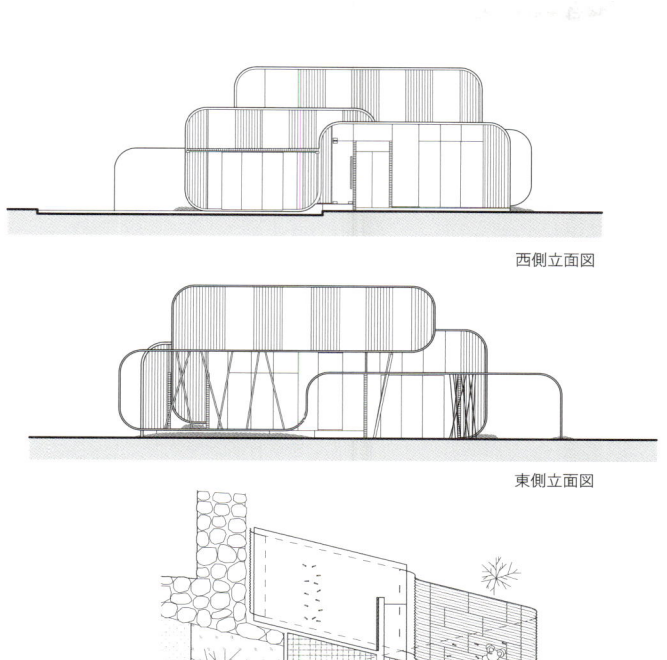

西側立面図

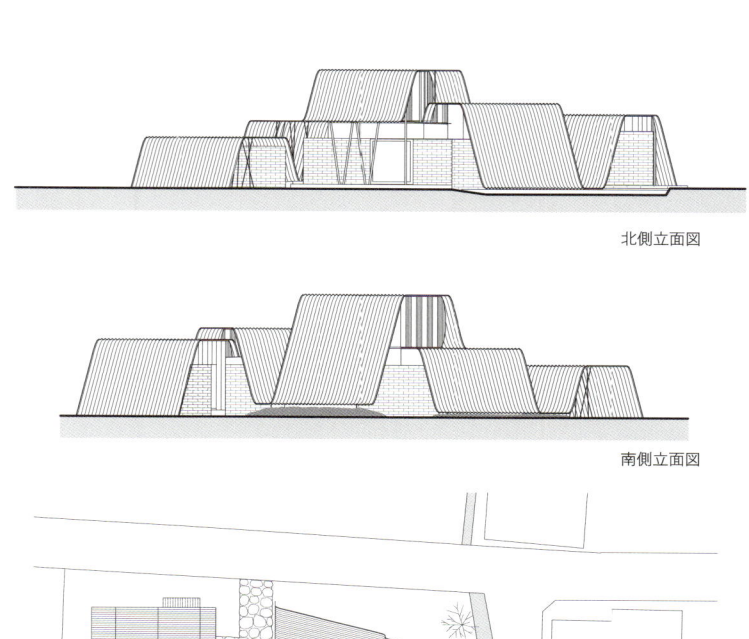

北側立面図

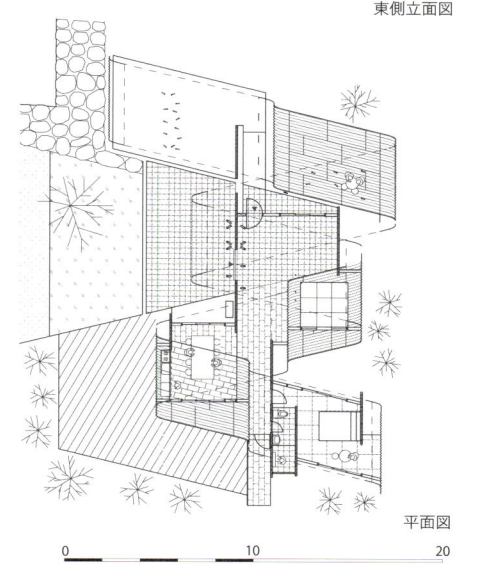

東側立面図

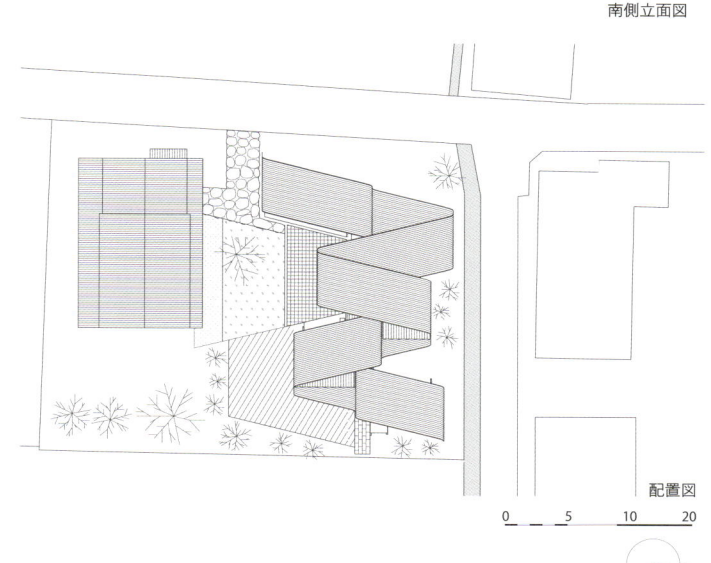

南側立面図

平面図

0　　　　　　　　10　　　　　　　　20

配置図

0　　5　　10　　20

N

ビジョナリーな20世紀末モダニズム
松葉一清／建築評論家・朝日新聞社特別編集委員・武蔵野美術大学教授

技術を即物的な形でいかに採用しうるか。20世紀の建築の歩みを概観するとき、建築家たちがこの素朴な疑問と苦闘し続けてきたことがわかるだろう。ノイエ・ザッハリッヒカイト、つまりは新即物主義。モダニズムの黎明期に青雲の志を抱く表現者たちは、たとえばバウハウスを根城に必至になってその達成を試みた。

だが、技術はしばしば保守的な快適さの感覚と衝突する。上辺ではその荒々しさこそが新時代の表現であると強弁しながらも、ビクトリア朝のイギリスの建築家たちが、鋳鉄の建築にゴシック調の装いを持たせたように、しばしば妥協がはかられた。100年近い時間軸で眺めたにしても、わずかにミース・ファン・デル・ローエだけが超の字のつく精密なステンレス加工仕上げで、即物的な美の殿堂に入城できたに過ぎなかった。

20世紀末の現代建築家である遠藤秀平の作品に、私は大仰にいえば「ひとつの奇跡」を見出すのである。多くの建築家たちが到達しようとして手にし得なかった「即物主義の美学」が間違いなく彼の建築には宿っているのを目の当たりにするからだ。

長く続いた暑さの谷間、雨まじりの曇天の秋の日に、私は兵庫県の東の外れにある、相生のテクノ団地の芝生の上に立っていた。彼が設計した近作「Springtecture播磨」*029を見学するためである。広大な未開発の土地に横たわるこの作品の建築面積は本当に100㎡そこそこ。しかし、建築は揺るぎない存在感を発揮していた。その存在感の特異さ、すばらしさこそが、遠藤の身上とする「即物主義の美学」なのである。立地にみあわない存在感というのは、小さいながらも大地に根を下ろしているといった類が通例だ。だが、「Springtecture播磨」*029は、不思議にも空中に浮遊しているかのような感覚で、荒野に建築家の手の痕跡を刻みつけていた。

コルゲート鋼板は、メビウスの輪の一部を切り取ってきて展開したような、ねじれの躍動感を伴って、どこまでも続く鉛色の空と緑の絨毯が織りなすキャンバスに一幅の絵として描かれていた。鎮座していたのでも、根を下ろしていたのでも、横たわっていたのでもない。それは絵画を見るのに近い不思議な光景だったといってよい。屋根と呼ぶべきだろうか、鋼板の稜線がもたらした形態のエッジの切れ味が、建築と背景を見事に分離させている。そして、うねる鋼板の立体としての量塊感が、柱梁構造でも、ドーム構造でも獲得できなかった、いうなればテクノロジーの3次元モデルとなって出現したのである。

私はそれこそパソコンのディスプレイの上の3Dグラフィックスをズームアップするように少しずつ建築に歩み寄っていった。そこで目にしたのは、これもしっかりとエッジが切られた鋼板接合部に

ならぶボルトの頭であった。もちろん、それ自体は表現を意図したのではなく、重なり合った鋼板をつなぐ目的で純粋に並べられたものに違いない。しかし、その大きくいえば構造を司る部分の力感に私は少なからず魅せられたのであった。これは間違いなく即物主義の完成形である。

コルゲート鋼板といえば、もちろん先駆者としての川合健二やその影響を受けた石山修武を思い浮かべるが、技術者であった川合はともかく、石山の作品（〈幻庵〉や〈開拓者の家〉）は、20世紀の建築が工業化＝商品化されていくことへの異議申し立てのメッセージの色彩が強かった。それは石山が時代に鋭敏な感覚を有する建築家であることをあますところなく証明している。即物的な素材の採用は、暴走する技術に対して、人間がどこまでそれを素朴な形で制御しうるか問いかけているのである。

一方、遠藤の立場は同じコルゲート鋼板を用いながら立脚点が異なっている。もちろん、テクノロジーという観点からは素朴さに変わりはないのだが、彼の視野では、真正面から「美」が見据えられている。もちろん、その美学は先に述べたように、20世紀建築家たちが手にしようとして志なかばにして終わった新即物主義のそれである。同じ素材を使うことがどの建築家にも可能であっても、同じようにいかないことは、誰もが経験的に知っている。およそモダニズムの美というものは、そこに到達できるか否かは、建築家の絶対的な造形力に左右される。それゆえ、モダニズムの建築は幅ひろい形での支持を市民から得られず、歴史的な意匠を具象的にコピーするポスト・モダンの表現が、ある種のデザインのフループルーフ（今流にいえばサルでもできる、である）として広がったのである。

その高いバリアーを超えることができたわけだから、遠藤の造形力は卓越したものであるといい切ってよい。一種の反感を呼ぶ素材、不快感を現代的といいくるめて来ざるを得なかった素材を採用して、彼の作品は、明らかに現代建築の表現として一段の高みに達している。批評者というものは安易に、造形主の手業の霊感（丹下健三には間違いなく備わっている）などというものに美の根源を見出すべきではないと自戒しながらも、遠藤の作品がそれこそ「万にひとつ」の、それではないかと期待するのである。

遠藤の名を建築界に広めた作品である私鉄の無人駅舎「福井鉄道ハーモニーホール駅」*024が連想させるのは、18世紀から19世紀にかけてフランスで活躍した空想建築家たちのドローイングである。クロードニコラ・ルドゥやエティエンヌルイ・ブレらが残したプロジェクト案に見られる徹底した幾何学の絶対美へのオマージュに通底する思考が、この不思議な無人駅の建築には感じられる。それは

いうなれば、「ひと筆書き」の美学といってよい。

ルドゥによる著名な球体の建築〈農地管理人の家〉が、絶対的な幾何学の美を達成しているのは、その造形がいわばひと筆書きによって完成されていることに多くを負っている。一度、紙上に下ろされた筆が勢いをもった一閃で形を生み出すことが、形態の純粋さを保証する。ルドゥの作品の多くはそうすることによってもたらされる、捨象した思い切りのよさゆえに後世の史家たちはモダニズムの美の始源と位置付けるのだが、「福井鉄道ハーモニーホール駅」*024もまたひと筆書きによって構成されていることを見逃してはなるまい。駅のホームの片方から曲線が立ち上がり、それが片一方の端まで走っていってふたつめの曲線を描いて終端に達する。その単純＝純粋な手の作業が、この建築にはやはり絶対美をもたらしている。

空想建築家たちは拡大する市民社会に対して球体やヴォールトの単純明快な形態の大空間を提案した。そこでは、構造技術などは半ば無視されており、それが空想＝ビジョナリーという冠詞を彼らに被せる所以になっている。無論、現代の構造技術をもってすれば、彼らが無想したようなシンプルな大空間は容易につくり出せるのだが、私は遠藤がそれを鋼板という最も簡素な素材で表現してしまったことに興味を覚えもする。

先人たちが閉じた立体で表現したことが、鋼板という空間を開放系で区切る素材によっても手にしうることを彼の一連の作品で教えられたのである。それは、20世紀の建築、そして、そのスタートでもある19世紀の建築におけるさまざまな試みでも例を見なかったことであり、今後、遠藤がどのような形でこの造形の作法を展開させていくか大いに注目したいところである。

遠藤と膝詰めで話すまで、私は彼の「師匠」が誰であるかを考えたこともなかった。このようないわばアヴァンギャルドのきわみのような作品を手掛ける建築家に、直接、先輩が教えを授けること自体がありえないと思い込んでいたからである。だが、遠藤にキャリアを問うたところ、「美建・設計事務所」に大学卒業後、籍を置いていたと聞かされ、得心がいった気になった。即物的な素材をモダニズムの美に高める手腕においては右に出る者のない石井修が主宰する事務所である。

相生の「Springtecture播磨」*029では、コルゲート鋼板の金属質の肌と白いレンガ積みの壁が心地よい衝突を見せているが、そうした巧みなテクスチュアの演出は、石井が最も得意とするところだ。石井が理想としている建築家は、ル・コルビュジエであってミースではない。観念的なモダニズムの機械信奉を抜け出してそこに至った後期のル・コルビュジエに特徴的だったある種のブルータ

リズムに通じる荒々しいテクスチュアの宇宙が、石井の作品には好ましい形で展開されている。

遠藤の作品が即物的でありながら、決して意図的な不快感の増幅や無粋な表現に流れない特質は、影響を受けたか否かはともかく、どこか石井の老練な手腕が行き届いた作品に通じている。震災からこのかた、安易な形で阪神間モダニズムというものが文学関係者の間で語られている。それに与することに抵抗はあるが、もしそのようなローカライズされたモダニズムが存在するのなら、石井の作品は最も上質な一例であろう。そして、遠藤が大阪に拠点を構えているがゆえに同じ特質を共有しているとの推論も、あながち無理なものではないのかも知れない。

現時点において、遠藤の建築は規模の拡大は見ていない。そこにとどまっているから理想が形をとっていることも事実だ。だが、卓越した造形力が本物なら、複合的な機能を内含する大建築でも彼の思考は通用するに違いない。次なる次元に向かって、不安よりも期待が大きいと私は信じてやまないのである。

初出：SD 1998-12

石井修／美建設計事務所で携った住宅

左：松葉一清氏、右：遠藤

Springtecture 播磨 1998

分有体への試み

半建築と両義性による建築行為

兵庫県の西部に開発された播磨科学公園都市と呼ばれる計画性の高い地域に位置する、新設の中学校と小学校の間の公園における小さな施設である。この公園は近郊の住民に広く開放されており、広々とした自然の中に位置するため、種々の管理が必要とされることから管理者休憩室とトイレの設置が求められた。土木的な計画段階において公園の入口付近に用地が設定されており、使用目的との関係から「開放／閉鎖」「表／裏」「内／外」などの相反する両義性が必要とされた。

公共空間に単独で位置するトイレは開放された状態での一時的な滞留を目的とし、接触と減速的な速度変化が発生する「半建築」としての特質を有している。また、この開放性は内部的には閉鎖性に守られた視覚的な独立性を必要としている。これは身体的には外部からの連続性を保持し、視覚的には内部からの視線の優位を確保することに集約される「建築行為」である。

平面的には管理者休憩室と男子・女子トイレの3つの要素が分立する単純なものである。連続性は均質化することにより提供されるものであり、強い有効性を有している。しかし、多くの場合小さな差異を生み出しはするが、連鎖する多様性を期待できるものではない。これに対し不均質な連続性に展開力が確保されれば、多くの運用性を示す不連続体となる。今回の計画においては一時的滞留が目的である3つのスペースを配置することで連鎖する空隙としての通路を誘発させる連鎖帯を運用し、不連続体を設定した。

いくつかの連鎖帯による試み

連鎖性により生み出される不連続体を確保するものとして、鋼板の運用による連鎖帯を利用している。このコルゲート鋼板と呼ばれる波型製形板による試みは今回で6件目となる。いくつかの偶然と必然により、米国生まれの鉄板加工技術とかかわることになったが、当初より限定した可能性を追究したわけではない。主に施工性と経済性とにより選択されているが、鉄としての再利用度の高さや表面をメッキ加工できる点など、他にない魅力も有している。また6件の建物のほとんどが経済的な厳しさが前提となっていることも否定できない。そして、これらいくつかの試み自体が不連続な延長上にあり、相互に関連する部分を共有している。

まず最初に具体化させた「Cyclestation 米原」*013では、単純に屋根と壁を一体化し、連続的に用いることで部分的にではあるが構造性ももたせている。ここでは一枚の大きな連鎖帯による開放的状態が確保されている。次の「Healtecture K」*015では、この屋根、壁一体の連鎖帯による異なる線形での2面の構成を試みている。ここでは4層の高さをもつことから、ラーメン構造との複合化と曲線の芯を内から外に出し反転させることによる不定形なスリットが設定されている。これらふたつの連鎖帯のズレによる可能性を平面的に試みたのが「揖保川銘種苗センター研究棟」*017である。ここでは平面的

168

に異なる線形の壁を1階と2階それぞれに設定し、上下の空間がひとつの柱を接点として共有しながら独立的に展開される連続性を試みている。しかし、これらはいずれもが構造体としての自立性を有しておらず、鉄骨のラーメン構造体に付加するものとしての恣意的選択の側面に増幅されがちであった。この限界に対して「Transtation O」*020では、コルゲート鋼板そのものを構造体とし、ドーム形状や自立する逆L形状を並列的に設定している。そしてそこでは、並列された多くの設定が地盤面との関係に強く方向づけられることが確認された。それは地表から立ち上がる限定された壁面の角度により、他の並列するものとの差異が決定され不連続な多様性が生み出されていることである。これらの延長上における地表のもつ限定性の解除を目的とした「Haitecture F」*024では、屋根・壁・床の連続体を試みている。これは無人のプラットホームと待合いの計画であり、人工地盤が有する特異性により可能となる特殊解であるが、地上階以外では妥当性のある展開力を示している。しかし、小さな施設であることにもよるが、均質断面に変わりはなく、一方向の切断面が同一形状で連続することの限界からは逃れられていない。

分有体による運用の可能性
それら一連の試みを通じて今回の計画では幾何学的汎用性を有し、断面に

おいても一方向での均質性に対し、特異点を設定せずに解除できる多様性の運用を試みている。必要スペースの確保は正円柱の外面を螺旋状に進展する形式と、その半径およびコルゲート鋼板の幅により設定される。これは反転する不連続性による増殖と、半径の選択とによる極大と極小における展開力を有している。今回の設定では補助的に門型の構造材を付加しているが、これは現行法の限界による現実的な選択のひとつである。具体的には小さな建物ではあるが明確な風力係数を設定できないことなどによる結果である。構造上の側面では法的な課題を残してはいるが、不連続に連鎖する形式としての具体性は有している。この連鎖は「内／外」「表／裏」などの相互の周縁部分の共有により不均質な連続性を生み出す。ここに表出される状態を部分の共有により可能となるものとして「分有体」と位置づけたい。
この建築行為は不連続な関係による開放と閉鎖が連鎖する形式の設定である。内側が外側となり、壁が屋根となりそして床となる。表と裏が漸次変成し、体験する側自身が規定してしまう建築的属性に対し解除を要請する機構を示したかった。それは建築形式が必然としてきた防衛性能による妥当性が侵食されている状況への反応なのかもしれない。これは特性のない部分的な建築ではあるが分有体としての小さな試みである。

初出：新建築 1998-7

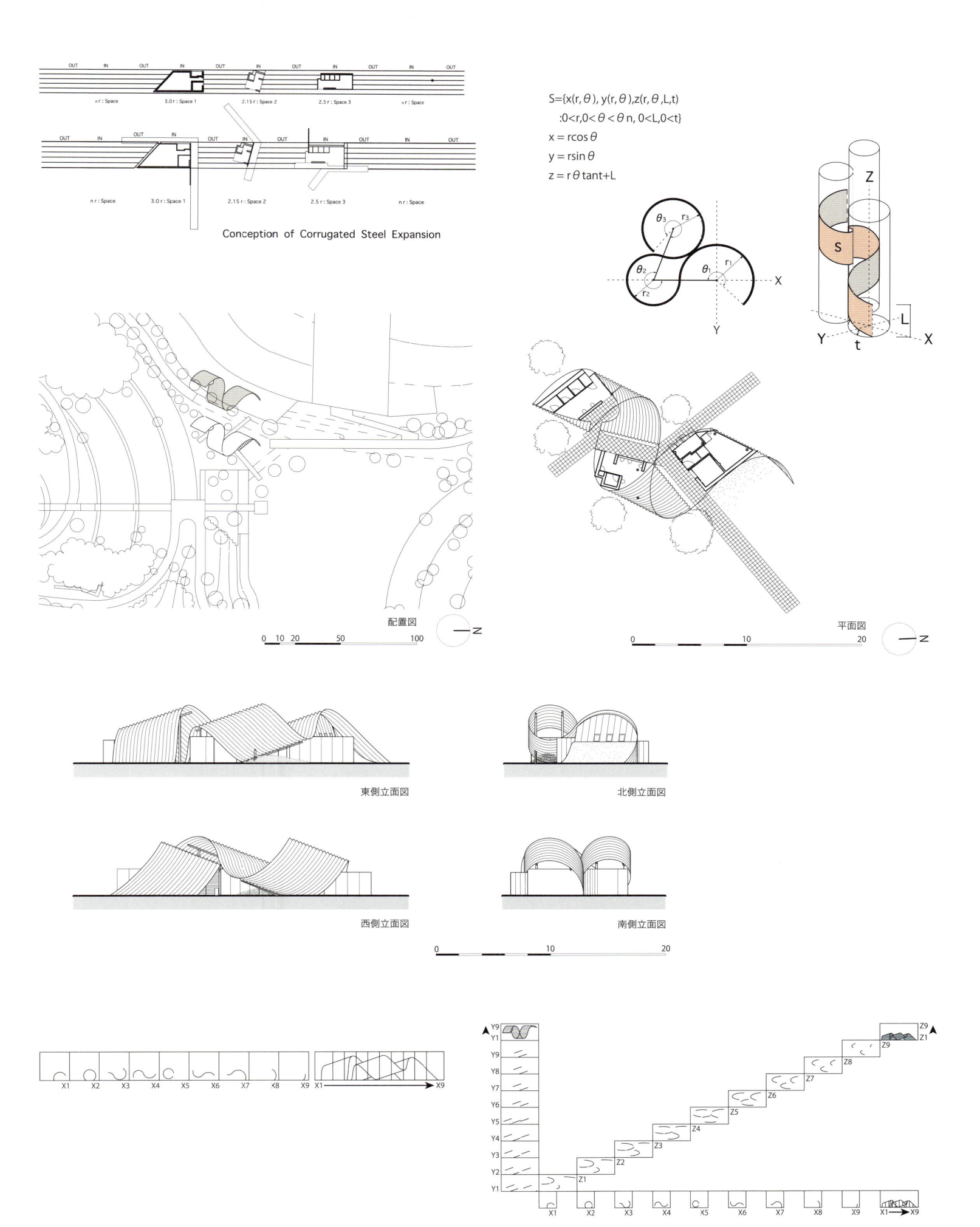

Conception of Corrugated Steel Expansion

$$S=\{x(r,\theta), y(r,\theta), z(r,\theta,L,t)$$
$$:0<r, 0<\theta<\theta n, 0<L, 0<t\}$$
$$x = r\cos\theta$$
$$y = r\sin\theta$$
$$z = r\theta\tan t + L$$

配置図

南側立面図

平面図

東側立面図

北側立面図

西側立面図

不連続膜による試み

この建築は、地方の無人駅の機能拡張への関与である。極端な利用者の減少への対策と地域の活性化を目的として、地元自治体の坂井町により推進された事業である。無人駅の機能は単純すぎるほどのものであるが、ここに新たな介入を設定することによる地域の人たちの接点としての状況づくりが望まれた。駅が示す定刻を持続する均質な制度の運用に触発され、多数の人の離散集合による接触状況の発生を試みた。

敷地は線路に平行して直線的特質を強く有しており、電車が示す直線運行を強化する状況を示していた。電車の運行により持続される均質な連続性は、目的遂行による快感を生産しつづける。そこでは関与する者を振り払う排除と、加速への誘惑が増殖している。コルゲート鋼板による屋根壁一体型の設定は過剰な形態の展開ではあるが、多くの「連続する変形」による連鎖に、恣意性の限定解除への試みを模索した。閉鎖と欠如により繰り返される連続性は、その間隙により接触する多種多様な部分共有への可能性を有している。

展開可能な状況設定こそ、プログラムとして共有されるべき可能性と強度を示す。選択されるべき可能性の保有による多声的状況により、展開として設定された非形態状況である。バーコードに還元され流通するものは多いが、われわれが手にすべく望むものは、常に物理的な結果を有している。

初出：新建築 1997-1

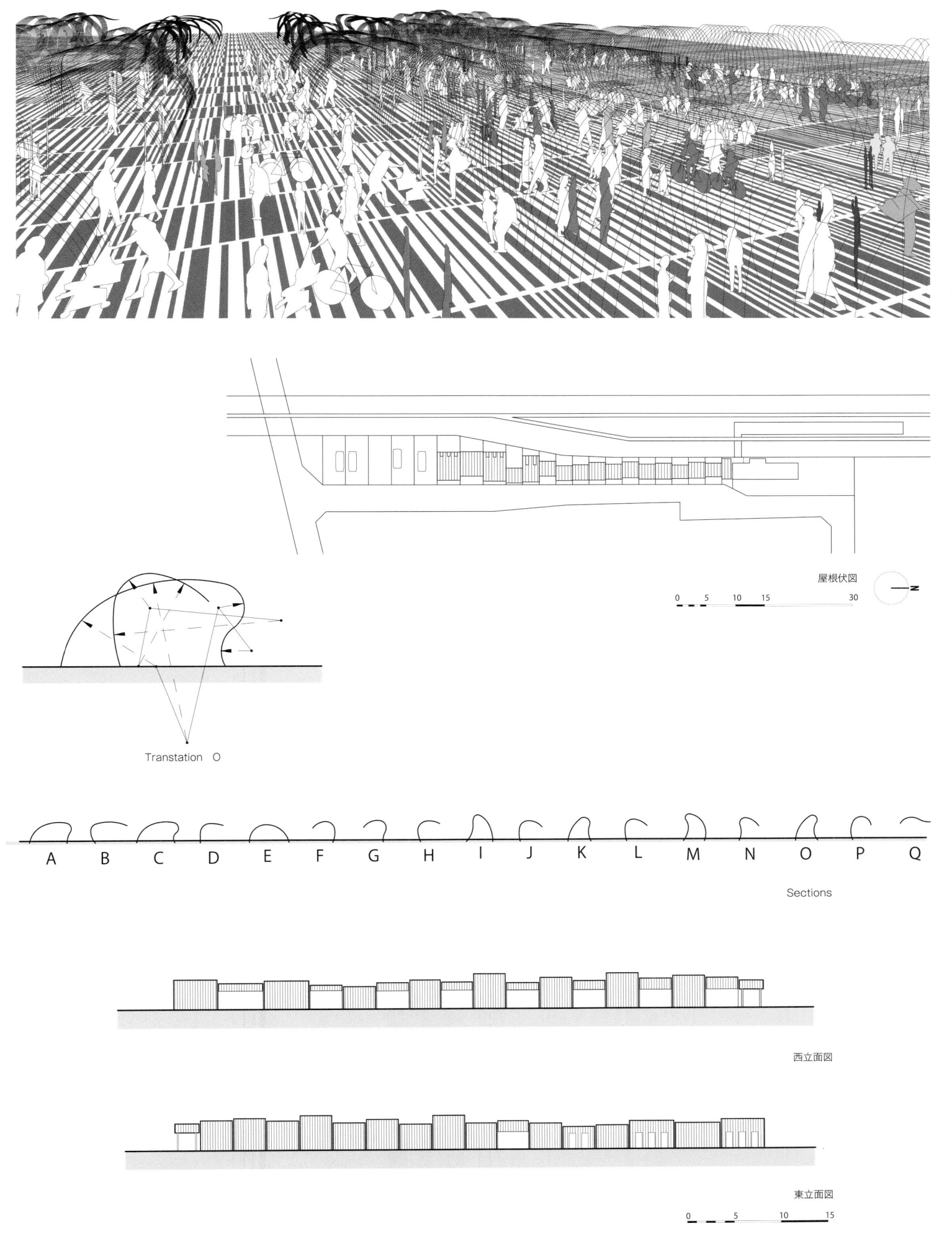

屋根伏図

0 5 10 15 30

N

Transtation O

A B C D E F G H I J K L M N O P Q

Sections

西立面図

東立面図

0 5 10 15

Cyclestation 米原 1994

加速から減速へ

これは計画中に喚起された、身体がもつ速度とそれを超える速度との接触点に関する考察である。

この駐輪施設は、自転車に象徴される身体的速度と隣接する新幹線に象徴される超越的速度とが出会う、速度変化点として想定できる。この速度変化点において注目すべき特質は、加速へ向かうことではなく減速をももたらすことにある。

ここにもたらされる減速とは、自転車の所有者が自己の速度を求め電車から変速点へと循環することにより発生する。

一方、加速は本質的に自己目的以外を排除することによりもたらされる。それは生命が進化の加速の中で、個体の主体性を強化するために根源的に獲得した性質としての暴力的行為である。

この力は、人類が抱く願望によって宗教的構築エネルギーを醸酵させ、いまや主体性を葬り消費を目的とする欲望となり、わずかな差異に目を凝らし消滅への速度を高めているかのように見える。

この排除の力により形成された制度を乗り越えようとするとき、加速から減速へ向かうことの可能性の中に希望が見い出される。減速は＜接触＞することによりもたらされる。

しかし、運命共同体としての満員電車の中で接触は消費され、遺伝子ゲームによる肉体の快楽をもたらす接触さえ消耗されようとしている。過密な接触が意味を消失させるのは、現代社会がもたらす過剰においては必然ともいえる。残された接触の可能性は、パソコンネットワークを凝視する視線のみだろうか？

抵抗の少ない接触こそ、より大きな快楽をもたらしている。それはわれわれの遠い祖先が、海から陸に進出したときに捨てきれなかった皮膚感覚によるのかもしれない。

眼差しによる接触は、会話の成立しない家庭における最後のコミュニケーションでもある。このように関心により生起する＜視線による接触＞の中に、希望という可能性を見い出したい。しかし、建築における接触とは単に、透明の空虚なボックスにより発生する一方向の視線によるものではないだろう。

それは、あえていえばフーコーが摘出してみせたパノプティコンは新人像（内臓器官）形象主義にほかならない。

建築における接触とは、「武装しない視線と防衛しない視線」が向き合う空間の状態であり、地表との生成関係を示すことにある。建築物が、建設途上の状況を示すかのように地表に立ち上がる姿には、懐疑的にならざるを得ない。その様相は重力に抗しながらも調停され、保証を求めているかのようだ。啓示と理性の二元論を融合させる多声的ベクトルと循環する時空への視点により、成立させてしまう力から逃れ、生成するものを増幅させたい。

この建築は、洗濯バサミに止められたシャツが風にはためくように、風に飛ばされたコンビニの袋が石ころに引っかかるように、地表との関係を保ちたい。

初出：GA JAPAN 1995-1

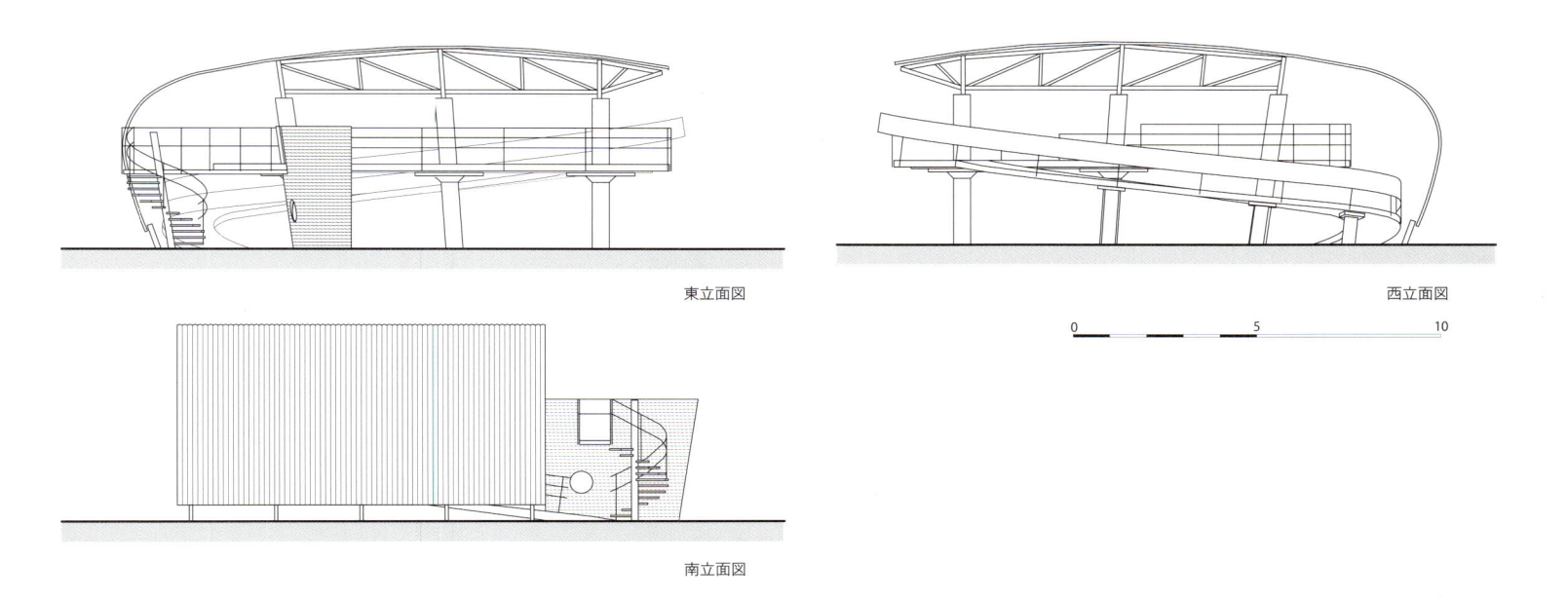

東立面図

西立面図

南立面図

0 ——— 5 ——— 10

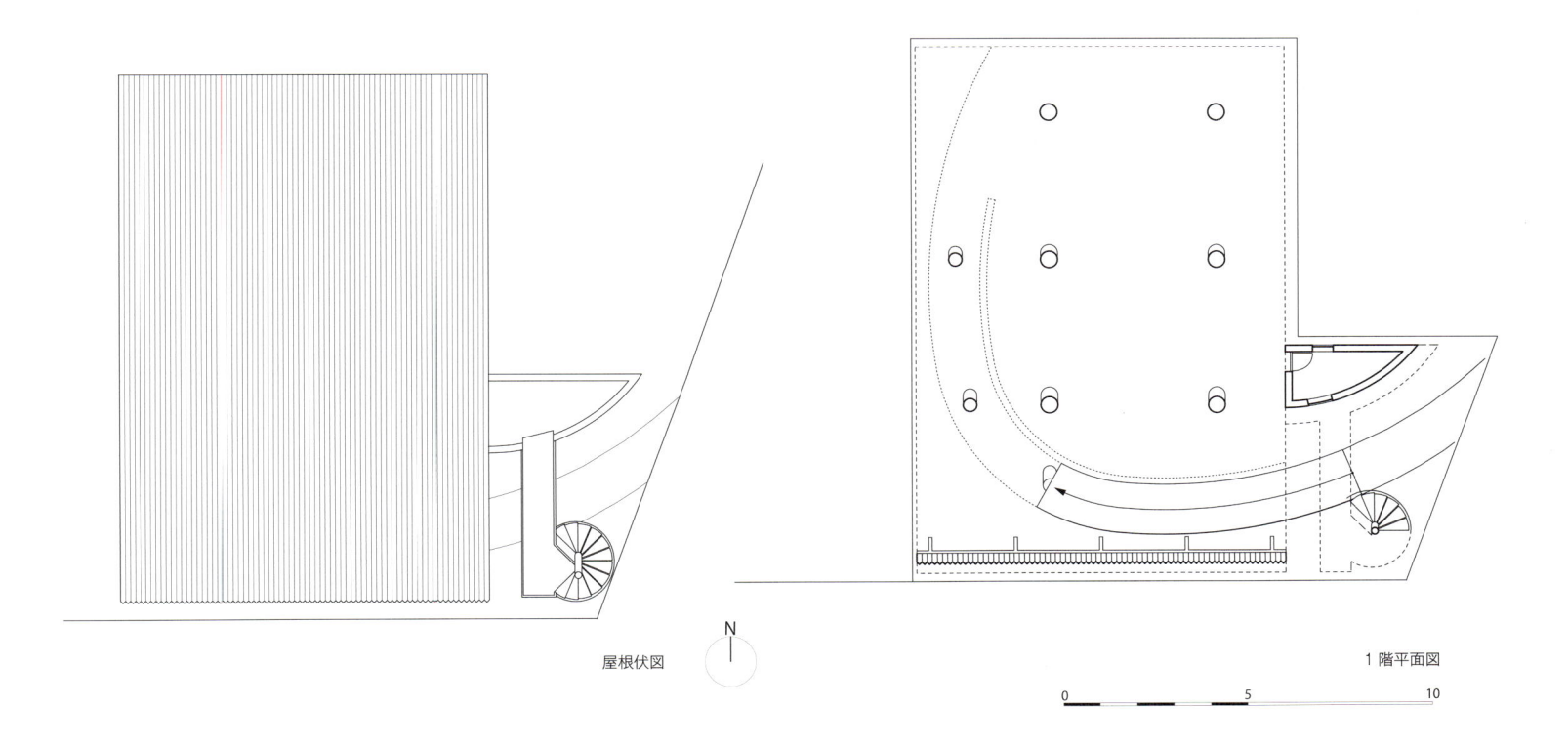

屋根伏図

N

1 階平面図

0 ——— 5 ——— 10

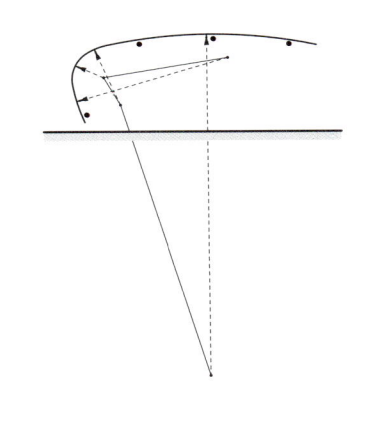

1988-
花園の家
U house

所　在　地：大阪府東大阪市
用　　　途：個人住宅
延床面積：250㎡
構　　　造：木造
規　　　模：2F
構造設計：遠藤秀平建築研究所
施　　　工：三木建設
竣工年月：1988
掲　載　誌：日経アーキテクチュア90/12
作品番号：001

1989-
志野陶石
名古屋ショールーム

所　在　地：愛知県名古屋市
用　　　途：ショールーム
施　　　工：清水建設
設計完了：1989
作品番号：002

志野陶石
建築仕上げフォーラム

場　　　所：東京国際展示場
用　　　途：展示インスタレーション
設計完了：1989
作品番号：003

Sysoの森
開発プロジェクト

所　在　地：兵庫県宍粟市山崎町
用　　　途：別荘地
敷地面積：13ha
設計完了：1989-94
作品番号：004

1990-
志野陶石浅井工場
駐車場

所　在　地：滋賀県長浜市
用　　　途：駐車場
構　　　造：RC造
構造設計：清貞建築構造事務所
設計完了：1990
作品番号：005

志野陶石浅井工場
事務所棟

所　在　地：滋賀県長浜市
用　　　途：会議室
設計完了：1990
作品番号：006

志野陶石浅井工場
3rd Factory

所　在　地：滋賀県長浜市
用　　　途：工場
延床面積：4,067㎡
構　　　造：RC造＋S造
規　　　模：2F
構造設計：清貞建築構造事務所
施　　　工：不二建設
竣工年月：1990.7
掲　載　誌：アンドレア・パラディオ国際建築賞（イタリア）、日経アーキテクチュア90/12
作品番号：007

1991-
志野陶石
建築仕上げフォーラム

場　　　所：東京国際展示場
用　　　途：展示インスタレーション
設計完了：1991
作品番号：008

浅井町展望塔
TIDE

所　在　地：滋賀県長浜市
用　　　途：展望塔
建築面積：11㎡
構　　　造：RC造
構造設計：清貞建築構造事務所
施　　　工：古川工業
竣工年月：1991.9
掲　載　誌：新建築92/01、日経アーキテクチュア92/01
作品番号：009

1992-
狩口市民センター
コンペ案

所　在　地：兵庫県神戸市
用　　　途：文化センター
設計完了：1992
作品番号：010

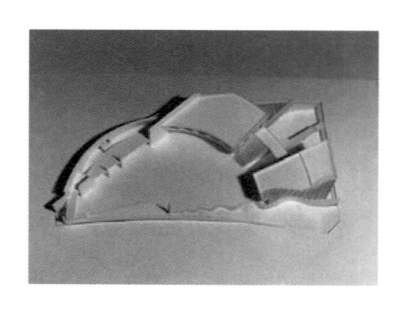

1993-
浅井町文化センター
コンペ案

所 在 地：滋賀県浅井町
用　　途：文化センター
設計完了：1993
作品番号：011

瓦ミュージアム
プロポーザル案

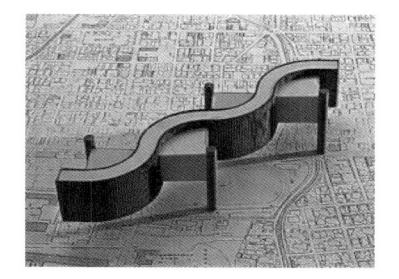

所 在 地：滋賀県近江八幡市
用　　途：美術館
設計完了：1993
作品番号：012

Cyclestation 米原
Cyclestation M

所 在 地：滋賀県米原市
用　　途：駐輪場
延床面積：325㎡
構　　造：RC造＋S造
規　　模：2F
構造設計：清貞建築構造事務所
施　　工：市川工務店
竣工年月：1994.11
受　　賞：第4回大阪建築コンクール渡辺節賞、第5回関西建築家大賞
掲 載 誌：新建築95/02、GAJAPAN95/01、SD94/12、98/01、98/12
作品番号：013

1994-
小町資料館
プロポーザル案

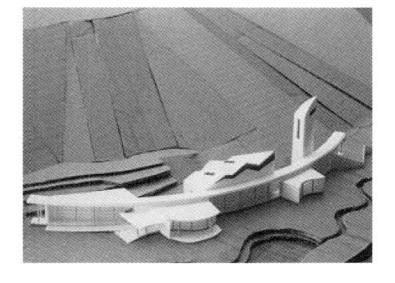

所 在 地：京都府大宮町
用　　途：文化センター
設計完了：1994
作品番号：014

東洋医療総合研究所
Healtecture K

所 在 地：大阪府高槻市
用　　途：鍼灸治療院＋個人住宅
延床面積：257㎡
構　　造：S造
規　　模：4F
構造設計：伊地知構造設計室、清貞建築構造事務所
施　　工：相互住宅　　竣工年月：1996.1
受　　賞：第5回JIA関西建築家大賞
掲 載 誌：新建築住宅特集96/04、GAJAPAN95/11、SD95/08、98/12
　　　　　日経アーキテクチュア97/12
作品番号：015

下馬中央公園
Transtreet G

所 在 地：福井県福井市
用　　途：福井市下馬中央公園親水施設
延床面積：430㎡
構　　造：RC造
規　　模：2F、B1F
構造設計：清貞建築構造事務所
施　　工：福江建設
竣工年月：1996.3
受　　賞：第7回北陸建築文化賞
掲 載 誌：新建築96/12、日経アーキテクチュア96/11
作品番号：016

揖保川漁業協同組合
鮎種苗センター研究棟
Skintecture I

所 在 地：兵庫県たつの市
用　　途：研究施設
延床面積：243㎡
構　　造：S造
規　　模：2F
構造設計：清貞建築構造事務所
施　　工：三和建設
竣工年月：1996.8
掲 載 誌：新建築97/01、日経アーキテクチュア96/12、97/02、SD98/12
作品番号：017

長岡京の家
Rooftecture NO

所 在 地：京都府長岡京市
用　　途：住宅
構　　造：木造
設計完了：1995
作品番号：018

1995-
フェニックス通り景観整備
Transtreet F

所 在 地：福井県福井市
用　　途：景観整備
規　　模：約400m
施　　工：海辺建設
竣工年月：1995
掲 載 誌：ランドスケープデザイン96/04
作品番号：019

京福電鉄大関駅
Transtation O

所 在 地：福井県坂井市
用　　途：駅舎
延床面積：365㎡
構　　造：コルゲート鋼板構造
規　　模：1F
構造設計：清貞建築構造事務所
施　　工：伊藤工務店
竣工年月：1期：1995.10　2期：1996.12
掲 載 誌：新建築97/01、日経アーキテクチュア97/01、SD95/12、98/01、98/12
作品番号：020

1996-
灘の家
所 在 地：兵庫県神戸市
用　　途：店舗＋住宅
構　　造：木造
設計完了：1996
作品番号：021

福井県幸橋
（基本設計）
所 在 地：福井県福井市
用　　途：橋梁
設計完了：1996
作品番号：022

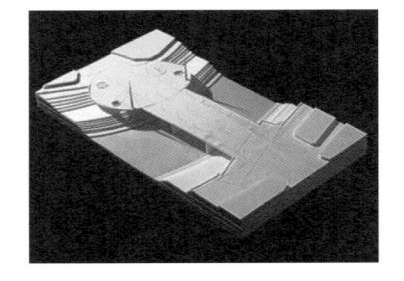

CAMPIN 芦屋
（実施設計）
所 在 地：兵庫県芦屋市
用　　途：キャンプ場
構　　造：S造
構造設計：清貞建築構造事務所
設計完了：1996
作品番号：023

1997-
福井鉄道ハーモニーホール駅
Halftecture F
所 在 地：福井県福井市
用　　途：駅舎
延床面積：103㎡
構　　造：コルゲート鋼板構造
規　　模：1F
構造設計：清貞建築構造事務所
施　　工：第一技術開発
竣工年月：1997.9
受　　賞：インターイントラスペースデザインセレクション97大賞、第32回SDAデザイン賞支部長賞
掲 載 誌：新建築98／02、建築と社会98／04、SD98／12
作品番号：024

東郷親水公園
Rooftecture T
所 在 地：福井県福井市
用　　途：親水公園
延床面積：25㎡
構　　造：RC造＋S造
規　　模：1F
構造設計：清貞建築構造事務所
施　　工：イワサ建設、帰山組
竣工年月：1997.10
受　　賞：第5回福井市都市景観賞
掲 載 誌：新建築97／12、日経アーキテクチュア97／11、GAJAPAN97／03
作品番号：025

1998-
睦月神事会館
Rooftecture O
所 在 地：福井県福井市
用　　途：文化交流施設
延床面積：939㎡
構　　造：S造
規　　模：2F
構造設計：清貞建築構造事務所
設備設計：アトリエU
施　　工：宮永建設
竣工年月：1998.12
受　　賞：カラーラ国際石材建築賞大賞、照明普及賞、木材活用コンクール優秀賞
掲 載 誌：新建築99／03
作品番号：026

姫路市水道会館
Rooftecture H
所 在 地：兵庫県姫路市
用　　途：オフィス
延床面積：1,001㎡
構　　造：RC造＋S造
規　　模：4F
構造設計：デザイン・構造研究所
設備設計：美樹工業
施　　工：清水建設 神戸支店
竣工年月：1999.4
受　　賞：第5回姫路市都市景観賞
掲 載 誌：建築MAP大阪／神戸
作品番号：027

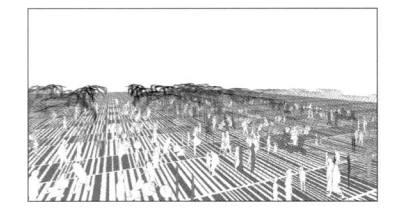

ROOFTECTURE I
用　　途：広場 コンセプトCG
提案年月：1997
作品番号：028

Springtecture 播磨
Springtecture H
所 在 地：兵庫県たつの市
用　　途：公園管理施設　延床面積：54㎡
構　　造：コルゲート鋼板構造＋S　規模：1F
構造設計：T.I.S.&PARTNERS
設備設計：菅田設備設計事務所
　　　　　・寺尾電機設計事務所
施　　工：井上工務店
竣工年月：1998.3
受　　賞：第5回関西建築家大賞、
　　　　　第23回HIROBA賞、グッドデザイン賞、
　　　　　AACA日本建築美術工芸協会賞、AR＋Dアーキテクチュラルレビュー賞大賞、
　　　　　フランチェスコ・ボロミーニ国際建築賞、第8回公共建築賞優秀賞
掲 載 誌：新建築98／02、98／7、GAJAPAN98／07、日経アーキテクチュア98／11、99／04、00／11、SD98／12
作品番号：029

西宮管工事業協同組合事務所
Rooftecture N
所 在 地：兵庫県西宮市
用　　途：オフィス＋倉庫
延床面積：339㎡
構　　造：S造
規　　模：3F
構造設計：デザイン・構造研究所
施　　工：大志建設
竣工年月：1998.7
掲 載 誌：HIROBA99／01、GG portfolio
作品番号：030

1999-
与位温泉
Rooftecture Y

所 在 地：兵庫県宍粟市
用　　途：温泉施設
延床面積：626㎡
構　　造：S造
規　　模：2F,B1F
構造設計：清貞建築構造事務所
設備設計：アトリエU
施　　工：前川建設
竣工年月：1999.12
掲 載 誌：建築文化00/02
作品番号：031

東郷親水路
Transtreet T

所 在 地：福井県福井市
用　　途：街路景観整備
構　　造：RC造＋S造
規　　模：約500m
施　　工：帰山組
竣工年月：1998.10
掲 載 誌：Dialogue00/05
作品番号：032

湖北町文化センター
プロポーザル案

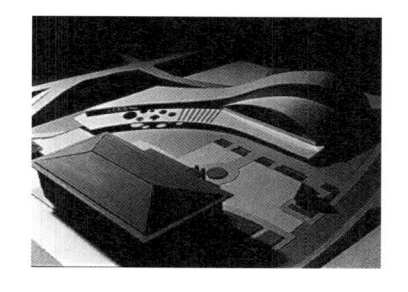

所 在 地：滋賀県湖北町
用　　途：文化センター
設計完了：1998
作品番号：033

連続体

用　　途：椅子
設計完了：1998
作品番号：034

びわ町幼稚園
プロジェクト

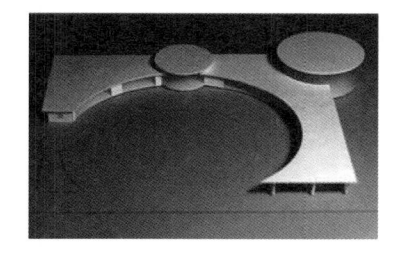

所 在 地：滋賀県びわ町
用　　途：幼稚園
構　　造：S造
構造設計：清貞建築構造事務所
設計完了：1998
作品番号：035

2000-
醒井駅駐輪場
Rooftecture 醒井

所 在 地：滋賀県米原市
用　　途：駐輪場
建築面積：80㎡
構　　造：コルゲート鋼板構造
規　　模：1F
構造設計：清貞建築構造事務所
施　　工：ナカミツ建工
竣工年月：1998
掲 載 誌：GAJAPAN02/05
作品番号：036

AWEオフィス
Rooftecture AWE

所 在 地：兵庫県西宮市
用　　途：オフィス
延床面積：254㎡
構　　造：S造＋コルゲート鋼板構造
規　　模：3F
構造設計：清貞建築構造事務所
設備設計：AWエンジニアリング
施　　工：巨勢工務店
竣工年月：2000.4
掲 載 誌：新建築00/08、ディテール01/01
作品番号：037

びわ町産地形成促進施設
Rooftecture B

所 在 地：滋賀県長浜市
用　　途：農産物直売所
延床面積：551㎡
構　　造：木造＋S造＋コルゲート鋼板構造
規　　模：1F
構造設計：T.I.S.&PARTNERS
設備設計：アトリエU
施　　工：国友工業
竣工年月：2000.9
掲 載 誌：新建築00/08
作品番号：038

浅草の家
Rooftecture A

所 在 地：東京都台東区
用　　途：個人住宅
延床面積：223㎡
構　　造：RC造
規　　模：4F
構造設計：T.I.S.&PARTNERS
施　　工：三美建設
竣工年月：2000.1
受　　賞：第2回イソバンド・イソダッハデザインコンテスト優秀賞
掲 載 誌：documenti di architettura 190
作品番号：039

松岡町スポーツセンター
プロポーザル案

所 在 地：福井県松岡町
用　　途：スポーツセンター
構　　造：S造
設計完了：1999
作品番号：040

Springtecture NHK
理想のエコロジーハウス

所 在 地：東京都稲城市
用　　途：住宅
構　　造：S造＋コルゲート鋼板構造
設計完了：1999
作品番号：041

上田ブレーキ岡山第2工場
Rooftecture U

所 在 地：岡山県邑久町
用　　途：オフィス、工場
延床面積：2,238㎡
構　　造：S造
規　　模：1F
構造設計：清貞建築構造事務所
設備設計：中電工
施　　工：元浜組
竣工年月：2001.8
掲 載 誌：documenti di architettura 190
作品番号：046

ドアハンドル
（ハーモニーホール駅）

用　　途：ドアハンドル
設計完了：1999
作品番号：042

醒ケ井探訪ルート
（天神水）
Halftecture T

所 在 地：滋賀県米原市
用　　途：公園施設
延床面積：9.5㎡
構　　造：木造＋S造
規　　模：1F
構造設計：清貞建築構造事務所
施　　工：黒田組
竣工年月：2001.9
掲 載 誌：新建築02/08
作品番号：047

青森県立美術館
プロポーザル案
Springtecture A

所 在 地：青森県青森市
用　　途：美術館
構　　造：S造＋SRC造
設計完了：1999
作品番号：043

醒ケ井探訪ルート
（いぼとり水）
Halftecture I

所 在 地：滋賀県米原市
用　　途：公園施設
延床面積：22㎡
構　　造：S造
規　　模：1F
構造設計：清貞建築構造事務所
施　　工：黒田組
竣工年月：2001
掲 載 誌：新建築02/08
作品番号：048

WIPO新オフィス
（世界知的所有権機関）
指名国際コンペ案
Rooftecture Wipo

所 在 地：スイス・ジュネーブ
用　　途：オフィスビル
設計完了：1999
作品番号：044

醒ケ井探訪ルート
（西行水）
Halftecture S

所 在 地：滋賀県米原市
用　　途：公園施設
延床面積：67㎡
構　　造：S造
規　　模：1F
構造設計：清貞建築構造事務所
施　　工：黒田組
竣工年月：2001.12
掲 載 誌：新建築02/08
作品番号：049

2001-
Springtecture Orléans

所 在 地：フランス・オルレアン市
用　　途：インスタレーション
構　　造：コルゲート鋼板構造
構造設計：清貞建築構造事務所
設計完了：1999
掲 載 誌：documenti di architettura 190
フラックセンター収蔵
作品番号：045

SPRINGTECTURE I

用　　途：立体都市 コンセプトCG
提案年月：2000
受　　賞：第7回ベネチアビエンナーレ
　　　　　サードミレニアムコンペ大賞
　　　　　金獅子賞
作品番号：050

SPRINGTECTURE II

用　　途：近未来都市 コンセプトCG
提案年月：2000
作品番号：051

大阪府営住宅
プロポーザル案

所 在 地：大阪府交野市
用　　途：集合住宅
設計完了：2000
受　　賞：最優秀賞
作品番号：052

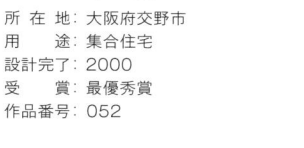
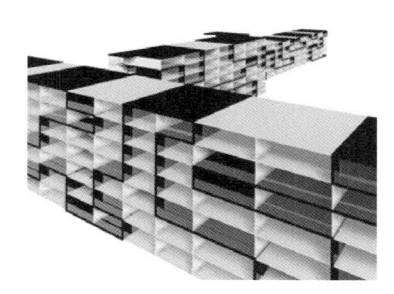

Rooftecture WAVE

所 在 地：大阪府箕面市
用　　途：店舗
延床面積：372㎡
構　　造：S造＋コルゲート鋼板構造
規　　模：1F
構造設計：清貞建築構造事務所
施　　工：日本建設　大阪支店
竣工年月：2001
掲 載 誌：GG portfolio
作品番号：053

疋田舟川親水路
Transtreet H

所 在 地：福井県敦賀市
用　　途：景観整備
規　　模：約600m
施　　工：辻組
竣工年月：2000-2001
作品番号：054

佐世保フェリーターミナル
プロポーザル案
Springtecture S

所 在 地：長崎県佐世保市
用　　途：フェリーターミナル
構　　造：S造
構造設計：清貞建築構造事務所
設計完了：2000-01
作品番号：055

坂井の家K
Rooftecture M

所 在 地：福井県坂井市
用　　途：個人住宅
延床面積：158㎡
構　　造：S造
規　　模：2F
構造設計：デザイン・構造研究所
施　　工：北川建設
竣工年月：2001.11
受　　賞：中部建築賞
掲 載 誌：GAHOUSE99/02
作品番号：056

醒井水の宿駅
Slowtecture S

所 在 地：滋賀県米原市
用　　途：複合文化施設
延床面積：1,430㎡
構　　造：S造
規　　模：2F
構造設計：T.I.S.&PARTNERS
設備設計：設備技研
施　　工：土屋組
竣工年月：2002.4
受　　賞：中部建築賞
掲 載 誌：GAJAPAN02/05
作品番号：057

筑紫の丘斎場
Rooftecture C

所 在 地：兵庫県太子町
用　　途：火葬場
延床面積：2,315㎡
構　　造：RC造＋S造　　規模：1F
構造設計：T.I.S.&PARTNERS
設備設計：桜井システム
施　　工：清水建設
竣工年月：2003.3
受　　賞：芸術選奨文部科学大臣新人賞、人間サイズのまちづくり賞、
　　　　　日本建築仕上学会学会賞・作品賞、BCS建築業協会賞、日本建築士会連合会賞、
　　　　　建築学会作品選奨、アルカシア建築賞ゴールドメダル、公共建築賞優秀賞
掲 載 誌：新建築03/07、建築設計資料109、日経アーキテクチュア03/06
作品番号：058

岐阜県I町福祉センター
プロポーザル案
Rooftecture Gifu

所 在 地：岐阜県
用　　途：福祉センター
構　　造：S造
設計完了：2001
作品番号：059

Rooftecture Rome
ワークショップ案

所 在 地：イタリア・ローマ
用　　途：集合住宅
構　　造：S造
設計完了：2001
掲 載 誌：documenti di architettura 190
作品番号：060

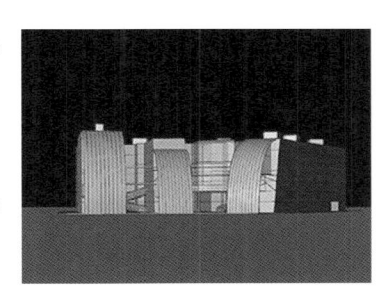

青森アパートメント
コンペ案
Bubbletecture Aomori
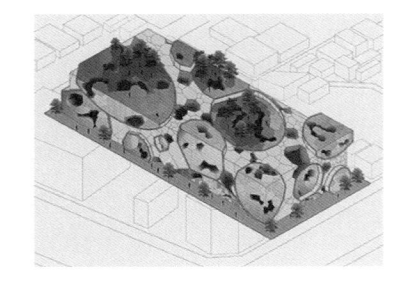
所 在 地：青森県青森市
用　　途：住居＋オフィスビル
構　　造：SRC造
設計完了：2001
作品番号：061

Springtecture Salzburg

所 在 地：オーストリア・ザルツブルク市
用　　途：小屋
構　　造：コルゲート構造
設計完了：2001
作品番号：066

Bubbletecture Singapore
コンペ案

所 在 地：シンガポール
用　　途：集合住宅
構　　造：SRC造
設計完了：2001
作品番号：062

宣成社ビル
Growtecture S

所 在 地：大阪市中央区
用　　途：オフィス
延床面積：605㎡
構　　造：RC造＋S造
規　　模：7F
構造設計：清貞建築構造事務所
設備設計：AWエンジニアリング
施　　工：前田組
竣工年月：2002.9
掲 載 誌：新建築03/03、GAJAPAN03/03、建築設計資料107、日経アーキテクチュア14/02
作品番号：067

小浜食のまちづくり拠点
プロポーザル案

所 在 地：福井県小浜市
用　　途：複合施設
延床面積：2700㎡
構　　造：S造
設計完了：2003
受　　賞：入賞
作品番号：063

米原市立米原幼稚園
Bubbletecture M

所 在 地：滋賀県米原市
用　　途：幼稚園
延床面積：1,232㎡
構　　造：RC造＋S造＋木造
規　　模：2F
構造設計：Arup Japan
設備設計：アスカ
施　　工：清水建設
竣工年月：2003.3
受　　賞：平成16年度公立学校優良施設表彰、中部建築賞、子供のための国際建築賞
掲 載 誌：GAJAPAN03/05
作品番号：068

2002-
下水道中継センター

所 在 地：滋賀県米原市
用　　途：ポンプ場
構　　造：S造
構造設計：清貞建築構造事務所
設計完了：2001
作品番号：064

Shangai Talun Road

所 在 地：中国・上海市
用　　途：都市文化施設
延床面積：20ha
設計完了：2002
作品番号：069

JR醒ヶ井駅舎

所 在 地：滋賀県米原市
用　　途：駅舎(基本設計)
構　　造：S造
竣工年月：2001
作品番号：065

Springtectureびわ
Springtecture B

所 在 地：滋賀県長浜市
用　　途：個人住宅＋アトリエ
延床面積：104㎡
構　　造：コルゲート構造
規　　模：1F
構造設計：T.I.S.＆PARTNERS
施　　工：ナカミツ建工
竣工年月：2002.8
受　　賞：K.B.F環太平洋文化建築デザイン賞大賞、第9回ベネチアビエンナーレ特別金獅子賞
掲 載 誌：新建築04/02
作品番号：070

Springtecture Egypt
コンペ案

所　在　地：エジプト・ギザ
用　　　途：美術館
設計完了：2002
作品番号：071

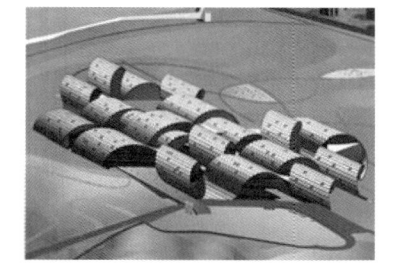

2003-
ハルビン遠大百貨店
ファサード案

所　在　地：中国・ハルビン
用　　　途：ショッピングセンター改装
設計完了：2003
作品番号：072

ナム ジュン パイク美術館
コンペ案

所　在　地：韓国
用　　　途：美術館
構　　　造：S造
設計完了：2003
作品番号：073

ハイライン
コンペ案

所　在　地：アメリカ・ニューヨーク
用　　　途：公園
設計完了：2003
作品番号：074

カラカスプロジェクト
首都再生計画

所　在　地：ベネズエラ・カラカス市
用　　　途：都市再生提案
設計完了：2023
主　　　催：カラカスシンクタンク
作品番号：075

2004-
築港赤レンガ倉庫
プロポーザル案

所　在　地：大阪府大阪市
用　　　途：アーティストインレジデンス
設計完了：2004
作品番号：076

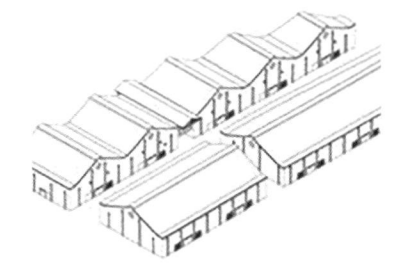

中津市総合体育館
プロポーザル案

所　在　地：大分県中津市
用　　　途：体育館
構　　　造：S造
設計完了：2004
作品番号：077

上郡町パン工房
Slowtecture H

所　在　地：兵庫県上郡町
用　　　途：多目的集会所
延床面積：51㎡
構　　　造：コルゲート鋼板構造
規　　　模：1F
構造設計：清貞建築構造事務所
施　　　工：美徳開発
竣工年月：2004.10
掲　載　誌：グラビテクチャー
作品番号：078

坂井の家O
Bubbletecture O

所　在　地：福井県坂井市
用　　　途：個人住宅
延床面積：227㎡
構　　　造：S造
規　　　模：2F
構造設計：清貞建築構造事務所
施　　　工：北川建設
竣工年月：2004.3
掲　載　誌：日経アーキテクチュア04/10
作品番号：079

八光グループ長堀ビル
プロジェクト案

所　在　地：大阪市中央区
用　　　途：オフィスビル
設計完了：2004
作品番号：080

南方熊楠記念館
プロポーザル案

所 在 地: 和歌山県白浜市
用　　途: 美術館
設計完了: 2004
作品番号: 081

兵庫県立考古博物館
プロポーザル案

所 在 地: 兵庫県播磨町
用　　途: 博物館
設計完了: 2004
作品番号: 082

2005-
大阪城公園城南トイレ
Halftecture OJ

所 在 地: 大阪市中央区
用　　途: 公衆トイレ
延床面積: 59㎡
構　　造: 鋼板構造
規　　模: 1F
構造設計: 清貞建築構造事務所
設備設計: 日本綜合設備研究所
施　　工: 城栄建設
竣工年月: 2005.11
受　　賞: グッドデザイン賞、大阪府建築コンクール知事賞、建築学会作品選奨、公共建築賞優秀賞
掲 載 誌: 新建築06/07、GAJAPAN06/07
作品番号: 083

大阪城公園大手前トイレ
Halftecture OO

所 在 地: 大阪市中央区
用　　途: 公衆トイレ
延床面積: 70㎡
構　　造: 鋼板構造
規　　模: 1F
構造設計: 清貞建築構造事務所
設備設計: 日本綜合設備研究所
施　　工: 大安建設工業
竣工年月: 2005.11
受　　賞: グッドデザイン賞、大阪府建築コンクール知事賞、建築学会作品選奨、公共建築賞優秀賞
掲 載 誌: 新建築06/07、GAJAPAN06/07
作品番号: 084

大阪城公園城南売店

所 在 地: 大阪市中央区
用　　途: 売店
延床面積: 21㎡
構　　造: S造
規　　模: 1F
構造設計: 清貞建築構造事務所
設備設計: 日本綜合設備研究所
施　　工: 城栄建設
竣工年月: 2005.11
作品番号: 085

オーラッシュ千葉
Rooftecture O-C

所 在 地: 千葉県千葉市
用　　途: 輸入車販売店舗＋修理工場
延床面積: 289㎡
構　　造: S造
規　　模: 2F
構造設計: 清貞建築構造事務所
施　　工: 一誠建設
竣工年月: 2005.8
受　　賞: グッドデザイン賞
掲 載 誌: 新建築06/05、JA建築年間2006
作品番号: 086

オーラッシュ豊中
Rooftecture O-T

所 在 地: 大阪府豊中市
用　　途: 輸入車販売店舗＋修理工場
延床面積: 842㎡
構　　造: S造
規　　模: 2F
構造設計: 清貞建築構造事務所
設備設計: 設備技研
施　　工: 前田組
竣工年月: 2005.4
受　　賞: グッドデザイン賞、豊中都市デザイン賞
作品番号: 087

ローデンストックブリレ銀座
RODENSTOCK G

所 在 地: 東京都中央区
用　　途: 眼鏡店
延床面積: 54㎡
構　　造: インテリア
施　　工: 三井物産マーケティング
竣工年月: 2005.3
掲 載 誌: 商店建築08/04
作品番号: 088

オーラッシュ大津
Rooftecture O-O

所 在 地: 滋賀県大津市
用　　途: 輸入車販売店舗＋修理工場
延床面積: 291㎡
構　　造: S造
規　　模: 2F
構造設計: 清貞建築構造事務所
設備設計: AWエンジニアリング
施　　工: 前田組
竣工年月: 2005.6
受　　賞: グッドデザイン賞
掲 載 誌: 新建築06/05、JA建築年間2006
作品番号: 089

オーラッシュ天白
Springtecture O-T

所 在 地: 愛知県名古屋市
用　　途: 輸入車販売店舗＋修理工場
延床面積: 283㎡
構　　造: S造
規　　模: 2F
構造設計: 清貞建築構造事務所
設備設計: AWエンジニアリング
施　　工: 一誠建設　　　竣工年月: 2005.6
受　　賞: 中部建築賞、グッドデザイン賞
掲 載 誌: 新建築06/05、JA建築年間2006
作品番号: 090

塩屋の家
Rooftecture S

所 在 地：兵庫県神戸市
用　　途：個人住宅
延床面積：69㎡
構　　造：S造
規　　模：2F
構造設計：デザイン・構造研究所
施　　工：三和建設
竣工年月：2005.3
受　　賞：大阪府建築コンクール知事賞、くすのき建築文化賞
掲 載 誌：GAHOUSE05/06、1303Architectural REVIEW2005-9
作品番号：091

ICSカレッジオブアーツ

所 在 地：東京都目黒区
用　　途：イベントスペース
延床面積：225㎡
構　　造：インテリア
竣工年月：2005.3
作品番号：092

台中オペラハウス
コンペ案

所 在 地：台湾・台中市
用　　途：劇場
設計完了：2005
受　　賞：ファイナリスト（上位5組）
掲 載 誌：a+u06/04
作品番号：093

大阪府営
交野梅が枝高層住宅

所 在 地：大阪府交野市
用　　途：集合住宅
延床面積：第1期：北棟7266㎡/西棟4931㎡
　　　　　第2期：2304㎡
構　　造：RC造
規　　模：6F/7F
構造設計：和田構造設計
竣工年月：2005
作品番号：094

あかね
プロジェクト案

所 在 地：兵庫県姫路市
用　　途：高齢者ケアハウス
設計完了：2005
作品番号：095

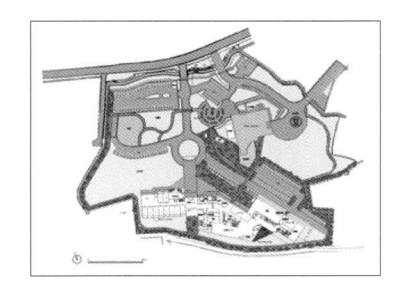

播半
開発プロジェクト案

所 在 地：兵庫県西宮市
用　　途：和食レストラン
設計完了：2005
作品番号：096

養父市葬祭場
プロポーザル案

所 在 地：兵庫県養父市
用　　途：葬祭場
設計完了：2005
受　　賞：最優秀賞
作品番号：097

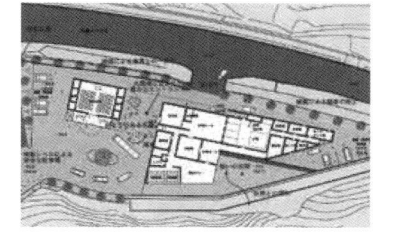

揖保川町 ヘルスケア施設
プロポーザル案

所 在 地：兵庫県揖保川町
用　　途：ヘルスケア施設
設計完了：2005
作品番号：098

Ippei プロジェクト

所 在 地：アメリカ・フェニックス市
用　　途：レストラン
竣工年月：2005
作品番号：099

Paraunite
プロジェクト案

所 在 地：兵庫県宝塚市
用　　途：マンション
竣工年月：2005
作品番号：100

2006-
オーラッシュ京都
Rooftecture O-K

所　在　地：京都府京都市
用　　　途：輸入車販売店舗＋修理工場
延床面積：634㎡
構　　　造：S造＋コルゲート鋼板構造
規　　　模：2F
構造設計：清貞建築構造事務所
設備設計：AWエンジニアリング
施　　　工：一誠建設
竣工年月：2006.3
受　　　賞：グッドデザイン賞
掲　載　誌：商空間デザイン06/06
作品番号：101

Hataya
プロジェクト案

所　在　地：愛知県名古屋市
用　　　途：住宅
延床面積：227㎡
構　　　造：S造
設計完了：2006
作品番号：106

オーラッシュ福岡
Rooftecture O-F

所　在　地：福岡県福岡市
用　　　途：輸入車販売店舗＋修理工場
延床面積：259㎡
構　　　造：S造＋コルゲート鋼板構造
規　　　模：1F
構造設計：清貞建築構造事務所
施　　　工：一誠建設
竣工年月：2006.3
受　　　賞：グッドデザイン賞
作品番号：102

Rooftecture O-M
プロジェクト案

所　在　地：東京都目黒区
用　　　途：輸入車販売店舗＋修理工場
構　　　造：S造＋コルゲート鋼板構造
設計完了：2006
作品番号：107

大阪城公園レストハウス
Halftecture OR

所　在　地：大阪市中央区
用　　　途：飲食店＋公衆トイレ
延床面積：228㎡　規　　　模：1F
構　　　造：鋼板構造
構造設計：デザイン・構造研究所
設備設計：日本綜合設備研究所
施　　　工：友愛建設工業
竣工年月：2006.3
受　　　賞：公共建築賞優秀賞
掲　載　誌：新建築06/07、GAJAPAN06/07
作品番号：103

オーラッシュ奈良
Rooftecture O-N

所　在　地：奈良県奈良市
用　　　途：輸入車販売店舗＋修理工場
延床面積：336㎡
構　　　造：S造＋コルゲート鋼板構造
規　　　模：1F
構造設計：清貞建築構造事務所
設備設計：AWエンジニアリング
施　　　工：遼プランテック
竣工年月：2006.2
受　　　賞：グッドデザイン賞
作品番号：108

オーラッシュ岡山
Rooftecture O-Ok

所　在　地：岡山県岡山市
用　　　途：輸入車販売店舗＋修理工場
延床面積：298㎡
構　　　造：S造＋コルゲート鋼板構造
規　　　模：1F
構造設計：清貞建築構造事務所
施　　　工：一誠建設
竣工年月：2006.9
作品番号：104

高雄国立舞台芸術センター
コンペ案

所　在　地：台湾・高雄
用　　　途：シアター
設計完了：2006
作品番号：109

O.I.C.本部ビル
コンペ案

所　在　地：サウジアラビア
用　　　途：オフィスビル
設計完了：2006
作品番号：105

キリンプラザ 展示
Gravitecture KPO

所　在　地：大阪府大阪市
用　　　途：インスタレーション
キュレーション：五十嵐太郎
設計完了：2006
掲　載　誌：新建築06/09、SD06
作品番号：110

銀座 イルミネーション
コンペ案

所 在 地：東京都中央区
用　　途：イルミネーション
設計完了：2008.2
作品番号：111

上里町
ハイウェイオアシス
プロジェクト案

所 在 地：埼玉県上里町
用　　途：サービスエリア
プロデュース：堺屋太一
設計完了：2006
作品番号：112

広島新球場
プロポーザル案

所 在 地：広島県広島市
用　　途：スタジアム
設計完了：2006
受　　賞：ファイナリスト（上位5組）
作品番号：113

2007-
ブルボンビーンズドーム
三木総合防災公園屋内テニス場
Slowtecture M

所 在 地：兵庫県三木市
用　　途：屋内テニスコート＋公園
延床面積：16,168㎡　構　造：S造　規　模：1F
構造設計：デザイン・構造研究所
設備設計：設備技研/監理:GE設備計画
ランドスケープ：鳳コンサルタント環境デザイン研究所
施　　工：鹿島・安藤・アイサワ・丸正・
　　　　　平尾特別共同企業体　　竣工年月：2007.3
受　　賞：屋上・壁面・特殊緑化技術コンクール環境大臣賞、第7回環境・設備デザイン賞、
　　　　　都市公園コンクール国土交通大臣賞、AFCHIP Architectural Award 2009
掲 載 誌：新建築07/11・07/12、日経アーキテクチュア07/10、カザベラ776
作品番号：114

ドアハンドル
（ブルボンビーンズドーム）

所 在 地：兵庫県三木市
用　　途：ドアハンドル
設計完了：2007
作品番号：115

森の10居R棟
Rooftecture M's R

所 在 地：大阪府羽曳野市
用　　途：集合住宅
延床面積：192㎡
構　　造：S造＋コルゲート鋼板構造
規　　模：2F
構造設計：清貞建築構造事務所
施　　工：シグマ建築設計
竣工年月：2007.5
受　　賞：大阪府建築コンクール大阪府知事賞、かんでん住まいの設計コンテスト優秀賞
掲 載 誌：新建築07/08、建築雑誌08/08、日経アーキテクチュア08/08
作品番号：116

森の10居S棟
Rooftecture M's S

所 在 地：大阪府羽曳野市
用　　途：集合住宅
延床面積：166㎡
構　　造：S造
規　　模：2F
構造設計：清貞建築構造事務所
施　　工：シグマ建築設計
竣工年月：2007.5
受　　賞：大阪府建築コンクール大阪府知事賞、かんでん住まいの設計コンテスト優秀賞
掲 載 誌：新建築07/08、建築雑誌08/08、日経アーキテクチュア08/08
作品番号：117

八光自動車本社改修
Refurbitecture H

所 在 地：大阪市天王寺区
用　　途：オフィス＋修理工場
延床面積：2387㎡（既存）＋965㎡（改修）
構　　造：S造＋RC造
規　　模：改装
構造設計：清貞建築構造事務所
施　　工：田中建設
竣工年月：2007.4
作品番号：118

上田ブレーキ岡山工場
試験棟・開発棟
Rooftecture UU

所 在 地：岡山県瀬戸内市
用　　途：工場
延床面積：750㎡
構　　造：S造
規　　模：2F
構造設計：清貞建築構造事務所
設備設計：中電工
施　　工：新生建設工業
竣工年月：2007.11
作品番号：119

大阪市北区医師会館案

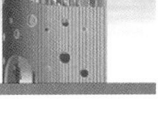

所 在 地：大阪府大阪市北区
用　　途：オフィス
設計完了：2007
作品番号：120

2008-
出雲メディカルモール
Gravitecture I

所 在 地：島根県出雲市
用　　途：医療施設
延床面積：873㎡
構　　造：RC造＋S造
規　　模：2F
構造設計：金箱構造設計事務所
設備設計：角間幸雄
施　　工：トガノ建設
竣工年月：2008.6
作品番号：121

浅草文化観光センター
コンペ案

所 在 地：東京都台東区
用　　途：観光所
設計完了：2008
作品番号：122

ひょうご環境体験館
Bubbletecture H

所 在 地：兵庫県佐用郡佐用町
用　　途：環境学習施設
延床面積：994㎡
構　　造：SRC造＋RC造＋S造＋木造
規　　模：1F
構造設計：デザイン・構造研究所
設備設計：潮設備コンサルタント
施　　工：畑崎建設　竣工年月：2008.2
受　　賞：第12回木材活用コンクール審査員賞、
　　　　　第3回キッズデザイン賞審査委員長特別賞、第10回JIA環境建築賞入賞
掲 載 誌：日経アーキテクチュア特別編集版06/10、日経アーキテクチュア08/08、
　　　　　新建築08/09、ディテール180
作品番号：123

ドアハンドル
（ひょうご環境体験館）

所 在 地：兵庫県佐用郡佐用町
用　　途：ドアハンドル
設計完了：2008
作品番号：124

2009-
B社オフィス案
プロジェクト案

所 在 地：新潟県柏崎市
用　　途：研修施設
延床面積：4,970㎡
構　　造：S造
規　　模：3F
設計完了：2009.3
作品番号：125

B社工場案

所 在 地：中国・合肥市
用　　途：工場
設計完了：2008
作品番号：126

Springtecture Asile Flottant 2008

所 在 地：フランス・パリ市
用　　途：工事用シェルター
設計完了：2008
作品番号：127

高圧送電線タワー案
コンペ案

所 在 地：アイスランド
用　　途：モニュメント
設計完了：2008
作品番号：128

清和シティタワー案
コンペ案

所 在 地：韓国
用　　途：モニュメント
設計完了：2008
作品番号：129

客家文化センター
コンペ案

所 在 地：台湾・新竹市
用　　途：文化施設
設計完了：2008
作品番号：130
受　　賞：入選 ファイナリスト

台北舞台芸術センター
コンペ案

所　在　地：台湾・台北市
用　　　途：芸術センター
設計完了：2008
作品番号：131

柏崎市コンサートホール
プロポーザル案

所　在　地：新潟県柏崎市
用　　　途：文化センター
設計完了：2008
作品番号：136

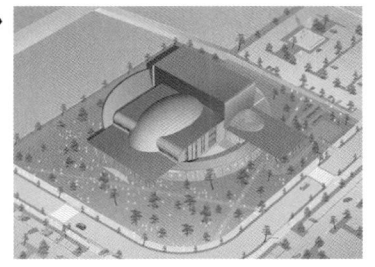

合肥市体育館
コンペ案

所　在　地：中国・合肥市
用　　　途：スポーツセンター
設計完了：2008
作品番号：132

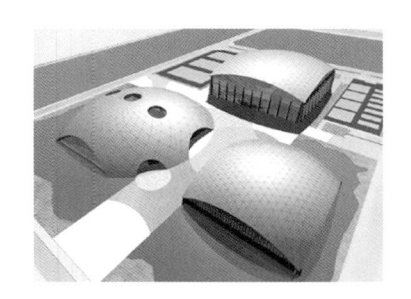

アストンマーティン
八光名古屋サービスセンター

所　在　地：愛知県名古屋市
用　　　途：自動車修理工場
延床面積：596㎡
構　　　造：S造
規　　　模：2F
構造設計：清貞建築構造事務所
設備設計：GE設備計画
施　　　工：長瀬組
竣工年月：2009.10
作品番号：137

ベネトングループ デザイン案

所　在　地：イラン・テヘラン
用　　　途：オフィス
延床面積：22,000㎡
設計完了：2008
作品番号：133

三木総合防災公園
トイレ
Gravitecture M

所　在　地：兵庫県三木市
用　　　途：チケット販売所＋トイレ
延床面積：100㎡
構　　　造：S造
規　　　模：1F
構造設計：デザイン・構造研究所
設備設計：GE設備計画
施　　　工：平尾工務店
竣工年月：2009.3
作品番号：138

ドーハ プロジェクト

所　在　地：カタール・ドーハ
用　　　途：教育施設
延床面積：5,000㎡
設計完了：2008
作品番号：134

神戸の家

所　在　地：兵庫県神戸市
用　　　途：住宅
設計完了：2009
作品番号：139

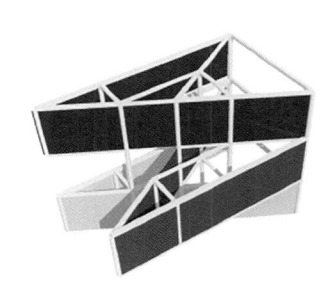

川崎の家

所　在　地：神奈川県川崎市
用　　　途：個人住宅
延床面積：164㎡
構　　　造：RC造
規　　　模：3F
構造設計：萬田隆構造設計事務所
設計完了：2008
作品番号：135

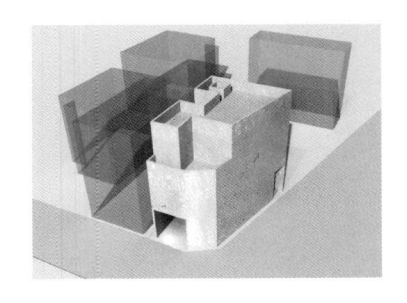

葛飾北斎美術館
コンペ案

所　在　地：東京都目黒区
用　　　途：美術館
設計完了：2009
作品番号：140

泉大津市火葬場
プロポーザル案

所 在 地：大阪府泉大津市
用　　途：火葬場
設計完了：2009
受　　賞：ファイナリスト
作品番号：141

台北ポップ ミュージックセンター
プロポーザル案

所 在 地：台湾・台北市
用　　途：芸術センター
設計完了：2009
作品番号：142

新竹防疫センター
プロポーザル案

所 在 地：台湾・新竹市
用　　途：医療施設
設計完了：2009
受　　賞：ファイナリスト
作品番号：143

老麺家 ぼんくら

所 在 地：大阪市北区
用　　途：飲食店
延床面積：26㎡
構　　造：インテリア
規　　模：1F
設備設計：BMS
施　　工：永原工芸
竣工年月：2009.11
作品番号：144

南あわじ市人形座
プロポーザル案

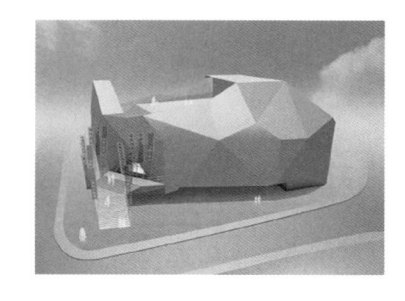

所 在 地：兵庫県南あわじ市
用　　途：シアター
設計完了：2009
受　　賞：最優秀賞
作品番号：145

2010-
波賀の家
Rooftecture HH

所 在 地：兵庫県宍粟市
用　　途：個人住宅
延床面積：125㎡
構　　造：木造＋S造
規　　模：1F
構造設計：清貞建築構造事務所
施　　工：八幡建設
竣工年月：2010.12
掲 載 誌：住宅特集11/09、CASABELLA11/09
作品番号：146

高雄海洋文化 音楽センター
プロポーザル案

所 在 地：台湾・高雄
用　　途：芸術センター
設計完了：2010
作品番号：147

Looptecture S

所 在 地：兵庫県宝塚市
用　　途：図書館
延床面積：800㎡
構　　造：インテリア
竣工年月：2010
作品番号：148

福良港津波 防災ステーション
Looptecture F

所 在 地：兵庫県南あわじ市
用　　途：防災学習＋海岸保全施設
延床面積：376㎡
構　　造：鋼板構造　　規　模：2F
構造設計：エスキューブアソシエイツ・
　　　　　陶器浩一／滋賀県立大学
設備設計：淡路設備設計　　協力：山田脩二
ランドスケープ：武田計画室　　施工：森長組
竣工年月：2010.3
受　　賞：日本建築家協会賞　掲載誌：新建築10/07
作品番号：149

ドアハンドル
（福良港津波防災ステーション）

所 在 地：兵庫県南あわじ市
用　　途：ドアハンドル
設計完了：2010
作品番号：150

2011-

大分県立美術館
プロポーザル案

所 在 地：大分県大分市
用　　途：美術館
設計完了：2011
受　　賞：ファイナリスト
作品番号：151

スピレテック本社
コンペ案

所 在 地：インド・デリー市
用　　途：商業施設
設計完了：2011
作品番号：152

京都資料館
コンペ案

所 在 地：京都府京都市
用　　途：図書館
設計完了：2011
作品番号：153

Rooftecture NT2

所 在 地：大阪府寝屋川市
用　　途：住宅
設計完了：2011
作品番号：154

海の民の家

用　　途：住宅
設計完了：2011
作品番号：155

2012-

天満の家
Rooftecture OT2

所 在 地：大阪府大阪市
用　　途：個人住宅
延床面積：127㎡
構　　造：S造
規　　模：3F
構造設計：清貞建築構造事務所
施　　工：太平建設工業
竣工年月：2012.9
掲 載 誌：CASABELLA
作品番号：156

ブルボン研修センター

所 在 地：新潟県柏崎市
用　　途：研修所
構　　造：リノベーション
施　　工：清水建設
設計完了：2012
作品番号：157

淡路人形座
Looptecture A

所 在 地：兵庫県南あわじ市
用　　途：劇場
延床面積：1,894㎡
構　　造：RC造＋S造
規　　模：3F
構造設計：陶器浩一／構研設計
設備設計：[設計]淡路設備設計／
　　　　　[監理] 環境設計工務
施　　工：五洋建設
竣工年月：2012.7
掲 載 誌：新建築13/01、GAJAPAN12/08、日経アーキテクチュア14/08
作品番号：158

ドアハンドル
（淡路人形座）

所 在 地：兵庫県南あわじ市
用　　途：ドアハンドル
設計完了：2017
作品番号：159

ものづくり体験館
Arktecture M
基本設計

所 在 地：兵庫県姫路市
用　　途：ものづくり体験施設
延床面積：2,964㎡
構　　造：SRC造　　規模：5F
実施設計：東畑建築事務所
構造設計：大氏正嗣＋東畑建築事務所
設備設計：東畑建築事務所
施　　工：岡工務店　　竣工年月：2012.10
掲 載 誌：GAJAPAN13/02　　作品番号：160

ドアハンドル
（ものづくり体験館）

所在地：兵庫県姫路市
用　途：ドアハンドル
設計完了：2012
作品番号：161

国立競技場 コンペ案
2012／2015リメイク

所在地：東京都
用　途：競技場
構造設計：萬田隆構造設計事務所
設計完了：2012/2015
掲載誌：日経アーキテクチュア14/07
作品番号：166

ヘルシンキ図書館
コンペ案

所在地：フィンランド・ヘルシンキ市
用　途：図書館
設計完了：2012
作品番号：162

広州花都区
文化芸術センター

所在地：中国広州市花都区
用　途：複合文化施設
延床面積：55,000㎡
構　造：RC造＋S造＋PC造
規　模：4F
構造設計：SDG構造設計集団
設備設計：広東省設計院
ランドスケープ：武田計画室
着工年月：2012
受　賞：国際コンペ最優秀賞
掲載誌：documenti di architettura 190
作品番号：167

PASSO
Rooftecture OS

所在地：滋賀県長浜市
用　途：レストラン
延床面積：61㎡
構　造：S造＋コルゲート鋼板構造
規　模：1F
構造設計：清貞建築構造事務所
設備設計：ヤマト管工株式会社
施　工：東亜建設
竣工年月：2012.3
作品番号：163

築港赤レンガ倉庫
リノベーション案

所在地：大阪府大阪市
用　途：複合教育施設
設計協力：畑祝雄
設計完了：2012
作品番号：168

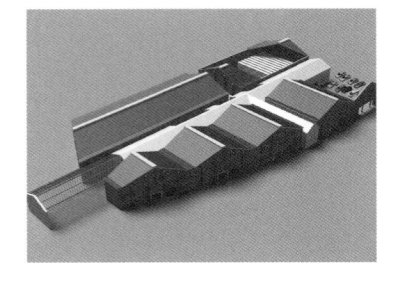

岐南町役場
プロポーザル案

所在地：岐阜県岐南町
用　途：市役所
設計完了：2012
作品番号：164

養父市野菜工場

所在地：兵庫県養父市
用　途：工場
設計完了：2012
作品番号：169

基隆港湾サービスビル
コンペ案

所在地：台湾・基隆市
用　途：オフィス
設計完了：2012
作品番号：165

三豊市水族館
プロジェクト案

所在地：香川県三豊市
用　途：水族館
設計完了：2012
作品番号：170

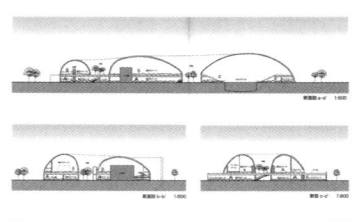

上越市立水族博物館
プロポーザル案

所 在 地：新潟県上越市
用　　途：水族館
設計完了：2012
作品番号：171

滋賀県立美術館
プロポーザル案
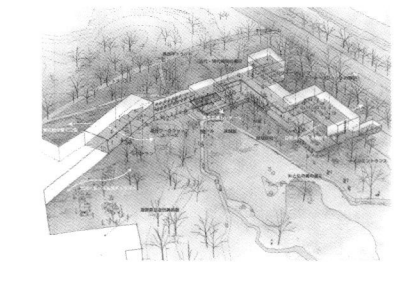
所 在 地：滋賀県
用　　途：美術館
設計協力：神戸大学遠藤研究室
設計完了：2012
作品番号：172

西宮市高塚町
開発プロジェクト
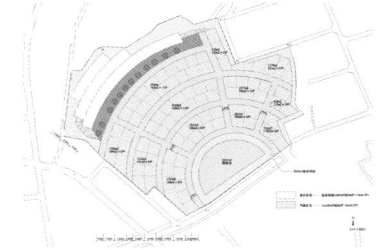
所 在 地：兵庫県西宮市
用　　途：開発
ランドスケープ：福岡孝則
設計完了：2012
作品番号：173

近江八幡市役所
プロポーザル案

所 在 地：滋賀県近江八幡市
用　　途：市役所
ランドスケープ：武田史郎
設計完了：2012
受　　賞：ファイナリスト
作品番号：174

2013-
パウラナー コンペ案

所 在 地：ドイツ・ミュンヘン
用　　途：集合住宅
設計完了：2013
作品番号：175

2014-
ドナルド・キーン・センター柏崎
Donald Keene Center Kashiwazaki

所 在 地：新潟県柏崎市
用　　途：展示場
延床面積：4,594㎡（用途変更部分1,561㎡）
構　　造：SRC造＋S造
規　　模：4F（リノベーション）
施　　工：清水建設　　竣工年月：2013.8
受　　賞：第27回北陸建築文化賞
掲 載 誌：近代建築15/10
作品番号：176

2015-
ブルボン本社ビル
Growtecture B

所 在 地：新潟県柏崎市
用　　途：オフィスビル
延床面積：9,793㎡
構　　造：S造＋CFT造
規　　模：13F
構造設計：大氏正嗣＋エスキューブアソシエイツ
設備設計：GE設備計画
ランドスケープ：福岡孝則
施　　工：大林組・東北工業JV
竣工年月：2015.3
掲 載 誌：近代建築15/10
作品番号：177

ブルボンev充電ステーション
Rooftecture ブルボンev

所 在 地：新潟県柏崎市
用　　途：駐車場
延床面積：60㎡
構　　造：S造
規　　模：1F
施　　工：ナカミツ建工
竣工年月：2015.3
作品番号：178

京丹波町役場
プロポーザル案

所 在 地：京都府京丹波町
用　　途：町役場
構造設計：稲山正弘
設計協力：徳岡設計
設計完了：2015
受　　賞：ファイナリスト
作品番号：179

守山市図書館
プロポーザル案

所 在 地：滋賀県守山市
用　　途：図書館
構造設計：萬田隆構造設計事務所
ランドスケープ：武田史郎
設計完了：2015
受　　賞：ファイナリスト
作品番号：180

神戸大学
先端膜工学拠点施設基本計画

所 在 地：兵庫県神戸市
用　　途：大学研究施設
延床面積：6,120㎡
共同設計：神戸大学遠藤研究室
構　　造：RC造
規　　模：6F
実施設計：安井建築設計事務所
施　　工：清水建設
竣工年月：2015.3
掲 載 誌：建築技術14/12、近代建築15、08
作品番号：181

2016-
上田ブレーキ三田事業所
Rooftecture US

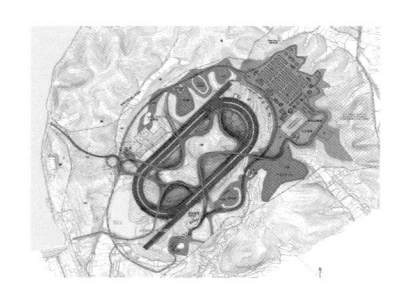

所 在 地：兵庫県三田市
用　　途：工場
延床面積：2,175㎡
構　　造：S造
規　　模：2F
構造設計：清貞建築構造事務所
施　　工：平尾工務店
竣工年月：2016.7
作品番号：182

インチョン競馬場
コンペ案

所 在 地：韓国・インチョン市
用　　途：競馬場
設計完了：2016
作品番号：183

2017-
京都市立芸術大学
プロポーザル案

所 在 地：京都府京都市
用　　途：大学
ランドスケープ：武田史郎
設計完了：2017
作品番号：184

京都駅南口増築案

所 在 地：京都府京都市
用　　途：駅舎
延床面積：1,200㎡
設計完了：2017
作品番号：185

大阪市立美術館
プロポーザル案

所 在 地：大阪府大阪市
用　　途：美術館
設計完了：2017
作品番号：186

台湾桃園美術館
プロポーザル案

所 在 地：台湾・桃園市
用　　途：美術館
設計協力：神戸大学遠藤研究室
設計完了：2017
作品番号：187

ハカルプラス
食堂・社員寮新築案

所 在 地：大阪府大阪市
用　　途：食堂・社員寮
延床面積：1,200㎡
設計完了：2017
作品番号：188

2018-
新香川体育館
プロポーザル案

所 在 地：香川県高松市
用　　途：体育館
設計協力：神戸大学遠藤研究室
設計完了：2018
作品番号：189

2019-
ブルースカイランドリー
トライアル四日市南店

所 在 地：三重県四日市市
用　　途：コインランドリー
延床面積：61㎡
構　　造：コルゲート鋼板構造
規　　模：1F
構造設計：Structural NET
施　　工：本庄工業
竣工年月：2019.5
作品番号：190

西脇小学校 渡り廊下

所 在 地：兵庫県西脇市
用　　途：小学校（増築）
構　　造：S造
規　　模：2F
本館設計：足立裕司
設計協力：高麗憲志
構造設計：萬田隆構造設計事務所
竣工年月：2019
受　　賞：重要文化財
作品番号：191

伊是名島プロジェクト

所 在 地：沖縄県伊是名島
用　　途：宿泊施設
設計完了：2019
作品番号：192

アジール・フロッタン
桟橋復元

所 在 地：パリ
用　　途：桟橋
延床面積：150㎡＋100㎡ 2セット
構　　造：ステンレスS造
構造設計協力：萬田隆構造設計事務所
製　　造：アロイ
竣工年月：2019
掲　　載：アジール・フロッタンの奇蹟Ⅱ
作品番号：193

2020-
中西金属工業 神戸工場
Rooftecture NK

所 在 地：兵庫県神戸市
用　　途：工場
延床面積：7,391㎡
構　　造：S造
規　　模：2F
構造設計：北條建築構造研究所
設備設計：GE設備計画
設計協力：plusUM、濱田設計測量事務所
施　　工：新井組
竣工年月：2020.12
作品番号：194

アジール・フロッタン
2020

所 在 地：フランス・パリ
用　　途：工事用シェルター
構　　造：コルゲート鋼板構造
設計完了：2020
作品番号：195

伊江島プロジェクト

所 在 地：沖縄県伊江島
用　　途：宿泊施設
設計完了：2020
作品番号：196

オーベルジュ玄珠
Rooftecture OG

所 在 地：岐阜県高山市
用　　途：宿泊施設
延床面積：757㎡
構　　造：木造
規　　模：1F
構造設計：TE-DOK
施　　工：本庄工業・高橋工務店
竣工年月：2020.8
掲 載 誌：CASABELLA21/03
作品番号：197

2021-
中西金属工業名張工場
プロジェクト

所 在 地：三重県名張市
用　　途：工場
延床面積：21,286㎡
構　　造：S造
構造設計：北條建築構造研究所
設備設計：GE設備計画
設計完了：2021
作品番号：198

大阪中西金属倉庫
Rooftecture ONK

所 在 地：大阪府寝屋川市
用　　途：危険物倉庫
延床面積：54㎡
構　　造：コルゲート鋼板構造
規　　模：1F
構造設計：清貞建築構造事務所
設計協力：遊墨設計
監理協力：高麗建築設計
施　　工：キタムラ
竣工年月：2021.10
作品番号：199

スェーデンテニスドーム
プロジェクト案

所 在 地：スウェーデン
用　　途：屋内テニス場
延床面積：20,000㎡
構　　造：S造
設計完了：2021
作品番号：200

HN駅高架下再生
プロジェクト案
所 在 地：兵庫県西宮市
用　　途：商業施設
構　　造：コルゲート鋼板構造
設計完了：2021
作品番号：201

グーンズタイヤ工場
プロジェクト案
所 在 地：福岡県北九州市
用　　途：工場
延床面積：400㎡
構　　造：コルゲート鋼板構造
設計完了：2021
作品番号：202

Gパビリオン
2025大阪・関西万博
プロポーザル案
所 在 地：大阪府大阪市
用　　途：パビリオン
構　　造：コルゲート鋼板構造
設計完了：2021
作品番号：203

2022-
もく保育園
Rooftecture HM
所 在 地：兵庫県姫路市
用　　途：保育園
延床面積：299+587㎡
構　　造：1期木造、2期S造
規　　模：2F/3F
構造設計：照井構造事務所
設計協力：ささもと建築事務所、モクハウス
施　　工：モクハウス、八幡建設
竣工年月：2022.2
作品番号：204

九州・長崎IR区域
整備計画
所 在 地：長崎県佐世保市
用　　途：IR施設
延床面積：550.000㎡
構　　造：S造＋RC造＋木造
共同設計：カミムラ建築研究室
協　　力：タフズ建設
設計完了：2022.3
作品番号：205

クウェートパビリオン
2025大阪・関西万博 コンペ案
所 在 地：大阪府大阪市
用　　途：パビリオン
構　　造：コルゲート鋼板構造
設計完了：2022
作品番号：206

カタールパビリオン
2025大阪・関西万博 コンペ案
所 在 地：大阪府大阪市
用　　途：パビリオン
構　　造：コルゲート鋼板構造
設計完了：2022
作品番号：207

恵愛園アネックス
プロジェクト案
所 在 地：兵庫県西宮市
用　　途：福祉施設
延床面積：576㎡
構　　造：コルゲート鋼板構造
設計完了：2022
作品番号：208

松川村ワイナリー
プロジェクト案
所 在 地：長野県北安曇野郡
用　　途：ワイナリー
構　　造：コルゲート鋼板構造
設計完了：2022
作品番号：209

2023-
南野商店
Rooftecture OM
所 在 地：大阪府大阪市
用　　途：産業廃棄物中間処理施設
延床面積：587㎡
構　　造：コルゲート鋼板構造　規模：1F
構造設計：坂田建築工学研究所
　　　　　照井構造事務所
　　　　　Structural NET
施　　工：南野商店　竣工年月：2023.1
作品番号：210

大阪中西金属
ラジアル棟
所 在 地：大阪府寝屋川市
用　　途：工場　延床面積：875㎡
構　　造：S造　規模：1F
構造設計：清貞建築構造事務所
設備設計：GE設備計画
監理協力：遊墨設計、高麗建築設計
施　　工：新井組　竣工年月：2023.12
作品番号：211

二色浜グランピング
プロジェクト案
所 在 地：大阪府貝塚市
用　　途：グランピング施設
設計完了：2023
作品番号：212

姫路こども食堂
プロジェクト案
所 在 地：兵庫県姫路市
用　　途：こども園食堂
構　　造：コルゲート鋼板構造
設計完了：2023
作品番号：213

2024-
JR甲南山手駅前広場
所 在 地：兵庫県神戸市
用　　途：駅前広場
延床面積：350㎡
構　　造：ステンレス造
規　　模：1F
共同設計：神戸大学遠藤研究室
構造設計：萬田隆構造事務所
ランドスケープ：空間創研
施　　工：ランドグリーン
竣工年月：2024.4
作品番号：214

アルメニア共和国パビリオン
2025大阪・関西万博
所 在 地：大阪府大阪市
用　　途：パビリオン
延床面積：662㎡
構　　造：コルゲート鋼板構造＋木造
規　　模：2F
構造設計：坂田建築工学研究所＋照井構造
　　　　　事務所＋Structural NET＋名構設計
設計協力：髙橋勝建築設計事務所、
　　　　　ささもと建築事務所、GEL
施　　工：PK建設　　設計完了：2024　　作品番号：215

ALIN T 工場
所 在 地：香川県高松市
用　　途：工場
延床面積：4,000㎡
構　　造：コルゲート鋼板構造
規　　模：平屋建
設計完了：2024
作品番号：216

富士山ワイナリー
Rooftecture FW
所 在 地：静岡県富士宮市
用　　途：カフェ・ボトリング工場
延床面積：190＋174㎡
構　　造：コルゲート鋼板構造　　規模：1F
構造設計：坂田建築工学研究所＋照井構造事務所＋
　　　　　Structural NET
設計協力：ささもと建築事務所
設備設計：GE設備計画　　施工：大石組　　竣工年月：2024.3　　作品番号：217

2025-
保城さくらんぼこども園
所 在 地：兵庫県姫路市
用　　途：こども園
延床面積：401㎡
構　　造：コルゲート鋼板構造＋囲柱ラーメン構造
構造設計：坂田建築工学研究所
　　　　　照井構造事務所
　　　　　Structural NET
施　　工：但南建設
作品番号：218

ALIN KUKI Lab
所 在 地：埼玉県久喜市
用　　途：工場
延床面積：685㎡
構　　造：コルゲート鋼板構造
規　　模：1F＋2F
構造設計：北條建築構造研究所、名構設計
作品番号：219

コルゲートハウス
プロジェクト案
所 在 地：沖縄県渡嘉敷島
用　　途：セカンドハウス
構　　造：コルゲート鋼板構造
作品番号：220

ALIN HOUSE Pavilion
2027横浜国際園芸博覧会
所 在 地：神奈川県横浜市
用　　途：パビリオン
構　　造：コルゲート鋼板構造
作品番号：221

津山街づくりプロジェクト
所 在 地：岡山県津山市
用　　途：コミュニティーセンター
構　　造：CLT構造
構造設計：照井構造事務所
作品番号：222

飛行機格納庫
プロジェクト案
所 在 地：石川県小松市
用　　途：格納庫
構　　造：コルゲート鋼板構造
作品番号：223

遠藤秀平　建築家　博士（美術）

1960年	滋賀県生まれ
1986年	京都市立芸術大学大学院修了
1998年	遠藤秀平建築研究所設立
2004年	ザルツブルクサマーアカデミー教授
2007〜21年	神戸大学大学院教授
2012〜20年	東北大学（瀋陽）客員教授
2013年〜	天津大学客員教授
2014年	日本建築設計学会設立 副会長
2021年	神戸大学名誉教授
2024年〜	日本建築設計学会 会長

現在、遠藤秀平建築研究所主宰

■主な作品

Springtecture播磨（1998年）

宣成社ビル（2002年）

Springtectureびわ（2002年）

米原市立米原幼稚園（2003年）

筑紫の丘斎場（2003年）

塩屋の家（2005年）

大阪城公園レストハウス・大手前トイレ・城南トイレ（2006年）

ブルボンビーンズドーム（2007年）

森の10居（2007年）

淡路人形座（2012年）

ブルボン本社（2015年）

オーベルジュ玄珠（2020年）

中西金属工業神戸工場（2020年）

九州・長崎IR区域整備計画（2022年）

南野商店（2023年）

アルメニア共和国パビリオン2025大阪・関西万博（2024年）

富士山ワイナリー（2024年）

ENDO Shuhei / Architect / PhD

1960	Born in Japan
1986	Obtained a master's degree at Kyoto City University of Art
1988	Established Shuhei Endo Architect Institute
2004	Professor at Salzbulg Summer Academy
2007-	Professor at Graduate School of Kobe University
2012-20	Visiting Professor of Northeastern University(China)
2013-	Visiting Professor of Tianjin University(China)
2014-	Vice-president of ARCHITECTURAL DESIGN ASSOSIATION OF NIPPON
2021	Honorary Professor of Kobe University
2024	President of ARCHITECTURAL DESIGN ASSOSIATION OF NIPPON

Now, Organizer of Endo Shuhei Architect Institute

Main Works

SpringtectureH(1998)

GrowtectureS(2002)

SpringtectureB(2002)

BubbletectureM(2003)

RooftectureC(2003)

RooftectureS(2005)

HalftectureOR/OO/OJ(2006)

SlowtectureM(2007)

Rooftecture M'sR/S(2007)

LooptectuereA(2012)

GrowtectureB(2015)

RooftectureOG(2020)

RooftectureNK(2020)

Kyushu-Nagasaki IR Area Development Plan(2022)

RooftectureOM(2023)

Republic of Armenia Pavilion 2025 Osaka Kansai Expo(2024)

RooftectureFW(2024)

■主な著書

「GG portfolio Shuhei Endo」(1999年 GG/スペイン)

「ENDO SHUHEI PARAMODERN」
(2002年アムズ・アーツ・プレス/日本)

「Diego Caramma Shuhei Endo」
(2003年Testo&Immagine/イタリア)

「Paramodern Architecture」(2002年 Electa/イタリア)

「Paramodern Architecture」(2003年 Phaidon/アメリカ)

「SALZTEcTURE」(2003年 Huttegger/オーストリア)

「Paramodern manifesto」(2005年 Codex/フランス)

「Crematorium」(2006年 Codex/フランス)

「GRAVITECTURE」(2006年 いちい書房/日本)

「BEANS DOME」(2007年 鹿島出版/日本)

「Paramodern Architecture」(2013年 Electa/イタリア)

「Design Peak Shuhei Endo」(2013年 Equal books/韓国)

「Paramodern Architecture 25/25」
(2015年 Equal books/韓国)

「アジール・フロッタンの奇蹟」(2018年 建築資料研究社/日本)

「アジール・フロッタンの奇蹟」(2021年 田園城市/台湾)

「アジール・フロッタンの奇蹟II」(2021年 建築資料研究社/日本)

「ENDO SHUHEI 2022 MODEL＋」
(2022年 台湾田園城市生活風格書店/台湾)

特集雑誌

SDレビュー1998(1998年鹿島出版会/日本)

空間(1999年SPACE Group/韓国)

Dialogue建築(2000年/台湾)

SPAZIO(2001年Spazio architettura/イタリア)

建築文化(2002年A&C/韓国)

UED(2011年 UED/中国)

■主な受賞歴

1993年	アンドレア・パラディオ国際建築賞〈志野陶石浅井工場〉(イタリア)
1998年	カラーラ国際石材建築賞大賞〈睦月神事会館〉(イタリア)
1999年	関西建築家大賞(JIA近畿)
	AACA賞(日本建築美術工芸協会)
2000年	第7回ヴェネツィアビエンナーレサードミレニアムコンペ金獅子賞 (イタリア)
	アーキテクチュラルレビュー誌 ar+d大賞〈Springtecture 播磨〉(イギリス)
2001年	フランチェスコボロミーニ国際建築賞(イタリア)
2003年	環太平洋文化建築デザイン賞大賞〈Springtecture びわ〉(アメリカ)
	芸術選奨文部科学大臣新人賞〈筑紫の丘斎場〉(文化庁)
2004年	第9回ベネツィアビエンナーレ特別金獅子賞〈Springtecture びわ〉(イタリア)
2005年	国際子供のための建築賞大賞〈米原市立米原幼稚園〉(イギリス)
	BCS賞〈筑紫の丘斎場〉(日本建築業協会)
	アルカシア建築賞ゴールドメダル〈筑紫の丘斎場〉(スリランカ)
2010年	JIA環境建築賞〈ひょうご環境体験館〉(日本建築家協会)
2011年	日本建築家協会賞〈福良港津波防災ステーション〉(日本建築家協会)
2012年	公共建築賞優秀賞〈ブルボンビーンズドーム〉(公共建築協会)
2015年	公共建築賞優秀賞〈福良港津波防災ステーション〉(公共建築協会)
2016年	日本建築学会教育賞〈建築新人戦〉(日本建築学会)

■ミュージアムコレクション

2000年	Frac Centre, Orleans: Springtecture A.
2001年	Frac Centre, Orleans: Rooftecture M.
	Orleans City, Orleans: Springtecture Orleans.
2006年	Centre Pompidou, Paris: Springtecture B.
2013年	German Architecture Museum DAM, Frankfurt : Rooftecture S.
2016年	Victoria&Albert Museum,London:Growtecture B
2021年	Frac Centre, Orleans:Guangzhou Huadu Culture & Art Center, Growtecture B

関西建築家大賞 唯一人の審査員である原広司氏との受賞記者会見 1999年

■主な展覧会記録
[ニュージオメトリーの建築展]
大阪（キリンプラザ 2006年）

[遠藤秀平＋アジール・フロッタン展]
パリ（フェスティバルドートンヌ2008）

[パラモダン25/25展]
ミラノ シュツットガルト パリ ロンドン 巡回（2014〜2015年）
東京（ASJ TOKYO CELL 2016年）
大阪（design de大阪 2015年）

[アジールフロッタン再生展]
東京 横浜 大阪 山口 巡回（2017年）
北京 大連 天津 瀋陽 巡回（2018〜2019年）
台北（2021年）

[建築ミニチュア展]
東京・大阪・京都・芦屋・岡山・大津・倉吉・台北（2017〜2022年）

[かたちが語るとき ポストバブルの日本建築家展（1995-2020）]
オルレアン パリ 巡回（2020〜2022年）

[ポストバブルの建築家展―かたちが語るとき―
アジール・フロッタン復活プロジェクト]
横浜 兵庫巡回（2021〜2022年）

[アジール・フロッタン復活展
―ル・コルビュジエと前川國男が残した浮かぶ建築―]
京都（2022年）

[アジール・フロッタン物語展]
大阪（ASJ UMEDA CELL 2022年）
（越前屋俵太氏・小川貴一郎氏とコラボレーション）

■主なプロデュースイベント
日本文化デザイン会議兵庫 議長（2007年）
建築新人戦実行委員（2009〜2019年）〈実行委員長 2010年〉
アジア建築新人戦 実行委員（2012〜2019年）
修士設計コンセプトマッチ 実行委員長（2016〜2019年）
石井修生誕100年記念展 実行委員（2022年）

パラモダン25／25展 2015-2
シュツットガルト WECHSEL RAUM（ドイツ）

アジール・フロッタン再生展 2017-8
ASJ TOKYO CELL（東京都）

掌の建築展 2021-7 大阪暮らしの今昔館（大阪市）
（橋爪紳也氏と共同プロデュース）

かたちが語るとき展 2021-11
国際交流基金パリ日本文化会館（フランス）

石井修生誕100年記念展 2022-12
兵庫県立美術館（神戸市）

アジール・フロッタン物語展 2022-12
ASJ UMEDA CELL（大阪市）

アジール・フロッタン復活展 2022-3
京都市京セラ美術館（京都市）

ポストバブルの建築家展 2022-1
BankART Station（横浜市）

倉方俊輔

1971年	東京都生まれ
1994年	早稲田大学理工学部建築学科卒
1996年	早稲田大学大学院修士課程修
1999年	早稲田大学大学院博士課程修
2003-06年	日本学術振興会特別研究員
2010-11年	西日本工業大学 デザイン学部 准教授
2011-22年	大阪市立大学 工学研究科 准教授
2022年〜	大阪公立大学 工学研究科 教授

Francesco Dal Co / フランチェスコ・ダル・コ

1945年	イタリアフェラーラ生まれ
1970年	ベネチア建築大学卒
1982-92年	イエール大学建築学科 建築史学教授
1988-91年	ベネチアビエンナーレ建築部門 ディレクター
1996年〜	建築雑誌「Casabella」の編集長
1996-05年	ルガーノ大学建築 建築アカデミー建築史学 教授
1995-03年	ベネチア建築大学 建築史学部 学部長
2006年〜	ベネチア建築大学 教授

鈴木博之

1945年	東京都生まれ
1968年	東京大学工学部建築学科卒
1974年	東京大学工学系大学院博士課程満期退学
1978年	東京大学工学部 助教
1990年	東京大学大学院 教授
2009年	青山学院大学 教授
2019年	死去
1985年	「建築の七つの力」で芸術選奨新人賞を受賞
1990年	「東京の『地霊』」でサントリー学芸賞を獲得

Frederic Migayrou / フレデリック・ミゲルー

1962年	フランス生まれ
1990年	展覧会「La Description de l Arche」に参加
1991年〜	建築国際会議「アーキラボ」主宰
1996年	ヴェネチア映画祭 フランス作品キュレーション担当
2000-20年	ポンピドゥー・センター国立近代美術館 副館長
2011-20年	ロンドン大学UCLバートレット建築学校 チェア・プロフェッサー
2014年	「ジャパン・アーキテクツ1945-2010」 キュレーター

五十嵐太郎

1967年	フランス・パリ生まれ
1990年	東京大学工学部建築学科卒
1992年	東京大学大学院修士課程修了
2000年	東京大学大学院博士課程修了
2009年〜	東北大学大学院 教授
2008年	ヴェネチアビエンナーレ国際建築展 日本館コミッショナー就任
2011年	あいちトリエンナーレ2013芸術監督就任
2014年	芸術選奨文部科学大臣新人賞

著書
「現代日本建築家列伝」
「モダニズム崩壊後の建築」

Kenneth Frampton / ケネス・フランプトン

1930年	イギリス生まれ
1956年	ロンドンAAスクール卒
1966-72年	ロンドン・ダグラス・ステファン+パートナーズ勤務
1973年〜	コロンビア大学終身教授
1972-82年	ハーバード大学フェロー
1974-77年	ニューヨーク都市建築研究所フェロー

三宅理一

1948年	東京都生まれ
1972年	東京大学工学部建築学科卒
1974年	東京大学大学院修士課程修了
1979年	エコール・デ・ボザール卒
1981年	東京大学大学院博士課程修了
1996-98年	芝浦工業大学工学部 教授
1999-08年	慶応義塾大学大学院 教授
2010年-	藤女子大学 教授

著書
「パリのグランド・デザイン―ルイー四世が創った世界都市」
中央公論新社 2010年
「秋葉原は今」芸術新聞社 2010年

Aaron Betsky / アアロン・ベツキー

1958年	アメリカ生まれ
1979年	イェール大学 歴史・芸術・文学部卒業
1983年	イェール大学建築学部 建築学修士号取得
2006年	オランダ建築博物館 館長
2008年	第11回ヴェネチア・ビエンナーレ国際建築展 ディレクター
2015年	タリアセン建築学校 学長
2020年	バージニア工科大学建築+デザイン学部 学長

松葉一清

1953年	兵庫県生まれ
	京都大学工学部建築学科卒
	朝日新聞特別編集委員
2008年	武蔵野美術大学教授
2011年	日本建築学会文化賞受賞
2020年	死去

著書
「『帝都復興史』を読む」新潮選書 2012
「現代建築のトリセツ 摩天楼世界一競争から国立競技場問題まで」
PHP新書 2016

写真
松村芳治／以下を除く写真、中表紙
スターリン・エルメンドルフ／p14、p15、p46外観、p48、p58外観、p85内外観、中裏表紙
村井修／p152、p153
北島俊治／p162左中段、p170、p171、p172右下以外
小野強志／p77模型写真、p146模型写真
前田宏／p43右
天野憲一／p109
ル・コルビュジエ財団／p84下段
遠藤秀平／他のスナップ
表紙CG、p4・p8CG：ヒトシオ・スペース・デザイン

テキスト（掲載順）
倉方俊輔　Francesco Dal Co　鈴木博之　Frederic Migarou　三宅理一　五十嵐太郎　Aaron Betsky　Kenneth Frampton　松葉一清

特別協力（プロジェクト順）
松村芳治　藤脇慎吾　橋爪紳也　古賀順子　丸山雄平　小川貴一郎　小川あかり　河野光伸　町田由紀子　越前屋俵太　西堀耕太郎
Brigitte Bouvier

資料作成協力
神戸大学　光嶋研究室（有吉慶太　奥村紗帆　眞下健也　松岡絢加　本山有貴）
　　　　　槻橋研究室（泉貴広　北脇知花　椎原知子　逍昭　千馬生吹　延近佑澄）
アルバイト　西尾美希　宗実聡太

協力事務所
アーキテクノ　アラップジャパン　Andeco　イスナデザイン　伊地知構造設計室　稲山正弘　AWエンジニアリング　大氏正嗣　オーク構造設計
鳳コンサルタント環境デザイン研究所　金箱構造設計事務所　カミムラ建築研究室　ガラリ　清貞建築構造設計事務所　近未来建築社会実装機構　空間創建
構造設計集団SDG　高麗建築設計　坂田建築工学研究所　ささもと建築事務所　GE設備計画　GEL　Structual NET　髙橋勝建築設計事務所
陶器浩一　武田史郎　T.I.S.&PARTNERS　照井構造事務所　中村×建築設計事務所　ノノアーキテクツ　濱田設計測量事務所
HITOSHIO SPACE DESIGN　福岡孝則　plus UM　北條建築構造研究所　マッシュ　萬田隆構造設計事務所　名構設計　モクハウス　遊墨設計
ライン工業

スタッフ
遠藤あおい　Zwe Linn Htet　Yin Yin Min Myat　尹道現　清貞光理

スタッフOBOG
俣野かんな　高谷史郎　岡田光弘　古川浩　稲本洋　高取博樹　江辺幸子　半場三博　稲田敦士　福田哲也　堀江渉　中野綾　水野佳奈子
長井俊典　宮武淳夫　福間啓介　笹本賢吾　林佩樺　小林直弘　鍋島貴　磯村雅子　中村重陽　舞田恵子　仲山かなこ　島田正和　新井裕介
高麗憲志　曲藝　南野優子　谷口康秀　Kevin Sipe　小西保明　田中麻美子　梅本綾　髙橋勝　田中増一　祖川健　藤井祐介　梅津有加
中井茂樹　畠山直哉　村里愛美　伊勢文音　山内翔太　吉野真実

Special Thanks
POSCO　ChungAmEnC　FONDATION LE CORBUSIER　OSIFA　dda　ADAN　AAFA

敬称略・五十音順

おわりに

「別解への挑戦」は倉方俊輔さんによるネーミングである。独立から37年ほどになるが、2022年に師匠石井修の生誕100年記念展を関係者と共に企画・開催したこともあり、自身のこれまでの仕事をまとめてみようと思い至った。石井修の美健・設計事務所に在籍していた当時、石井修作品集「住空間と緑」（1988刊）をまとめることになり、その一端を担っていたことを思い出した。振り返れば、ちょうどその頃の石井と自分が同じ年齢になっていたことがこの本の誕生の発端である。先の記念展に際しては、石井の「住空間と緑」後の建築を含めた作品集を「安住への挑戦」としてまとめることができた。石井修の生誕100年記念展と作品集ともに倉方俊輔さんに監修者としてまとめてもらったが、本書ではその縁もあって会心のネーミングとなった。

建築は敷地から動かすことはできない、敷地の特性と一体的である。しかし、そこから派生した出来事や価値観・可能性などを伝えたい衝動にも駆られる。これまで10冊ほど自らの建築を伝える本をつくってきたが、努めて同時に建築評論も掲載するようにしてきた。建築家は自らの建築を語ることに適任であるとは言えないと思っている。当事者として語りたいことと語らなければならないことなど多くあるが、それらが出現した建築と一体的に齟齬なく第三者へ伝わるのか疑問もある。そんな思いからこれまで多くの建築批評家・評論者の手を煩わせてきた。そして、37年ほどの間に構想した建築や書かれた遠藤評もそれなりに層をなすように厚みが出てきたように思い、この本ではそれらの遠藤評を縦軸として編集をお願いした。この本で倉方さんに監修役もお願いし、何度も対話の相手になってもらい、最新作の富士山ワイナリーまで同行してもらった。

また、2007年から専任として神戸大学で教えてきたが、2021年に早期退職したことで設計に専念することが可能となり、より多くの時間を確保することができるようになったことも出版の背景の一つと言える。今回の作品集は競馬（馬券を買う趣味はないが・・・）で言えば第4コーナーを過ぎバックストレートへ入る準備のようにも思える。石井は「住空間と緑」出版のあとも20年ほど現役を通した。その背中を追えばあと20年はある、いや20年しかないとも言える。これまで様々な幸運や不運さらに逆風も多くあったが、これら全てを奇貨として新たな建築に取り組むことで貴重な達成感を得ることができた。今後は、大きな変動期を迎えた日本社会にあって、建築に何が求められ、何が必要とされるのかを課題として、まだ見えていない近未来を射程に入れ、未出現の建築に取り組みたい。

この本では忙しい倉方俊輔さんに多大なエネルギーを注いでもらった。そして何度も変更した編集案に対応してもらった下田泰也さん、同じくデザインを何度も練り直してくれた藤脇慎吾さんと澤井亜美さん、これまで多くの竣工写真を撮ってもらった松村芳治さんにはあらたにデジタル対応もやっていただいた、有り難うございます。これまで37年間ともに建築の創出に悪戦苦闘した元所員の皆さん、そしてこの間の膨大な資料整理を担ってくれた元所員の吉野真実さん、神戸大学遠藤研究室や光嶋研究室そして槻橋研究室の学生の皆さん、書き出さなければならない人はまだまだ多い、皆さんへ、有り難うの言葉しかない。
最後に37年もの長きにわたり設計活動を並走してくれ、世界を飛び回り今後も続く別解への挑戦を共にする建築家遠藤あおいに感謝を記す。

2025年3月31日　遠藤秀平

別解への挑戦

初版第1刷発行　2025年4月20日

著者　　　　　遠藤秀平
編集　　　　　Echelle-1（下田泰也）
デザイン　　　FUJIWAKI DESIGN（藤脇慎吾、澤井亜美）
印刷・製本　　シナノ印刷株式会社

発行人　　　　馬場栄一
発行所　　　　株式会社建築資料研究社
　　　　　　　〒171-0014
　　　　　　　東京都豊島区池袋2-38-1 日建学院ビル3F
　　　　　　　TEL.03-3986-3239
　　　　　　　https://www.kskpub.com

© 遠藤秀平、2025
ISBN：978-4-86358-902-5